LES
INSTITUTIONS JUDICIAIRES

DANS LA

CITÉ DE METZ

PAR

M. AUGUSTE PROST

MEMBRE DE L'ACADÉMIE DE METZ
ET DE LA SOCIÉTÉ NATIONALE DES ANTIQUAIRES DE FRANCE

BERGER-LEVRAULT ET Cie, ÉDITEURS

PARIS | NANCY
5, RUE DES BEAUX-ARTS | 18, RUE DES GLACIS

1893

Tous droits réservés

LES

INSTITUTIONS JUDICIAIRES

DANS LA CITÉ DE METZ

NANCY, IMPRIMERIE BERGER-LEVRAULT ET Cie.

LES
INSTITUTIONS JUDICIAIRES

DANS LA

CITÉ DE METZ

PAR

M. AUGUSTE PROST

MEMBRE DE L'ACADÉMIE DE METZ
ET DE LA SOCIÉTÉ NATIONALE DES ANTIQUAIRES DE FRANCE

BERGER-LEVRAULT ET Cie, ÉDITEURS

PARIS	NANCY
5, RUE DES BEAUX-ARTS	18, RUE DES GLACIS

1893

Tous droits réservés

AVERTISSEMENT

Nous présentons ici dans son ensemble un travail qui a paru par fragments au cours des années 1891 et 1892 dans les *Annales de l'Est,* revue publiée sous la direction de la Faculté des lettres de Nancy. Cette nouvelle édition d'un essai dont nous n'avons pas cherché à dissimuler l'insuffisance et le caractère provisoire, n'a pas pour seul objet d'en réunir les parties précédemment séparées. Elle viserait plutôt à le compléter dans une certaine mesure et à en étendre la portée par quelques additions, par celles notamment d'un *Appendice* et d'un *Index.* Le rôle de ces annexes peut n'être pas sans intérêt, quoique nous ayons dû les resserrer dans des limites assez étroites, commandées par la nature même de l'étude trop succincte dont elles forment le complément. Il nous semble bon de dire brièvement en quoi elles consistent.

L'Appendice contient des notions sur les institutions de Metz, au point de vue judiciaire surtout, antérieurement à l'époque où nous les avons étudiées dans le travail qui forme la partie principale de notre publication.

Ce travail prend les choses, nous le rappellerons, pendant la durée d'un régime d'indépendance et d'autonomie dont la Cité a joui au cours du xiii® siècle et jusqu'au milieu du xvi®. La période que ce régime embrasse est précédée par une autre d'un caractère tout différent, celle de la prépondérance à Metz de l'autorité épiscopale, du x° siècle au xiii® et jusqu'au commencement du xiv° à peu près. Par rapport aux institutions qui l'ont suivie, la période épiscopale peut être considérée comme en éclairant, sur quelques points au moins, les origines. On comprend l'importance qu'elle doit avoir pour notre étude. Donner une idée du fait et fournir quelques renseignements à ce sujet, tel est le double rôle de l'appendice qui lui est consacré dans la présente édition.

L'Index est le répertoire alphabétique des mots et locutions qui servent à exprimer les notions exposées dans le travail et dans l'Appendice. C'est en même temps pour ces notions un instrument de classification, en vue d'études ultérieures, au moyen d'additions et de renvois ; nous dirons comment tout à l'heure. En principe et comme simple répertoire alphabétique, l'Index signale des formes de langage spécialement propres à la matière de notre étude, et généralement peu connues, dans certaines acceptions au moins où elles sont employées à ce sujet. Il en procure et en justifie l'explication par le rappel des passages du travail et de l'Appendice où il en est question, et par celui d'autres traits où peuvent se trouver parfois non pas les locutions elles-mêmes, mais quelque développement relatif à l'objet qu'elles concernent. Citons comme exemples Adras, Adjournés, Arramir, Assoine,

Arson, Esward, Crant, Définei, Démonement, Escheus, Estault, Paraiges, Porofferte, Portéfuer, Pusfais, Somme, Tenour, Coure droit, Leu de ban, Plaid banni, Plaid monseigneur, Parchemin scellé, Semonce au meix et à la maison, etc. Comme instrument de classification, l'Index, au moyen d'additions et de renvois, disons-nous, introduits dans ses articles, fournit matière à des rapprochements de notions acquises, propres à faire naître des notions nouvelles. Ainsi se produisent, sous la forme de simples nomenclatures, des cadres d'étude tout préparés pour cet objet.

Les additions, dans l'Index, ajoutent à un article des développements et des distinctions accessoires concernant la notion principale qu'il vise, considérée dans des circonstances diverses. A l'article Juridiction, par exemple, les additions Juridiction impériale, Juridiction épiscopale, Juridiction municipale, présentent successivement le fait de la juridiction dans les cas particuliers désignés ainsi. Ces additions invitent à la fois à rapprocher et à distinguer l'une de l'autre les notions qu'elles rappellent. Tel est dans l'Index le mécanisme des additions.

Quant aux renvois, ils signalent, sous la rubrique *Voyez*, à la fin d'un article ou de ses subdivisions, d'autres articles dont l'objet intéresse à divers titres le même sujet. Ainsi à la fin de l'article Tenure de la propriété, les renvois, entre autres, aux articles Alleuf, Fief, Tréfond, Gagière, etc., correspondent à autant de cas particuliers de cette tenure et font ressortir ainsi des rapports dont la mention peut avoir son utilité. De même, à la fin de l'article Amendes, les renvois aux articles Ban, Loi, Somme, Esward, mettent en présence les éléments de discussions relatives à une question singulière, qui n'est pas résolue, sur l'amende double ou le dédoublement de l'amende en deux parties dites quelque part l'une pour le ban, l'autre pour la loi, et ailleurs la somme et l'esward, sans qu'on sache ni l'origine ni la signification précise de ces distinctions. Nous n'insistons pas, ne voulant, pour le moment, autre chose qu'expliquer la composition de l'Index et l'usage qu'on peut en faire. Pour être complètement édifié sur son utilité, il suffit au reste de jeter les yeux sur quelques-uns de ses articles. Un simple coup d'œil permet d'apprécier le nombre et la variété des notions proposées ainsi à l'attention des travailleurs, soit par des additions comme dans les articles Accord, Attributions, Adjournement, Conseil, Dénominations, Hommes, Jugement, Lieutenant, Mise, Plaid, Présidence, Rapport, Serment, Tenour, etc.; soit par des renvois comme dans les articles Amains, Atour, Ban, Comtes jurés, Délais, Échevins, Maires, Maître échevin, Treizes, etc.

Les explications qui précèdent permettent de se rendre compte de ce qu'est l'Index joint ici à notre travail. Quant à ce travail lui-même et à l'Appendice qui l'accompagne, nous ne saurions les donner, avons-nous dit, et nous le répétons, comme définitifs sur la matière qui en fait l'objet. Ils réclament comme complément de nouvelles études, l'examen plus serré notamment de certains documents, parmi lesquels plusieurs sont encore inédits ou imparfaitement publiés. Ces publications et ces études sont commencées. Nous en avons même déjà donné quelque chose dans un travail intitulé *L'ordonnance des maiours*

(1878); on nous permettra de le rappeler. Ajoutons, au sujet des travaux de ce genre en cours d'exécution dans nos cartons, que l'un d'eux sur *La lettre de commune paix* est à peu près terminé [JJ, XXV][1], et comprend en prolégomènes d'assez longs développements sur les *Institutions de paix* en général. Les autres sont arrêtés à divers degrés d'avancement et forment des dossiers distincts contenant, avec des copies de pièces et des analyses, des notes et des rédactions partielles réunies ainsi sous les cotes spéciales de classement que leur assigne leur place dans l'ensemble de nos travaux. Ces préparations concernent, notamment, le grand record des droits de l'empereur, de l'évêque et de la Cité [JE, V — JE, V, a], le record des droits du comte [JE, VIII — GG, vers 1200], le record des droits du (grand) voué [JE, IX — GG, vers 1200], la lettre de commune paix que nous venons de mentionner [JE, III — JE, V, a — JJ, XXV], le record de la vouerie de Montigny [JE, V, a, D p. 36 — JE, IX, 47], les atours [JE, IV], l'accord des Treizes [JE, IV, IV — JE, IV, IV, a], le record des échevins [JE, IV, III — JE, IV, III, a], les ordonnances de justice de 1555, de 1565, etc. [GG, 1555 — JE, X, a, II], les observations de J. d'Abocourt sur la Coutume [JE, X, a, III], la Coutume publiée au xviie siècle [WS, IV — G, 126 à 127, 135 à 212], les édits du parlement, pour les documents anciens qui s'y trouvent annexés [JE, IV, C]. Ces études permettraient de compléter notre travail sur les institutions judiciaires à Metz. Nous

---

1. Les cotes ainsi formulées correspondent au classement, dans leur inventaire ou répertoire, des notes consacrées à nos travaux, dont nous parlons ci-après; elles sont rappelées comme ici dans divers passages de notre Appendice (*passim*).

comptions bien, en le commençant, le mener jusqu'au bout. Notre âge et notre santé ne nous laissent plus guère espérer maintenant pouvoir le faire. Au moins voudrions-nous en recommander le sujet à l'attention de ceux qui pourraient juger à propos de s'y appliquer aussi.

Depuis soixante années bientôt que nous avons abordé l'étude de questions qui presque toutes de près ou de loin intéressent l'histoire de Metz, nous avons dès le début et de plus en plus reconnu qu'il n'y avait pas lieu encore de reprendre dans son ensemble cette histoire, à partir du point où l'ont conduite les Bénédictins qui ont donné sur ce sujet leur important ouvrage, à la fin du siècle dernier. Plus opportun nous a semblé d'en préparer de loin la refonte par des travaux préalables sur diverses parties de l'œuvre, qu'ils avaient pu omettre ou traiter d'une manière insuffisante. C'est là ce que nous avons tenté de faire. Travaillant dans ce but suivant les rencontres fournies par les circonstances — méthode dont nous avions de bonne heure trouvé une remarquable application dans les *Observations séculaires* de Paul Ferry, — nous avons abordé sur ces matières une foule de sujets dont l'étude, pour un petit nombre seulement, a pu arriver à terme et aboutir à des conclusions susceptibles d'être publiées. Nous avons d'ailleurs toujours procédé dans nos observations avec ordre et méthode, de manière à permettre à d'autres de s'aider, comme nous l'aurions fait nous-même, des notes que nous prenions et du travail accompli, pour aller plus loin. Nous souhaitons que les matériaux réunis et classés ainsi, avec un inventaire détaillé formant répertoire et jusqu'à présent tenu à jour, soient conservés dans leur ensemble pour être ultérieurement, avec les garanties et sous les réserves nécessaires, mis à la disposition de ceux qui voudront bien en tenir compte et les utiliser dans le but auquel nous tendions nous-même.

On nous permettra de donner ici quelques explications sur cette œuvre de notre vie tout entière, explications qui peuvent avoir leur utilité pour l'emploi de cette collection de documents. Chacun de ses articles forme un dossier quelquefois très mince, mais parfois assez volumineux, à l'indication duquel nous ajoutons, quand nous le citons, la cote de classement — nécessaire pour le retrouver — qu'il porte dans notre inventaire ou répertoire. L'ordonnance de cet inventaire, comme on peut le voir par les cotes reproduites ici qui lui correspondent, diffère, par suite du mode spécial de travail qu'elle représente, de l'arrangement suivant lequel, pour plus de clarté, nous voulons présenter aujourd'hui les choses. Nous distribuons pour cela les matériaux en question en deux classes distinctes, les *documents* et les *travaux*.

Les *documents*, qui forment la première classe, consistent en copies, extraits, analyses de pièces, en partie inédites, fournies par le dépouillement de nombreux recueils, fonds d'archives et manuscrits appartenant aux bibliothèques et dépôts publics ou privés, et en extraits de publications antérieures sur Metz et la province, ainsi que d'ouvrages de toute sorte, soit d'histoire, soit d'archéologie. Ces documents se partagent eux-mêmes en diverses catégories d'après leur provenance :

Archives : archives municipales de Metz [X], archives départementales de Metz [XX], de Strasbourg, de Colmar [YB], trésor des chartes à Paris [U], collection Lorraine à la Bibliothèque nationale à Paris [TA — TAA — TAB — TAT — TAV], titres de Corny [GI], de Verny [GJ], de Secourt [JJJ, II], pièces détachées d'origines diverses, classées chronologiquement en plusieurs séries [GG — JE, V, a — JJ, XXV — JJJ, VI — SA, VI — SB, I — TAT, 264 — TAV, 212 — TBM — TBO — WP, XVI, C — WT, B — W, XXIV, F] ;

Inventaires : Iter Lotharingicum, inventaire de titres anciens [WE], inventaire du xve siècle des archives de Metz [TBAD], inventaire des archives de l'évêché à Vic en 1634 [TBAE], inventaire des archives de la Chambre royale de 1680 [XX, I], tables chronologiques des titres donnés par Dom Calmet [DC], par Dom Bouquet [DB], par Pertz [DP], par divers [DD], par les Bénédictins dans leur *Histoire de Metz* [DE — JE, IV], par Emmery dans le *Recueil des édits* [JE, IV, C] ;

Cartulaires : grand cartulaire de la cité de Metz [ZA, II — ZA, III — JE, IV, a, b, c], cartulaires de l'évêché de Metz [TBG — TBH — ZA, I], de la cathédrale (censier) [AA, IV], de Gorze [ZA — ZA, V], de Saint-Arnould [GL — TBB, III], de Sainte-Glossinde [AA, IV — TBE, a], de Saint-Thiébaut [GC], des églises de Metz (censiers), Saint-Martin, Saint-Vincent, Augustins, Notre-Dame-La-Ronde, Saint-Sauveur, Saint-Pierre, Sainte-Marie [AA, IV — TBE], de Villers-Betnach [XX, III], de Senones [TBM], de Longeville-lès-Saint-Avold [TBK], de Saint-Servais (Maëstricht) [TBN], de Saint-Vannes (Verdun) [TBL], de Belchamps, Beaupré, Saint-Maximin (Trèves), Saint-Gengoulf (Toul) [TBI], de Lorraine [TAF], de Bar [TAC — TAD], de Luxembourg [TBC

— TBD], de Longwy [TAE — TBF], de Champagne [TBP];

Chroniques : celles de Huguenin [H — JJ, VI], de Phil. de Vigneulles [I], des évêques [JB], du doyen de Saint-Thiébaut [TBB, II], de Praillon [TBB, IV], de Jacomin Husson et de N. de Gournay [TBB, V — JJ, XIV], de Buffet [WD, I], de Senones [GD], de Luxembourg [Q], de Belchamps (mémoires) [GF], protestante [TBB, I], rimée [JA], petite de 1527 à 1530 [TBO], de Saint-Arnould (petit cartul.) [TBB, III], Annales de Praillon [R, a];

Manuscrits : ceux des bibliothèques nationale et autres à Paris [T — TB — TH — TT — TBA — TBAA — TBAB — TBAC — TBAD — TBAE — TBAF], de la bibliothèque de Metz [Z — Z, I — Z, II — ZA — ZB — ZC — ZD — ZE — ZF — ZG — ZH — G — GB — GT], des bibliothèques de Nancy [G, 93 à 98], d'Épinal, de Saint-Mihiel, de Saint-Dié [Y — YA], de plusieurs villes de France [YY], d'Allemagne, d'Italie, d'Espagne, de Suisse [Q — QQ], d'Angleterre et d'Écosse [R], du comte Emmery [K — V — VA], du baron de Salis [GS], de M. Aug. Prost [VP];

Fonds et sujets divers : formules judiciaires [TBQ — TBAD, a], rôles des bans de tréfond [TBR], jugements des Treizes au xvie siècle [GE], observations de J. d'Abocourt sur les coutumes de Metz [JE, X, a, III], les autorités de Metz en 1602 [ZE], rôle des villages du pays messin au xve siècle [ZB], les marches d'estault [JE, XI, a], cérémonial du xiie siècle de la cathédrale [ZC], anciens armoriaux messins [Q, a, b, c, d — GA — JH — JJ, XXII, 12], sceaux [GH — JF — JJA, II — JJB, III], les deux grands plans de Metz de 1738 et 1871 (calques) [OH, a — OH, b], notes détachées, copies, extraits, fragments en plusieurs séries [GT — GT, a — TG — G — GB — X, e — XX, V — ZA], notes d'archéologie, dessins et observations sur les monuments, les fouilles et découvertes dans Metz et pays environnants [O — OF — OO — OR], la cathédrale [OA], le grand pont ruiné de la Moselle [OR, IV], le pont de Coblence [OQ, III], plusieurs églises étrangères à Metz [OG], les églises de Paris [OQ, II];

Écrits et publications antérieurs : ouvrages sur Metz par Paul Ferry [A — B — KB], les Bénédictins [D — DE — E], le père Benoît [L], Meurisse [M], Baltus [N], Dom Baillet [ZD], Bégin [W, XLIX], Klipffel [NA], Abel [NB], Huhn [NC], Sauerland [ND], Rahlenbeck [NE], ouvrages divers d'histoire et d'archéologie, au nombre de 90 environ [W, I à LVI — VVV, I à XXXIII], parmi lesquels ceux de Savigny, Raynouard, L. Delisles, Warnkœnig, du Cange, Guérard, Championnière, Lehüerou, Schœpflin, Hannauer, Mossmann, Chauffour, Tailliar, Huillard-Bréholles, Grimm, Lacomblet, Trouillat, Hégel, Waitz, Heusler, etc.

Les *travaux* qui constituent la seconde classe de nos matériaux se partagent eux-mêmes en deux catégories, celle des travaux préparés et en cours d'exécution et celle des travaux terminés et déjà publiés.

Les travaux de la première catégorie, préparés et en cours d'exécution, concernent entre autres les sujets suivants : le droit public et privé chez les Romains [WR — WL], chez les peuples barbares jusqu'au x° siècle [WU — VVV, XXIX], chez les Allemands [JN], dans les lois saxonnes [VVV, XXVI, E — VVV, XXVI, E, a], dans la loi salique [WAB, III], le droit public dans l'Empire [JN — JNA — JNB — WP — WP, I à XXIV — WP, A — WP, B], en

France [WS — WS, I à IX — WAB, II — WAB, IV], les institutions urbaines [WT], la justice privée, l'immunité [WS, VI, VII, VIII], la paix et la trêve de Dieu [W, XXIV], la paix publique [JN, IX — VVV, XXVI — JJ, XXV, a — JJ, XXV, b — JJ, XXV, ca, V], les ducs de Lorraine [SC — SCA — SCB, I à VII — SCC — SCD], les ducs de Lothier [SB], les Hapsbourg [SD], Metz avant 1200 [S — S, I — S, a — JE, X, a], Metz après 1200 [JE — JE, X — JE, X, a — S, I — ZA, III], le record des droits de l'empereur, de l'évêque, de la Cité [JE, V, a], l'empereur [JE, VII], l'évêque [JE, VI — ZG], le chapitre [ZH], la commune paix [JE, III — JF — JJ, XXV], les atours [JE, IV — JE, IV, I], le comte [JE, VIII — SA, I à X — WAB, I], le voué [JE, IX], *advocatus, advocatia* [WS, VIII, c — WS, IX], le maître échevin [ME — JE, X, a — JJ, XI], les échevins [JE, IV, III — JE, IV, III, a], les Treizes [JE, II — JE, X, a — JE, IV, IV — JE, IV, IV, a], les paraiges [JE, I], les parents et amis [JE, X, d], les institutions judiciaires [JE, X — JE, X, a — JE, X, a, I à VI — JE, X, b], l'unanimité dans les jugements [JE, X, c], Metz après 1552 [JE, IV, II — JE, X, a, VII], les évêchés d'Austrasie [WA], les origines de l'église de Metz [JO], le temporel de l'évêché de Metz [JL], l'époque gallo-romaine [WF — W, V], les Germains dans les Gaules [W, LI], Attila à Metz [JJJ, VII], saint Léger [WN], sainte Odile [WM], Richer, abbé de Saint-Martin [JK], la Lorraine aux ixe et xe siècles [JJJ, VIII, A], la Lorraine depuis le xe siècle [JJJ, X], la Lorraine au xviie siècle [JJJ, XI], Mouzon (abb.) et Rozerieulles (prieuré) [WC], Bouvines [WH], les frères Baude [JJJ, III], l'engagière du Luxembourg [JJJ, IX], Vieilleville à Metz [WD — WD, I], le maréchal de Belle-Isle [WO], généalogies, familles historiques [KB — KBA — KBA, I — KBA, II — JG — JJ, XII — JJ, XVII], Mengen [JJJ, V], Warnesperg [JJJ, VI], la noblesse [WK], la chevalerie [W, XXII — W, XLVIII], les chansons de Geste [WB, I], Garin le Lohérain [WB], la guerre du roi de Bohême en 1324 [ZA, IV], les mystères à Metz [WG], le langage [AA — AAG — VVV, XXV — HD³ — N, I — N, II], la paléographie [VVV, XIV — VVV, XV — VVV, XVI], l'armorial de Metz [Q, d — F, VI — GH — GH, a — JH], les monnaies [P — PA — JJ, XXIV, a — VVV, XI], les enceintes successives de Metz [OR, V], la rue des Roches [OR, VI], la fontaine Saint-Autor [OR, VII], le nymphée d'Icovellauna [OR, VIII], Téting (vastes substructions) [OR, IX], les sarcophages chrétiens de la Gaule [VVV, XXI], l'art [VVV, VI — VVV, VI, B — VVV, XVII, XVIII], Paul Jove et son musée [W, LV], l'architecture dans la Lombardie [OQ, I], Quatremère de Quincy et ses œuvres [VVV, XIX].

Les travaux terminés et publiés, seconde catégorie de ceux dont nous parlons maintenant, forment avec les précédents l'ensemble de nos études proprement dites. Ce sont, à partir de 1846, avec des notes et de simples notices, des rapports, des mémoires plus ou moins développés et des ouvrages dont quelques-uns atteignent l'étendue d'un ou deux volumes. Dans le nombre de ces publications, 13 concernent des faits historiques; 11, les institutions; 13, les documents eux-mêmes; 25, des questions d'archéologie sur Metz; 20, des questions du même genre étrangères à la ville; 9, des sujets divers; 7, les beaux-arts; 8, la vie académique; 15, la vie municipale à Metz de 1865 à 1870. Nous ne pouvons ici les énumérer avec plus de détails. Nous nous permettrons seulement d'en rappeler quelques-uns comme spécimens : les études sur les Légendes (1865), le Patriciat dans la cité de Metz (1873), l'Ordonnance des Maiours (1878), un sceau de Landfriede du xiv° siècle (1879), le monument de Merten (1879), Albestroff (1868), la notice sur les manuscrits de la Bibliothèque de Metz (1877), quatre pièces liturgiques composées à Metz en grec et en latin au ix° siècle (1877), J. F. Blondel et son œuvre (1860), la mort d'Androuin Roucel (1854), H. Corneille Agrippa (1880), saint Servais, examen d'une correction introduite dans les dernières éditions de Grégoire de Tours (1890), la cathédrale de Metz (1885), le groupe de l'Anguipède et du cavalier (1892).

Quoi qu'on puisse penser de ces travaux, on reconnaîtra au moins, nous l'espérons, l'intérêt des sujets auxquels ils sont consacrés, aussi bien que celui des questions énumérées tout à l'heure, dont nous n'avons pu mener plus loin l'étude qu'à en fournir la préparation. On voudra bien en tout cas nous accorder que nous avons pu faire chose utile, en réunissant les matériaux qui forment la première et la plus importante partie de la collection que nous venons de décrire. Nous osons croire que ces renseignements donnés pour la première fois, sur un corps de documents et de travaux destinés à être livrés au public, peuvent ajouter dès aujourd'hui quelque intérêt à la présente publication.

Paris, 2 janvier 1893.

Aug. Prost.

LES

INSTITUTIONS JUDICIAIRES

DANS LA CITÉ DE METZ

INTRODUCTION

§ 1. Objet et plan du travail ; documents. — § 2. Les paraiges. — § 3. Le maître échevin ; les échevins ; les Treizes. — § 4. Variations dans le régime ancien de la justice à Metz.

§ 1.

Les institutions judiciaires de la cité de Metz ont été déjà l'objet de nombreux travaux[1] ; mais le tableau de leur mécanisme dans son ensemble n'a pas encore été tracé. Nous ne saurions donner comme un travail définitif la présente étude. Ce n'est qu'un essai sur un sujet dont certains points ont seuls été explorés jusqu'ici ; dont beaucoup d'autres sont restés dans

---

1. Nous nous bornerons à citer, ne pouvant tout dire, la dissertation étendue consacrée à ce sujet par les Bénédictins dans le tome II (p. 318-410) de leur *Histoire de Metz*, 1775 ; les deux ouvrages de Klipffel, *Les Paraiges*, 1863, et *Metz, cité épiscopale*, etc., 1867 ; ceux d'Abel, *Les Institutions communales*, fascicules V et VI, intitulés : *Les Trois maires, les Paraiges*, 1875, et *Les Échevins, les Treizes, les Amans*, 1876 ; et avec ces livres, qui ont été imprimés, quelques écrits restés inédits : les excellentes tables méthodiques qui forment le tome III des *Observations séculaires* de Paul Ferry (Bibl. de Metz, mss. f. hist., n° 108) ; les *Mémoires pour servir à l'histoire de Metz*, par Baltus (*Ibid.*, n° 165) ; l'*Analyse du grand cartulaire de la cité*, 1773, pour Dom Jean-François (*Ibid.*, n° 2).

l'ombre, et qui a même été jugé rebutant par quelques-uns des chercheurs qui précédemment l'avaient entrevu. Les vieilles institutions judiciaires de Metz, avec leurs singularités, le langage obscur et les formes un peu confuses de la plupart des documents qui les concernent, ont pu paraître embrouillées et insaisissables ; « c'est la bouteille à l'encre », nous disait récemment encore un savant qui s'est beaucoup occupé du régime ancien de la justice dans nos contrées ; mais, à un point de vue moins particulier, il est bon de le dire, que celui des institutions spéciales de la cité de Metz que nous envisageons ici. Pour ce qui les concerne, d'ailleurs, il se plaignait d'une lacune dans le corps des travaux de première main, indispensables pour les études d'un caractère général comme celles qui l'occupent et qui, plus que d'autres, peuvent fixer l'attention du public en pareille matière. Les vues générales ont en effet, pour le grand nombre, plus d'attrait que les recherches particulières enfermées dans les limites d'un horizon resserré ; mais, il faut le reconnaître, elles ne sont possibles qu'avec le secours des données fournies par celles-ci. Ces considérations peuvent justifier la convenance de notre travail. On nous permettra de les invoquer en sa faveur.

Ce travail est distribué en six chapitres concernant, après la présente *Introduction :* — I. *Le maître échevin :* sa création, son Conseil, sa juridiction ; le plaid banni, les plaids annaux, les plaids ordinaires et leur procédure ; la clamour, la mise en droit, le dit pour droit, les sauvetés, la mainburnie, les tenours à rappeler, les démonements, l'advis ; la juridiction d'appel ; le maître échevin au grand Conseil ; — II. *Les échevins :* leur caractère, leur création, leur juridiction ; l'adjournement, le rembannement, les plaids soit pour courre droit, soit pour ouïr droit ; la demande d'advis, l'entrée en démonement ; les incidents du plaid ; les actes accomplis en plaid banni ; les émoluments et profits ; — III. *Les Treizes :* leur création, leurs officiers, leurs attributions ; leur accord annuel ; leur double juridiction, l'une exclusive et l'autre partagée avec les échevins; les journées, les adjournés ; la procédure, le jeu aux dés de la journée ; les jugements; la pénalité; les appels; — IV. *Les organes accessoires de la justice:* grand Conseil, maires, comtes jurés, eswardours, pardezours, plaidiours, sergents, amans; — V. *Les produits de la justice:* amendes, confiscations, taxes; leur dévolution successive à l'évêque puis à la Cité; la part faite aux Treizes; — VI. *La justice à Metz après 1552:* modifications de l'organisme ancien ; introduction de l'organisme nouveau : le Roi, les États ou Trois ordres, le gouverneur, le président royal, le parlement et le bailliage; — *Conclusion.*

Les documents signalés tout à l'heure consistent notamment en *records* anciens, dont on n'a généralement que d'assez médiocres copies des xve et xvie siècles, auxquels il faut joindre des *formulaires* ou *recueils de style;* des collections ou des expéditions isolées de *jugements* et de *pièces diverses de procédure,* conservées en grand nombre dans les archives publiques et privées; des passages de nos *chroniques* relatant des affaires judiciaires; et, avant tout, les *atours* ou lois de la cité, dont les archives municipales de Metz possèdent pour un bon nombre les originaux revêtus encore de leurs sceaux. Ces atours figurent en outre, quant aux plus anciens, dans le grand Cartulaire de la cité, précieux manuscrit du xive siècle conservé à la bibliothèque de Metz, et presque tous ont été reproduits par les religieux bénédictins, dans les preuves de leur histoire de Metz qui les mettent à la portée de tout le monde.

Ces documents, fondement de l'étude que nous nous proposons d'ébaucher ici, sont les uns inédits, les autres déjà publiés. Les documents publiés sont les atours, comme il vient d'être dit, et dans une certaine mesure les chroniques, à les prendre notamment dans la compilation qu'en a faite Huguenin, en un volume intitulé *Les Chroniques de Metz,* imprimé en 1838. Les documents que nous estimons inédits, malgré quelques publications partielles, sont les records, les collections de formules, les recueils de style, et les pièces originales de procédure. Il nous semble opportun de donner quelques renseignements sur ces documents pour une très grande part inédits, et sur les principales copies anciennes que l'on en possède.

Pour ce qui regarde le maître échevin, il faut citer le record intitulé : *C'est ceu que li maistre eschevin ait à faire en son année pour l'office de maistre eschevinaige*[1] ; pour les échevins, le record intitulé : *De l'office dez eschevins du pallais de Metz*[2] ; pour les Treizes : *L'accord des Trezes*, dont il existe plusieurs textes (§ 32), l'un sans date de la fin du XIIIe siècle intitulé : *Ce sont li atour* (sic) *retenut per Trezes et per contes*, en original[3] et en copie[4] ; les autres, sans date, des XIIIe, XIVe et XVe siècles, intitulés : *Le vielz escort des Trezes*[5] ; *Encor l'escort dez Trezes*[6] ; *Les Trezez ont adcordeiz toutes lez articles sy apres nommées*[7] ; *Les Trezes ont accordeiz tout par escordt que...*[8] ; *Adcort dez Trezes de leur chanbre*[9] ; *Lez Trezes ont escordeiz tout par escord* (les adjournés)[10] ; pour les trois maires le record dit *L'Ordonnance des maiours*[11], objet d'une de nos études antérieures[12] ; pour les recueils de style, *Le style du palais*[13] ; *Le style de l'amandellerie*[14]. Citons encore une *Collection de formules*[15] et deux *Recueils de jugements des maîtres échevins*[16].

1. Bibl. nat. mss. f. fr., n° 5396, f°s 39-41 ; n° 18905, f°s 63-68. — Chron. de Phil. de Vigneulles dans Huguenin, *Les Chroniques de Metz*, 1838, p. 18-21.
2. Bibl. nat. mss. f. fr , n° 18905, f°s 49-55.
3. Bibl. nat. mss., nouv. acquisitions fr., n° 3365.
4. Bibl. nat. mss. f. fr., n° 18905, f°s 71-80.
5. *Ibid.*, f°s 69-70.
6. *Ibid.*, f°s 80-81.
7. *Ibid.*, f°s 82-88.
8. *Ibid.*, f°s 88-89.
9. *Ibid.*, f° 89.
10. Bibl. nat. mss. f. fr., n° 18905, f° 116 ; n° 5396, f°s 21-22.
11. Bibl. nat. mss. f. fr., n° 5396, f°s 31-39 et 90-91 ; n° 18905, f°s 25-26, 57-58, 20 et 56. — Bibl. de Metz, mss. f. hist., n° 3, f°s 11-12 ; n° 4, f°s 10-11 ; n° 84, f°s 99-102. — Bibl. Aug. Prost, mss. n° 13, olim Emmery, n° 2606, f°s 67-72, 43-46, 46-47, 49-63 et 48.
12. *L'Ordonnance des maiours*, dans la *Nouvelle Revue historique du droit français et étranger*, 1878.
13. Bibl. nat. mss. f. fr., n° 18905, f°s 116-121 ; n° 5396, f°s 83-97.
14. Bibl. nat. mss. f. fr., n° 5396, f°s 98-122.
15. Bibl. Aug. Prost, mss. n° 13, olim Emmery, n° 2606, f°s 40-66.
16. Bibl. de Nancy, mss. du XVe siècle dont la Bibl. de Metz possède une copie mod. mss. f. hist., n° 8. — Bibl. Aug. Prost, mss. n° 13, olim Emmery, n° 2606, f°s 73-77.

Quant aux pièces de procédure, elles sont éparses dans les archives publiques et dans les collections privées. La Bibliothèque et les archives municipales de Metz, notamment, en possèdent un grand nombre.

§ 2.

Résultat d'une longue élaboration, les institutions judiciaires de la cité de Metz semblent définitivement fixées, lorsqu'au milieu du xvi° siècle des événements imprévus remettent inopinément en question l'œuvre tout entière. A ce moment, tout change à Metz avec la substitution de l'autorité du roi à celle des paraiges (le patriciat). Cette révolution est brusque et absolue en quelques points ; à certains égards cependant, elle n'est que le commencement d'une évolution qui doit se prolonger pendant longtemps. Ainsi, l'exercice de la justice par les officiers de la cité dure encore près d'un siècle en déclinant toutefois graduellement avant de disparaître, à la suite du coup frappé en 1552; mais dès le début de la crise, le régime antérieur est atteint par de sérieuses modifications; et ces changements s'aggravant de jour en jour, dénaturent profondément les choses. C'est donc avant cette période de dégénérescence qu'il faut considérer les institutions de la Cité, si l'on veut se rendre compte de ce qu'elles ont été sous le régime d'autonomie municipale qui prend réellement fin alors. Pour savoir ce qu'a été la justice à Metz pendant les temps antérieurs, il faut considérer ce qu'elle était vers le moment où cette ville change de condition, au milieu du xvi° siècle. Sans nous interdire de jeter parfois les yeux sur les choses qui précèdent — ce qu'il est souvent indispensable de faire, — c'est à ce qui existait alors que nous avons surtout égard dans la présente étude.

Les paraiges, que nous venons de nommer, étaient originairement des corps indépendants qui, vers le commencement du xiii° siècle, s'étaient constitués, conformément à certains usages qu'on trouve ailleurs encore, à l'avantage et pour la protection des individus associés dans leur sein. Au nombre de cinq d'abord et ligués de bonne heure pour la conquête du pouvoir dans la vieille cité, les paraiges s'étaient graduellement substitués à l'ancienne communauté urbaine dans la jouissance de ce que celle-ci en possédait, et ils avaient même assez étrangement absorbé à la longue ce corps de la communauté, en le réduisant à la condition de sixième paraige. Ils avaient de plus réussi à enlever aux évêques l'autorité que les prélats exerçaient dans leur ville épiscopale. Ces commencements du régime des paraiges abondent en traits singulièrement originaux que nous avons expliqués ailleurs[1]. Le XIIIe siècle et le commencement du XIVe forment la période pendant laquelle s'opèrent ces changements dans la situation des paraiges. Après leur accomplissement, ceux-ci sont maîtres dans la Cité et peuvent s'en intituler les seigneurs, comme on les voit effectivement le faire alors.

Les cinq premiers paraiges portaient les noms de *Porte-Moselle*, de *Jurue*, de *Saint-Martin*, de *Portsallis* et d'*Outre-Seille*; le sixième, ancienne communauté urbaine, était dit *le Commun*. Toutes les fonctions publiques de gouvernement, de justice et d'administration étaient finalement entre leurs mains, à une seule exception près, que nous allons signaler. Ces fonctions étaient distribuées entre les magistratures ou offices du maître échevin, des échevins, des Treizes, des comtes jurés, des maires et un certain nombre de commissions de VII, de XIII ou de XXVI membres[2] chargées de services spéciaux. Tous les emplois étaient ainsi, par privilège, exclusivement remplis par les membres des paraiges, sauf une seule exception, avons-nous dit. Cette exception est celle des comtes jurés, office très

---

1. *Le Patriciat dans la cité de Metz*, 1873. (*Mémoires de la Société nationale des Antiquaires de France*, t. XXXIV.) — *Les Paraiges messins*, 1877. (*Mémoires de la Société d'archéologie et d'histoire de la Moselle*, t. XIV.)

2. Dans ces commissions de VII, XIII ou XXVI membres, les cinq premiers paraiges en nommaient chacun 1, ou 2, ou 4, et le sixième paraige en nommait en même temps 2, ou 3, ou 6.

ancien, réduit d'ailleurs à un rôle secondaire et laissé dans ces termes à la classe populaire, jusqu'à la fin en possession du droit de fournir plus ou moins librement ces comtes par voie d'élection dans les paroisses (§ 40). Les membres des paraiges composaient en outre le Conseil de la Cité ou grand Conseil, qui intervenait dans toute sorte d'affaires et résolvait les difficultés imprévues (§ 38).

§ 3.

Les magistrats et officiers que nous venons d'énumérer étaient d'origine diverse, quant à l'époque et au mode de leur institution; tous étaient, à la seule exception peut-être des Treizes, antérieurs à la formation des paraiges qui s'emparent graduellement du droit de les fournir. Les uns et les autres avaient, en des termes différents, un rôle dans l'exercice de la juridiction, indépendamment de celui qui incombait en outre à la plupart d'entre eux dans le gouvernement et dans l'administration de la Cité. Ainsi constitué, le corps judiciaire est à Metz, vers le commencement du XVIe siècle, un organisme compliqué, formé d'éléments d'origine et de caractère variés, qu'il convient d'étudier individuellement pour se rendre compte de leur action dans l'ensemble. Nous nous attacherons surtout à ce qui concerne les principaux d'entre eux, le maître échevin, les échevins et les Treizes.

A les prendre dans l'ordre chronologique où ils se présentent d'après les documents, les plus anciens sont les échevins; viennent ensuite le maître échevin puis les Treizes. Les échevins, en effet, se rattachaient aux institutions carolingiennes[1]. Le maître échevin, de son côté, dont la première mention sous le titre de *primus scabineus* est de la fin du Xe siècle, ne remonte peut-être pas beaucoup au-dessus de

---

1. La première mention des échevins, *scabini*, dans les documents messins, est de 910; mais ils sont certainement plus anciens à Metz que cette date.

cette date[1]. Les Treizes paraissent n'être guère antérieurs au XIIIᵉ siècle[2].

Les échevins, corps exclusivement judiciaire, avaient dû posséder — on a quelques raisons de le penser — des attributions plus étendues que celles dont on les voit investis aux XVᵉ et XVIᵉ siècles. Ils avaient pu subir antérieurement les empiétements des autres officiers de la cité, c'est-à-dire du maître échevin et des Treizes. Le maître échevin pourrait bien leur avoir emprunté une partie au moins de ce qu'il possédait de la juridiction, à côté de son rôle dans le gouvernement et l'administration. Judiciairement, le maître échevin et les échevins fonctionnent encore, au commencement du XVIᵉ siècle, suivant les termes de formules surannées portant des traces d'une grande ancienneté et qui, par certains détails, ne correspondent même plus alors à la réalité présente (§§ 8, 9, 22, 23) ; particularité qui fait remonter assez haut le régime auquel cette situation se rapporte. Quant aux Treizes, se mouvant avec plus de liberté dans une diversité de fonctions dont leurs attributions judiciaires, quoique importantes, n'étaient qu'une partie, ils donnent par là l'idée d'une institution plus récente et de vitalité plus énergique que les précédentes, aux dépens desquelles il pourrait bien se faire qu'ils eussent développé leur rôle propre (§ 33).

L'esprit d'envahissement des Treizes s'accuse notamment dans ce fait singulier qu'ils avaient en quelque sorte absorbé, mais non supprimé toutefois en le subordonnant seulement à leur propre action, un corps de justice plus ancien qu'eux, celui des comtes jurés sans l'assistance desquels ils ne pouvaient procéder à certains jugements, aux jugements criminels, qui sont de bonne heure dans leurs attributions, ni les exécuter, cette exécution leur appartenant aussi dans ces condi-

1. Après la forme *primus scabineus* ou *scabinus* qui apparait en l'an 1003, on trouve pour la première fois les formes *magister scabinorum* en 1130, *major scabinus* en 1192, *maistre eschaving* en 1219 (§ 5, note).

2. Les Treizes, *Tredecim jurati*, sont mentionnés pour la première fois dans un titre daté, en 1207 (§ 30, note), et un peu plus tôt, peut-être, dans des titres non datés qui sont, en tout cas, à peu près du même temps.

tions. On appelait les comtes jurés *l'ancienne Justice.* Les Treizes qui, à leur égard, auraient pu être dits la nouvelle Justice, étaient appelés simplement *la Justice,* comme s'ils eussent été la justice par excellence. Ils semblaient en effet expressément chargés à Metz de la police sociale, armés d'une double juridiction comprenant la justice criminelle avec le concours des comtes jurés, et, dans les cas les plus ordinaires et les plus fréquents, la justice civile que pour cette part ils exerçaient concurremment avec les échevins. Ce partage résultait vraisemblablement d'empiétements qui ne faisaient plus question à l'époque où nous nous plaçons. On ne trouve en effet pas d'exemple alors de différend à ce sujet entre les échevins et les Treizes. Il n'en est pas de même entre ceux-ci et le maître échevin, pour ce qui regarde la justice criminelle que les Treizes prétendaient être exclusivement de leur ressort, et où le maître échevin réclamait en certains cas un rôle. Les chroniques nous offrent des exemples de ces conflits, où les deux autorités se heurtent à ce sujet, pour des prérogatives réclamées également par l'une et par l'autre. On voit quelquefois la résistance des Treizes dans ces conflits réduite par l'intervention du grand Conseil (§ 38).

Le maître échevin, les échevins et les Treizes avaient finalement, on le voit, des rôles distincts quoique débordant un peu les uns sur les autres, dans l'exercice de la juridiction.

Le maître échevin qui, du reste, ne pouvait siéger sans l'assistance des échevins en certain nombre, comme Conseil, jugeait les causes de toute nature, civiles ou criminelles, qui lui étaient apportées, les causes même d'injures et celles dites *pour corps d'homme.* Il doublait ainsi en quelque sorte le rôle spécial des échevins et celui des Treizes. De plus, par ses décisions, il fixait le droit, c'est-à-dire la jurisprudence en matière de droit civil. Il lui appartenait enfin, exclusivement, de régler et de juger les causes concernant les mineurs, de donner à ceux-ci des tuteurs et de les émanciper. Les *sauvetés,* procédure particulière appliquée à cette catégorie d'affaires, étaient passées et mises en droit, comme on disait, exclusivement devant lui (§ 12).

Les échevins, exerçant spécialement la juridiction civile, connaissaient de toute question touchant les héritages ou immeubles. Ils partageaient cette juridiction avec les Treizes quand il s'agissait d'héritage ou immeuble tenu depuis moins que an et jour, c'est-à-dire en saisine imparfaite ; mais les échevins et le maître échevin pouvaient seuls juger les questions d'héritage tenu en pleine saisine, c'est-à-dire depuis an et jour ou davantage, et dans ce cas, les Treizes n'avaient pas à y voir [1]. Les échevins jugeaient en outre toute sorte de différends d'ordre civil. Sur toutes choses ils prononçaient en dernier ressort.

Les Treizes jugeaient concurremment avec les échevins, comme nous venons de le dire, les troubles apportés à la jouissance d'héritages ou immeubles dont la tenure ne remontait pas à an et jour ; mais seuls — sauf intervention accidentelle du maître échevin dans certains cas — ils connaissaient des questions de force faite, de tort et d'injures, des actes de violence, des crimes, de ce que nous appellerions les affaires de police et les causes criminelles [2]. Il leur appartenait en outre de juger ce qu'on appelait les *awards* ou *eswards* des adjournés — nous expliquerons plus loin ce que c'était (§ 34) — et de décider des affaires qui étaient, comme on disait, *besongnables*

---

1. « Qui qui onkes serait tenans an et jor de son héritaiges et de son treffons en pais et en souletoit... on ne l'en puet... niant demandeir par devant les Trezes ». (Atour de 1315. — *Hist. de Metz*, preuves, t. III, p. 321.)

« Lo droit et l'usaige de Mets sont telz que quand une personne est saixis et tenant ans et jour de son héritaige, il n'en y ait de niant à respondre par devant les Treizes s'al droit non » (sinon en droit, c'est-à-dire devant les échevins). (Pièce de procédure de 1362. — Arch. mun. de Metz, cart. 97, l. 3, n° 6.)

« Et se aulcune personne estoit adjournez devant les Trezes... on ne doit nulluy faire respondre à la tenour d'héritaige dont on auroit estez tenant an et jours... ce parmi le droit non, ce nyant lon (l'en) voulloit-on demander. » (Accord des Trezes. — Bibl. nat., mss. f. fr., n° 5396, f° 22, v°.)

2. « Eschevin ne doit prandre nulz tesmongnaige d'injure... sinon tesmongnaiges appartenant à l'eschevignaige, c'est assavoir de cas d'esritaiges du fonc et la roie, car les tesmongnaige d'injure et d'astre tesmongnaige... appartiennent à prandre par les Trezes, car c'est de leur office, et ne jugent lez dis Trezes que de tort et de force, et leur apartient d'an conoitre. » (Record de l'office des eschevins. — Bibl. nat., mss. f. fr. n° 18905, f° 52, v°.)

pour la ville ; ce qui ailleurs est qualifié *utilitas communitatis.* Ce partage d'attributions entre les échevins et les Treizes se retrouve presque dans les mêmes termes entre les échevins et les *Keurmann*, *Choremanni*, des villes de Flandres au xiiie siècle [1], époque à laquelle à peu près se rapportent par leurs traits essentiels les plus anciens documents judiciaires à Metz.

Le maître échevin et les échevins ne pouvaient d'ailleurs exercer la justice qu'en *plaid banni,* c'est-à-dire dans un plaid tenu sous l'autorité du *Ban* donné par un des trois maires (§ 7) ; les maires étant à Metz les seuls officiers en possession du droit de Ban, forme ancienne du pouvoir de contraindre (§ 39). Les Treizes qui avaient, pour certains actes, des pouvoirs analogues à ceux que conférait le Ban, les empruntaient à une source différente (§ 31). Ils exerçaient en effet sans le concours des maires leur part de la juridiction, non seulement dans les causes criminelles qui leur appartenaient tout particulièrement alors (§ 10, note), mais encore dans les causes d'ordre civil qui, en certains cas, étaient exceptionnellement, nous l'avons dit, de leur ressort. Ajoutons que l'exécution de tout jugement, soit du maître échevin, soit des échevins, comme des leurs, appartenait exclusivement aux Treizes (§§ 31, 34, 36).

Nous avons présenté, avant d'aller plus loin, ces premières explications sur le maître échevin, les échevins et les Treizes pour donner tout de suite une idée de ce que sont à Metz les institutions, magistratures et offices, dont nous nous proposons d'étudier en détail la constitution et le mécanisme. Cette vue sommaire était indispensable pour l'intelligence de ce qui va suivre.

---

1. « *Scabini judicent de his quæ pertinent ad scabinatum; choremanni de pace tractent et de utilitate communitatis villæ et forefactorum emendatione.* » (Keure d'Arques, 1281. — Warnkönig, *Flandrische Staats- und Rechts-Geschichte,* t. I, 1835, p. 368, note 114.) Dans la traduction française de Gheldolf, t. II, 1836, p. 267, ce texte est incomplet.

§ 4.

On sait maintenant quels sont les organes principaux du régime judiciaire dans la ville de Metz, au moment où ce régime singulier, composé d'éléments disparates, semble fixé définitivement vers la fin du xve siècle et au commencement du xvie. Cet organisme un peu compliqué, quoique jouant en fait avec facilité, résulte évidemment de modifications successives apportées à un état ancien dont les conditions propres, si on les connaissait, nous permettraient probablement de nous rendre compte des singularités auxquelles il aboutit. On n'en a malheureusement qu'une connaissance fort imparfaite. Le peu qu'on en sait montre que les institutions judiciaires à Metz ont passé par des situations diverses, différant jusqu'à la contradiction même de celles où nous les voyons à leur dernière période de développement. Quelques faits isolés pris à différentes époques et qui s'écartent notablement de ce que sont devenues à la fin les choses, peuvent donner une idée de ces variations.

Citons d'abord les échevins qui, dans leur condition dernière, siègent ou seuls, ou comme assesseurs avec le maître échevin, sous l'autorité du Ban donné par un maire ; et qu'on voit siéger en jugement au xe siècle avec le comte, plus tard avec l'évêque — avec l'évêque Bertram notamment vers 1212, *in placito bannali et legali, coram domino metensi episcopo Bertramno* — en même temps que, vers le commencement du xiiie siècle, ils sont dits, dans la *Lettre de commune paix*, devoir juger les chevaliers pour toute violation de cette commune paix ; ce qui les met dans le cas de prononcer sur des actes de violence, sur des crimes même, dont la connaissance est ultérieurement étrangère à leur compétence.

D'après ce dernier document encore, le maître échevin connait des faits ordinaires de paix brisée qui sont à proprement parler d'ordre criminel, et doit siéger pour cela le vendredi avec les wardours de la paix, officiers spécialement institués pour cet objet, et qu'on a quelques raisons de rapprocher des Treizes (§ 30, note). Ceux-ci sont dits en effet au XIIIe siècle *tenir la clostre,* c'est-à-dire juger au cloître avec le maître échevin comme *Justice de la cité,* le vendredi également. Plus tard les Treizes exercent cette même juridiction du cloître (§ 31) sans le concours du maître échevin ; celui-ci siégeant alors exclusivement en *plaid banni,* avec des assesseurs que lui fournissent en principe les échevins (§ 5).

Les Treizes, à la fin tout à fait étrangers au plaid banni, sont signalés au contraire antérieurement comme siégeant, en 1222, *in placito bannali et legali* avec le maître échevin (§ 31). On les voit encore au XIIIe siècle siéger aussi en jugement avec l'évêque — avec l'évêque Jacques de Lorraine en 1250 ; avec l'évêque Bouchard d'Avesne en 1285 — et ces mêmes Treizes se trouvent de bonne heure en possession de la justice criminelle qui auparavant était, vers le XIIe siècle et peut-être au commencement du XIIIe encore, exercée par les comtes jurés, échevins mineurs, est-il dit, du comte de Dagsbourg voué de Metz, lequel en cette qualité connaissait des cas de crime dans la cité (§ 40).

A ces observations sur la distribution des rôles entre ces divers officiers pour l'administration de la justice, nous ajouterons qu'on se ferait une idée peu exacte de la situation réciproque de ces membres distincts de l'organisme judiciaire à Metz, si l'on voulait, même pour les derniers temps, soumettre aux lois d'une hiérarchie rigoureuse les relations qui pouvaient exister entre eux. Le maître échevin réforme en certains cas les décisions des Treizes, et l'on voit en même temps ceux-ci contraindre parfois le maître échevin lui-même à se soumettre. Ainsi en 1523, dans un conflit entre celui-ci et le Conseil, les Treizes somment par huchement public le maître échevin de s'excuser, sinon, est-il dit, la Justice y procéderait ; et le maître échevin se soumet. Or la Justice, c'étaient, dans le langage du temps, les

Treizes avec les comtes. Dans d'autres circonstances, le Conseil ayant en 1479 *portéfuer* (sentencié) contre un jugement du maître échevin, cette décision du Conseil est annulée. On n'indique pas par qui. Serait-ce par les Treizes ou par le maître échevin lui-même ? Ce Conseil, dit aussi le grandConseil de la cité, était composé de membres des paraiges (§ 38). On le voit, en 1468 et en 1483 par exemple, contraindre les Treizes à siéger et à juger dans des circonstances où, à la suite de conflits avec le maître échevin, ils avaient décidé de ne plus le faire. Cependant ce même Conseil semble à certains égards comme subordonné aux Treizes, qui disposent de sa mise en action, à ce point qu'on le voit appelé souvent le Conseil des Treizes (§ 38).

Que d'anomalies dans ces singularités, que de contradictions apparentes dans leurs rapprochements ! Pour se rendre compte de ces bizarreries il faudrait savoir comment se sont formées les institutions judiciaires dans la cité de Metz, ce qu'elles ont été aux époques antérieures à celle où elles sont constituées telles que nous les connaissons ; c'est ce qu'on ne sait, comme nous l'avons dit, que très imparfaitement. On ne peut signaler dans leur passé, ainsi que nous venons de le faire, que des points isolés et des particularités souvent inexplicables qu'on ne saurait relier ni entre elles ni à rien autre qu'on connaisse. En retrouver l'histoire suivie est chose impossible, pour le moment au moins, en raison de l'insuffisance des informations que l'on possède sur ce sujet. Tout ce qu'on peut faire aujourd'hui est de présenter, non sans quelques lacunes encore, le tableau de ce que sont dans leur ensemble ces institutions au dernier terme de leur développement et bien près, sinon de disparaître, au moins de subir dans leur marche un brusque arrêt, signal des changements qui en préparent la fin. Ce tableau, qui n'a jamais été tracé dans son ensemble, peut avoir son utilité ; il doit, dans l'état actuel des choses, servir de fondement aux recherches qu'on pourra faire ultérieurement, pour résoudre les questions d'origine et de transformation qui intéressent les commencements, voilés pour nous, du régime de la justice à Metz.

Le travail qui s'offre présentement à nos études consiste donc à décrire les organes et le mécanisme de nos institutions judiciaires vers la fin du xve siècle et au commencement du xvie. Le plan de ce travail, tel que nous l'avons tracé, nous est fourni par les considérations mêmes qui précèdent sur ces institutions. Nous avons signalé comme étant au premier rang parmi les magistrats et officiers qu'elles mettent en action, le maître échevin, les échevins et les Treizes. Nous joignons à ce que nous avons à en dire des indications sur divers agents et suppôts, auxquels est dévolu à côté d'eux un rôle secondaire, et qu'on peut regarder comme les organes accessoires de la justice. Nous terminons enfin par quelques renseignements sur les changements apportés après 1552 à ce régime ancien.

CHAPITRE I.

LE MAITRE ÉCHEVIN

§ 5. Le maître échevin et son Conseil. — § 6. Compétence, procédure. — § 7. Le plaid banni. — § 8. Les plaids annaux. — § 9. Les plaids ordinaires; semonces et adjournements. — § 10. La plainte ou clamour. — § 11. La mise en droit; le dit pour droit. — § 12. Les sauvetés, la mainburnie. — § 13. Les tenours à rappeler. — § 14. Les démonements. — § 15. L'advis. — § 16. La juridiction d'appel. — § 17. Le maître échevin au grand Conseil. — § 18. Résumé du chapitre I.

§ 5.

Le maître échevin était à Metz le chef de l'État[1]. Longtemps avant d'y prendre ce rôle, il y apparait pour la première fois, comme nous l'avons dit (§ 3), à la fin du xe siècle, sous le titre

---

1. On peut rapprocher de ce qui est dit ici du maître échevin un travail intitulé : *Notice sur le maître échevinat à Metz.* (*Mémoires de l'Académie de Metz*, 1852-1853, 2e partie, p. 131-172.)

de *primus scabineus* (*scabinus*)[1], dans une situation déjà prépondérante mais de moindre importance. Plus tard il y est considéré comme le lieutenant ou vicaire de l'Empereur (§§ 9 note, 16 note). Le maître échevin ne semble être cependant en principe qu'un officier de justice, et ce n'est qu'accessoirement qu'il aurait été investi en outre des fonctions municipales d'administration et de gouvernement qu'on le voit exercer aux xve et xvie siècles[2].

Quoique ces modifications de sa condition originaire puissent partir d'une date assez reculée, l'office du maître échevin paraît néanmoins sortir de l'échevinat ordinaire, auquel il se rattache par sa dénomination même et auquel il reste étroitement

---

1. La dénomination de cet officier met plus de deux siècles à se fixer, de la fin du xe à la première partie du xiiie, à peu près ; et elle passe par les formes suivantes, qui chevauchent chronologiquement quelque peu les unes sur les autres à partir du *primus scabineus* de l'an 1000 jusqu'au *maistre eschaving* de 1219 : *primus scabineus* ou *p. scabinus*, *p. scabinius*, *p. scabinio*, *p. scabio*, de 1000 à 1126 ; *scabinus* ou *scabinio*, de 1090 à 1205 ; *magister scabinorum*, en 1130 et 1140 ; *scabinio palatii*, en 1133 ; *summus scabinio*, en 1169 ; *scabinus*, en 1179 ; *magister scabinio* ou *m. scabinus*, de 1190 à 1223 ; *major scabinus*, de 1192 à 1226 ; *maistre eschaving* ou *m. échevin*, de 1219 à 1250 et ultérieurement. Mentionnons encore les dénominations exceptionnelles appliquées accidentellement au même officier : *legislator*, en 1058 ; *juridicus*, vers le milieu du xiie siècle ; *civium metensium magister*, en 1221. — Le *primus scabineus sedens in generali judicio cortis episcopi*, qui figure ainsi dans la charte de Senones de l'an 1000 (*Gallia Christiana*, t. XIII, col. 461) est certainement le même officier que le *scabinio palatii* mentionné dans une charte de saint Arnould de 1133 où on lit : *Ego Stephanus* (Ep. met.)... *Humbertus querelabatur. Unde orto litigio diem utrisque statuimus, in quo compertum est* (etc.)... *Quæ relatio... judicio scabinionis palatii publice firmata est, et banno palatii superposito perpetualiter solidata*..... (Charte de Saint-Arnould. — Arch. départ. de Metz, fonds Saint-Arnould.)

2. Les fonctions diverses du maître échevin ne sont déterminées par les dispositions d'aucune charte d'institution ; on n'en trouve guère le témoignage que dans les chroniques. Quelques-unes de ses attributions peuvent cependant remonter assez haut. Ainsi, lorsque le *magisterium scabinatis* est réformé par l'évêque Bertram en 1179, celui qui exerce cet office est certainement, d'après les termes de la charte épiscopale, autre chose encore qu'un simple juge ; il pourrait bien avoir déjà, et depuis plus ou moins longtemps peut-être, quelques-unes des attributions d'un officier d'ordre administratif, comme le *comes* et l'*advocatus*. Un fait qui paraît s'accorder avec cette observation, c'est que, à une époque assez ancienne, vers la fin du xe siècle, Gorze, dans le voisinage de Metz, semble posséder un officier ayant le double caractère d'*advocatus* et de *scabinus*, comme on le voit par le rapprochement des indications contenues dans deux chartes de ce temps : 1° 973 (Commutatio) « ...*Actum in pleno mallo apud Lumer... anno primo Ottonis imperatoris junioris in regno Lotharii, sub duce Frederico, comite Rainardo, advocato Hamedeo atque scabino* » ; 2° 977 (Concessio terræ) « *Factum in Gorziensi monasterio... Sign. Hamedei advocati lori* ». (Cartul. de Gorze. — Bibl. de Metz, mss. n° 826, p. 158 et 160.)

lié par certains traits de sa fonction principale. Le maître échevin ne pouvait notamment pas juger sans l'assistance de quelques-uns des échevins. Il pouvait lui-même être échevin ; bien plus, s'il ne l'était pas au moment de son élection, il devait prendre pour lui le premier échevinat venant à vaquer pendant son année par la mort d'un des échevins en exercice, suivant un atour de janvier 1313 (1314 n. s.)[1]. Il est plus singulier que le maître échevin ait pu parfois être Treize ; ce qui s'est vu cependant. Un atour de janvier 1402 (1403 n. s.) interdit au maître échevin d'entrer dans les Septeries, mais non pas, est-il dit, dans la Treizerie[2].

A l'époque où nous nous plaçons, vers la fin du xve siècle, le maître échevin était élu annuellement dans l'un des six paraiges à tour de rôle, et institué le 21 mars, jour de la Saint-Benoît, dans une cérémonie d'installation, par le princier de la cathédrale et les cinq abbés Bénédictins de Gorze et de Metz. Ces six dignitaires, qui jadis l'élisaient à pareille date en l'église de Saint-Pierre aux Images, se bornent maintenant à donner leur acquiescement au choix fait préalablement de sa personne au sein des paraiges. Le princier et les abbés, après cette cérémonie, conduisaient le nouveau maître échevin à l'église de Sainte-Marie où il prêtait entre les mains des commissaires de l'évêque le serment qu'il devait au prélat, et d'où il revenait ensuite sans le princier et les abbés au palais. Là, en la chambre des Treizes, il faisait entre les mains de ces derniers un second serment à la Cité ; puis il recevait de son prédécesseur *les clefs des bans et des voltes au grand moutier*, c'est-à-dire les clefs des arches publiques à la cathédrale, lieu de dépôt des archives de la Cité. Il prenait de ses mains en même temps les plaintes encore pendantes qui restaient à *vuider*. Tel était, à la fin du xve siècle et au xvie, le mode de création annuelle du maître échevin, ce que par habitude on appelait encore son élection.

Les choses ne s'étaient pas toujours passées ainsi. On ne sait

---

1. *Hist. de Metz*, preuves, t. III, p. 309.
2. *Ibid.*, t. IV, p. 530.

pas comment le maître échevin était institué originairement. Au XII° siècle, il était élu, à vie ce semble, par le peuple tout entier, *clerus et populus*. Une réforme due à l'évêque Bertram en 1179 (1180 n. s.) rend alors annuelle l'élection du maître échevin et la donne aux électeurs ecclésiastiques ; le princier de la cathédrale et les cinq abbés Bénédictins de Gorze et de Saint-Vincent, Saint-Arnould, Saint-Symphorien et Saint-Clément de Metz, qui doivent le choisir parmi tous les habitants, à la seule exception des hommes de condition servile. Ces dispositions qui n'ont jamais été formellement abrogées sont ultérieurement et graduellement modifiées pour aboutir à ce que nous venons de dire des usages en vigueur vers la fin du XV° siècle.

Pour commencer, les paraiges s'emparent, dans le courant du XIII° siècle à ce qu'il semble, du droit de fournir exclusivement les candidats à l'office du maître échevin. En 1300, les électeurs ecclésiastiques qui le nomment *par accord* donnent leur acquiescement à cette usurpation, en réglant l'ordre dans lequel les cinq paraiges et la communauté urbaine, considérée comme en formant un sixième, useront chaque année de ce droit de fournir les candidats pour l'élection. En 1316 un atour substitue à l'élection par accord l'élection par le sort entre les six candidats choisis par les six électeurs ecclésiastiques dans le paraige en tour de les fournir. C'est ce qu'on appelait *mettre en buste* (en boîtes) et créer le maître échevin. Pendant le XV° siècle, les paraiges introduisent graduellement l'usage de présenter eux-mêmes aux six électeurs les noms qu'ils devront soumettre au tirage au sort. Par là l'élection se trouve dès lors entre les mains des paraiges eux-mêmes ; elle devient finalement, en fait, comme il est dit ci-dessus, pour les six électeurs ecclésiastiques, une simple cérémonie d'installation.

Ajoutons, à propos des deux serments prêtés à ce moment encore par le maître échevin, que le premier des deux, prêté à l'évêque, remontait nécessairement à l'époque où les prélats exerçaient sans contestations dans Metz l'autorité à eux déléguée par le souverain, et que le second, prêté à la Cité, ne pouvait dater que de celle moins ancienne où les Messins réussirent à se soustraire dans une certaine mesure à cette domination, vers le xiii° siècle. Le serment prêté à l'évêque dut conserver naturellement, jusqu'à la fin, de l'analogie avec celui que mentionne au xii° siècle la charte de Bertram (1179, 1180 n. s.), par lequel, en présence du clergé et du peuple, *clerus et populus,* le maître échevin jurait : 1° de ne pas retenir l'office au delà de son année ; 2° de juger avec impartialité ; 3° de garder les droits de l'évêque, des églises, des orphelins, des veuves, et ceux des pauvres comme ceux des riches ; 4° de prononcer sans délai ses jugements ; 5° de ne pas aliéner les fiefs attachés à son office. Préalablement il faisait pour ces fiefs hommage à l'évêque, aux abbés, aux abbesses, et à tous ceux de qui il avait à en recevoir, et il en prenait des uns et des autres l'investiture. Quant au second serment, prêté à la Cité, il contenait sans doute des réserves pour les droits propres de la ville et de ses habitants, comme celles que contient le serment analogue des Treizes, lesquels en prêtaient deux également. Nous avons pour les temps antérieurs à 1552 les deux serments des Treizes ; nous n'avons pas ceux du maître échevin, sur lesquels nous ne possédons même que des indications imparfaites.

Nous rappellerons ici que le maître échevin ne participait en rien au droit d'exécution qui était le privilège exclusif des Treizes, et que ses jugements eux-mêmes ne pouvaient être exécutés que par ces derniers. C'est ce que met en vive lumière un passage de la chronique de Praillon reproduit par Huguenin dans ses *Chroniques de Metz,* et qui relate un conflit entre le maître échevin et les Treizes à ce sujet[1].

1. En 1481, deux prétendants, Damp Thirion Bairet et Damp Jaicques, étaient en compétition pour l'abbaye de Saint-Symphorien. Trois chevaliers de la seigneurie messine, ayant commission d'y aviser, avaient mis en possession le premier. L'autre en porte plainte au maître échevin, qui assemble en conséquence ses pairs et conseillers. Ceux-ci, au nombre de 20, décident que Damp Jaicques sera mis en possession par les seigneurs commis, faute de quoi les Treizes l'y mettront ou, à leur défaut, le maître échevin ; chose qu'on n'avait jamais vue, est-il dit. Damp Jacques demande à la Justice un Treize pour faire exécuter ce portefuer ou sentence. La

Nous avons dit que le maître échevin ne devait juger qu'avec l'assistance de quelques-uns des échevins. Cette disposition pouvait remonter loin ; nous ne savons pas quels en étaient originairement les termes et conditions. Vers la fin du xvᵉ siècle, elle avait pris cette forme : « Le maistre eschevin, quand il siège, doit avoir pour son conseil six des paraiges dont il en doit avoir ung eschevin ou deux. » Le maître échevin avait en effet un Conseil composé du corps entier des échevins, qui en était l'élément essentiel, et d'un nombre indéterminé de conseillers pris à son choix dans les paraiges et soumis, avant de siéger, à un serment. C'était ce Conseil qui fournissait au maître échevin pour ses plaids ses assesseurs obligés. En principe le maître échevin ne pouvait juger sans être assisté de six échevins. C'était ainsi qu'il siégeait aux plaids annaux (§ 8). A la longue fut établi qu'il lui suffirait d'être accompagné

Justice, c'est-à-dire les Treizes, ayant répondu qu'ils aviseraient, Damp Jaicques accompagné du maistre échevin, de trois sergents et de plusieurs des manants, vont le lendemain matin forcer les portes de l'abbaye et s'en rendent maîtres. De là, mécontentement des Treizes : « Car c'estoit, disaient-ils, affaire à la Justice de faire assevir (exécuter) ledit portéfuer et n'avoit-on jamais veu que le maistre eschevin luy mesmo fist mettre à exécution ses sentences. Porquoy les dits seigneurs Treze cloyont leur chambre et ne faisoient justice à personne... Ce véant... le samedi le dit maistre eschevin fist huchier (mander) les Treze et son conseil... Les Treze n'y allont point. Le lundy le maistre eschevin fist.... semonre son conseil... et quand ilz y furent, il vint prier tous les Treze et dist qu'il volloit parler à eulx. Les Treze se mirent ensemble et allont en la chambre avec le maistre eschevin pour oyr ce qu'il leur volloit dire...... mais ilz n'eulrent point d'escord, et ne sièrent (siégèrent) point encor les Treze celluy jour pour faire justice... Le mairdy tous les seigneurs et conseil de la cité (le grand conseil) furent du matin aux huit heures tous assemblez en la chambre au pallais et envoyont quérir les Treze ; et ils y allont ; mais ilz n'y demeurent gaire... et le conseil y demoura jusques aux douze heures, qu'ilz envoyont quérir derechief les Treze. Et y furent jusques aux trois heures... Et firent tellement qu'ilz eulrent escord ensemble et eucomençont les Treze à officier le mercredy. »

Les sergents qui avaient accompagné à Saint-Symphorien le maistre échevin et Damp Jaicques avaient été excommuniés par l'autorité ecclésiastique. « Parquoy ilz firent comander le dit sᵍʳ maistre eschevin devant les Treze, disant qu'il leur avoit apporte (à porter) gairantise de ce qu'il leur avoit fait faire... Et le maistre eschevin disoit qu'il n'en avoit à respondre par devant les Treze et qu'il n'estoit pas dessoubz eulx, et requeroit aux Treze qu'ilz le volcissent aidier et à tous ceulx qui estoient excommuniez à costa cause..... et disoit que puisqu'il estoit le *prince de la cité* comme *lieutenant de l'Empereur*, que on le debvoit en ce cais soustenir. Sur laquelle requise, les Treze luy firent response que ce qu'il en avoit fait avoit esté sans leur sceu, aveu, ne conseil, et que, pour ce, ilz ne le ayderoient en rien ». Néanmoins l'affaire fut arrangée et les excommunications furent levées. (*Chron. de Praillon*, dans Huguenin, *Chroniques de Metz*, p. 414-416.)

de six assesseurs pris dans son Conseil, pourvu que dans le nombre il y eût un ou deux échevins, comme il vient d'être dit.

§ 6.

La compétence judiciaire du maître échevin qu'on ne trouve bien définie nulle part était, ce semble, à peu près universelle et, sous quelques réserves, embrassait toutes les matières soit de police et d'ordre criminel, soit d'ordre civil. Les causes civiles étaient cependant plus spécialement de son ressort, comme elles l'étaient du reste de celui des échevins eux-mêmes, lesquels ne pouvaient pas en juger d'autres (§ 19). Ajoutons que la justice du maître échevin, aussi bien que celle des échevins, était définitive et sans appel pour toute question mise en droit devant eux, et qu'ainsi le maître échevin comme les échevins jugeaient également en dernier ressort. C'était là un droit sur l'origine duquel il serait assez difficile de se prononcer. Il est ce semble énoncé dans un atour de 1397, en des termes qui pourraient donner à penser qu'il s'agit là de son institution même[1]. Mais une pareille induction serait, croyons-nous, erronée. L'atour ne saurait avoir institué incidemment un droit aussi important. Il rappelle vraisemblablement plutôt un droit existant déjà dont il se bornerait à préciser l'application dans certains cas. Il serait tout au plus permis d'inférer de ce rappel que ce droit pour lequel on le jugeait nécessaire n'avait peut-être pas l'autorité reconnue en toute circonstance qu'aurait eue un droit parfaitement établi d'ancienneté et absolument incontestable. On ne saurait cependant rien affirmer à cet égard. Quoi qu'il en soit, le droit de juger en dernier ressort était acquis formellement, cela est certain, au maître

---

1. « Item avons encor accourdeit que de tous jugements que soront ditz et détermineiz oultréemont par le maistre escheving et par ces pers (les échevins) ou par devant les maiours par le jugement des eschevings... (si) l'une des parties à cui li fais toucheroit en voleist de rechief mettre en droit, li maistre eschevins ne les eschevins n'en doient de riens jugier ne determineir dès dons en avant ». (Atour du 3 nov. 1397. — *Hist. de Metz*, preuves, t. IV, p. 482.)

échevin comme aux échevins, aux xv⁰ et xvi⁰ siècles. Ce qu'on peut ajouter aux indications succinctes qui précèdent, touchant la compétence judiciaire du maître échevin, sera dans une certaine mesure complété par ce que nous allons dire dans les paragraphes suivants de la procédure employée pour la mettre en jeu, et de la nature des affaires qui tombaient sous son application.

La procédure des actes de juridiction accomplis par le maître échevin n'est décrite en son ensemble dans aucun document ; mais quelques-unes de ses parties le sont spécialement dans des records plus ou moins anciens, et ses données ressortent en outre de renseignements épars fournis par des documents de toute sorte, notamment par certains passages de nos chroniques où se manifeste le mécanisme des institutions en vigueur dans la cité.

Le maître échevin, de même que les échevins du reste, ne pouvait ni siéger ni juger qu'en plaid banni (§ 3). Dans ces conditions le maître échevin tenait les plaids annaux à leurs dates régulières et les plaids ordinaires au cours de l'année, suivant les exigences des affaires qui se présentaient. Nous aurons dit tout ce que nous avons à en rapporter ici, quand nous aurons montré dans quelle forme se tenaient ces plaids et de quelle sorte étaient les causes qu'on y jugeait habituellement.

§ 7.

Une condition indispensable imposée, nous venons de le rappeler, au plaid du maître échevin comme à celui des simples échevins était qu'il fût tenu en plaid banni, *in placito bannali et legali*, c'est-à-dire sous l'autorité du Ban, forme ancienne du pouvoir de contraindre, dont les maires seuls avaient l'exercice à Metz (§ 39). Tout plaid du maître échevin ou des échevins commençait en conséquence par le bannissement du plaid dont voici la formule très simple. Le maire disait au maître échevin tenant son plaid ou à l'échevin, s'il s'agissait d'un simple plaid d'échevins : « Dites-moi le droit du plaid monseigneur »; à quoi le maître échevin ou l'échevin répondait : « Mettez-y le ban. » Le maire reprenait : « Et je ce fais. » Le plaid était ainsi banni et suivait son cours. La locution « le plaid monseigneur » signifie incontestablement le plaid de monseigneur l'évêque. Cette formule surannée, encore usitée au XVIe siècle, époque où depuis longtemps les évêques n'exerçaient plus les droits du souverain dans Metz, remonte pour le moins au commencement à peu près du XIIIe siècle où il en était tout autrement, comme le montre le record de ce temps des droits de l'Empereur et de l'évêque à Metz, dans lequel il est dit : « Nulz n'a ban ne destroit en Mes, se messire li évesque non, ou de lui nez tient. Messire li évesque le tient de l'Empereur[1] ». Le plaid constitué en plaid banni était dit « leu de ban », c'est-à-dire lieu de Ban, lieu mis sous le Ban, lieu où s'exerçait le Ban. C'était la qualification propre du plaid d'échevins.

Le plaid banni était nécessaire non seulement à la tenue du plaid par le maître échevin ou par les échevins, mais encore — nous aurons occasion de le dire un peu plus loin (§ 27) — à l'accomplissement légal de certains actes solennels, la plupart de la compétence spéciale du maire. Dans ce dernier cas un seul échevin joint au maire suffisait à la constitution du plaid, lequel commençait toujours par la formule du bannissement dont il vient d'être question.

Revenons aux plaids du maître échevin. Ils étaient, nous l'avons dit tout à l'heure, de deux sortes, les plaids annaux et les plaids ordinaires.

§ 8.

Les *plaids annaux* se tenaient trois fois par an : le 20e jour après Pâques, au Palais; à la mi-août, fête de Saint-Barthé-

---

1. *Hist. de Metz*, preuves, t. VI, p. 306.

lemy, en la loge au Champ-à-Seille et le 20ᵉ jour après Noël, au Palais encore. A ces plaids annaux le maître échevin assisté de six échevins faisait lire d'abord les droits de l'Empereur à Metz ; il faisait ensuite bannir le plaid par les trois maires successivement ; puis prendre les bans pour les églises, pendant que les maires, chacun pour sa mairie, recevaient les *prises de ban* des particuliers. Ces prises de ban étaient des proclamations faites sous l'autorité du Ban et mentionnant les mutations de propriété[1]. Elles avaient pour objet : 1° de permettre aux tiers ayant des droits à faire valoir à cette occasion, de les produire en temps utile ; 2° de procurer au nouveau possesseur, après avoir été renouvelées à trois plaids annaux successifs, c'est-à-dire pendant la durée d'une année, les avantages de la saisine parfaite, suite de la tenure authentique d'an et jour ainsi constatée[2]. Après la prise des bans on apportait au maître échevin les *démonements* qui étaient prêts — un démonement était le rapport ou plutôt le dossier en quelque sorte d'une affaire, un rôle contenant pour les deux parties engagées dans le débat les pièces du procès (§ 14). — Le maître échevin recevait ensuite les demandes de *pardezours* (§ 42), sorte de rapporteurs des démonements (§§ 14, 25, 42), puis la séance était levée.

C'était là une cérémonie en quelque sorte de pur apparat, pour ce qui était du fait de la justice et qui, au point de vue pratique, n'avait plus guère de portée que pour ce qui regardait les prises de ban, à l'époque où nous prenons les choses, vers la fin du XVᵉ siècle. Dans les temps anciens c'était en réalité un

---

1. *Étude sur le régime ancien de la propriété. — La Prise de ban à Metz,* §§ 29 à 57. (*Nouvelle Revue historique du droit français et étranger.* 1889.)

2. Les prises de ban étaient inscrites sur des rôles de parchemin contenant chacun les bans des trois plaids annaux de l'année, distribués par mairies. Il s'est conservé jusqu'à nous 61 de ces rôles annuels, de 1220 à 1516, dont 26 seulement sont complets. Ils sont de longueur fort inégale. Les plus anciens ont de 0ᵐ,40 à 0ᵐ,75 de long. C'est au XIVᵉ siècle qu'ils sont le plus étendus. Celui de 1367 atteint 36ᵐ,30. Ceux du XVIᵉ siècle descendent à une longueur de quelques mètres. On n'en a de cette époque qu'un seul complet, celui de 1511, qui a 2ᵐ,90 de long seulement. Presque tous ceux que l'on possède sont aux archives de la ville. La bibliothèque en conserve aussi quelques-uns.

plaid où s'administrait la justice. Il restait encore, comme témoignage de cette condition originaire des plaids annaux, le formulaire qu'on y observait et dont de vieux records nous ont conservé les termes.

« Le jour des annalz plais qui se tiennent au haut Palais ou à la loge au Champ-à-Seille, y est-il dit, le maistre eschevin avec six eschevins et les trois maires ou leurs lieutenants s'en vont. Et quand le maistre eschevin avec lesdits eschevins sont assis, le maistre des eschevins[1] se tient debout et dit au maistre eschevin : Monsieur le maistre eschevin vous plaît-il que je lise les droits de l'Empereur, et le maistre eschevin respond : Oy. Et quand ils sont leus, le dit maistre des eschevins s'adresse au maire de Porte muzelle et luy dit : Maire de Porte muzelle, bannissez votre plaid. Et le maire s'adresse au maistre eschevin et lui dit : Sire, dites moi le droit du plaid[2]. Et le maistre eschevin respond : Mettez-y le ban. Et le maire dit : Et je ce fais. Adonc le maistre des eschevins dit : Je prands ban pour la chase Deu (l'église) de monsieur Sainct Estiene et pour toutte aultres chase Deu en censaulx et en alleuf. Et le maire dit : Parolent nulz contre ces bans, trois fois. Et après, nulz n'y parolent et le maistre eschevin dit : Et ils courent. Et pareillement aux autres deux maires... Item... on apporte (les) démonements... Item le clerc des eschevins apporte... (les) cédules pour avoir... pardezoure (§ 42, note). Et se lèvent le dit maistre eschevin et ses eschevins, et s'en vont diner, après ceu devant dit[3]. »

1. Le maître des échevins est expressément distingué ici du maître échevin auquel il s'adresse et qui lui répond. Ce maître des échevins, sur lequel on a fort peu de renseignements, pouvait être un chef de la corporation comme on en voit un au corps des Trezes, par exemple (§ 30), chargé en principe de régir les intérêts particuliers de la compagnie et y prenant dans certains cas un rôle de direction. Son intervention aux plaids annaux est à peu près tout ce que nous savons de lui ; nous ignorons notamment son mode d'institution, la durée de ses fonctions, etc.

2. On trouve à cette place dans la formule du plaid ordinaire (§ 9) la locution « le droit du plaid monseigneur », que nous interprétons, comme nous l'avons dit, par « le plaid de monseigneur l'évêque » § 7). L'omission de cette forme aux plaids annaux, où l'on commençait par proclamer les droits de l'empereur, est à noter.

3. Bibl. nat., mss. f. fr., n° 5395, f° 41, r°; n° 18905, f°s 51 v°, 52 r°, 63 r°.

§ 9.

Les *plaids* ordinaires étaient consacrés au jugement des affaires courantes. Le maître échevin pouvait siéger tous les jours pour les tenir, suivant le besoin, les dimanches et fêtes exceptés. Il n'en avait pas été toujours ainsi. Ce régime ne datait que d'un atour du 24 février 1466 (1467 n. s.) qui avait introduit alors cette innovation avec quelques autres. Auparavant le maître échevin ne siégeait que certains jours de la semaine. C'était, suivant un ancien record, le mardi pour les plaintes et clamours, les sauvetés, les questions de mainburnie (tutelle des mineurs) et le jeudi pour les démonements [1]. Le maître échevin avait siégé aussi à un certain moment les lundi, mercredi et vendredi « pour les plaintes vuider… ; et pour corps d'homme….. tous les jours », ainsi est-il dit.

En plaid ordinaire, le maître échevin siégeait « à la celle » (à la salle [2]) au palais, avec un maire pour bannir le plaid et 6 membres de son Conseil, dont 1 ou 2 échevins au moins, pour le conseiller (§ 5). C'est ce qu'on appelait *conseiller* la cause ou la plainte et la *déterminer*; après quoi le maître échevin pouvait la *porterfuer*, c'est-à-dire prononcer le jugement [3]. Le

---

1. Il y a quelque ambiguïté dans l'atour de 1467, où il est dit que dorénavant le maître échevin pourra siéger tous les jours « pour déterminer, sentencier, juger et porter hors (*sic*) les démonements et advis qui apportés luy seront ». On peut se demander si la liberté donnée ainsi au maître échevin pour l'exercice de sa juridiction concernait exclusivement le jugement des démonements et advis, ou s'étendait à toutes les affaires de sa compétence. Si cette extension ne résulte pas absolument du texte de l'atour de 1467, il y a lieu de penser qu'elle ne tarda pas, en tout cas, à s'établir en fait, comme semble l'indiquer un record où on lit : « En l'an 1467 fut ordonnez par le maistre eschevins et par tuit soz peires eschevins, par commun escort et meure déliberacion, que dez or en avant ly maistre eschevin de Metz poioit seoir tous lez jours de la sepmenne, cil luy plaisoit, réservez lez jours de festes. » (Bibl. nat. mss. f. fr., n° 18905, f° 64, v°.)

2. Voir un texte cité plus loin (§ 14).

3. Ne pourrait-on pas justifier dans une certaine mesure la prétention du maître échevin de remplir à Metz l'office de lieutenant de l'Empereur (§ 5) dans l'exercice au moins de la juridiction du palais, en rapprochant de ces dispositions le texte

plaid, commençant par le bannissement accompli conformément à l'usage par le maire, se tenait dans la forme suivante.

Le maire : « Maistre eschevin, sire, dites-moi le droit du plaid monseigneur » (§ 7). Le maître échevin : « Mettez-y le ban ». Le maire : « Et je ce fais ». Le plaid étant ainsi banni les parties se mettent en droit, et le maire dit : « Maistre eschevin, sire, je le mets en votre jugement ».

Nos documents ne s'étendent pas davantage sur le plaid ordinaire du maître échevin pour la simple mise en droit. Ils ne parlent avec détails que des plaids ayant pour objet spécial le jugement des démonements (§ 14) et des causes mises en advis (§ 15). Le plaid pour simple mise en droit devant le maître échevin n'en est pas moins d'une réalité certaine (§ 11). Il est permis de penser que la procédure en était analogue à celle indiquée pour les cas spéciaux que nous venons de mentionner; que, dans le plaid ordinaire aussi, le maître échevin dirigeait le débat, faisait la demande « de ce qu'il leur en semblait » aux membres de son Conseil, présents au nombre de six au moins (§ 5), en s'adressant à chacun l'un après l'autre; que s'ils étaient unanimes dans leur opinion il prononçait d'après cette opinion le jugement; et que, faute d'unanimité entre eux, il *reconseillait* la cause, comme on disait, c'est-à-dire la renvoyait à une autre séance et probablement devant un Conseil différemment composé (§ 14).

Le jugement du maître échevin était formulé ainsi : « Li sire N... qui as jour estoit maistre eschevin de Metz dit pour droit par lui et par ses pairs que... etc... ». Le jugement étant rendu, un instrument écrit en conservait la teneur avec un exposé succinct de l'affaire, pour permettre d'en rapporter les termes et les conclusions en cas de besoin. On possède un cer-

suivant, du xiiie siècle, où le roi des Romains parle comme le ferait l'Empereur : 1257 « *Nos* (*Richardus rex Rom.*) *et successores nostri, in palatio nostro Colonie, præsidere debemus, et ibi secundum quod sententia scabinorum dictaverit judicare.* » (Lacomblet, *Urkundenbuch*, t. II, no 441.)

tain nombre de ces documents dans les archives publiques et dans les collections privées[1].

L'unanimité d'opinions chez les conseillers, échevins et non échevins, composant le Conseil ou tribunal du maître échevin était, ce semble d'après ce qui vient d'être dit, nécessaire en principe pour la validité du jugement, comme elle l'était, nous le verrons, dans un simple tribunal d'échevins (§ 24). La manière de procéder quand cette unanimité ne se produisait pas tout d'abord devait être, comme nous venons de l'indiquer, celle à peu près que nous trouvons prescrite et que nous décrirons tout à l'heure à propos du démonement et de l'advis. Ce qui se faisait dans ces circonstances n'était vraisemblablement pas exclusivement propre aux jugements relatifs à ces cas particuliers de démonement et d'advis ; mais devait l'être probablement aussi — on a quelque raison de le croire — aux jugements de toute sorte du maître échevin, qu'il s'agit pour lui de la manière de consulter les échevins, comme en cas de démonement (§ 14), ou peut-être même de l'obligation où il était, comme en cas d'advis, de rendre son jugement dans les 40 jours, sous peine d'une amende augmentée en doublant de jour en jour jusqu'à satisfaction (§ 15).

Dans les audiences ordinaires où il siégeait ainsi et tenait, comme on disait, « sa seigneurie », le maître échevin devait recevoir et juger toute plainte ou clamour des manants de Metz, *semonus* ou adjournés devant lui. Les semonces ou adjournements, quand il y avait lieu, se faisaient vraisemblablement pour les causes portées devant le maître échevin dans des formes analogues, sinon identiques à celles usitées

---

[1]. Nous pouvons citer comme spécimens quatre documents de ce genre qui ont été imprimés : trois sous les dates de 1335, 1338, 1490, dans les preuves de l'*Histoire de Metz* à ces dates, et un de 1336, au n° XIV des *Documents* publiés par M. Bonnardot en 1885. Ces pièces se terminent ordinairement par les noms des échevins qui ont participé au jugement et qui, généralement, sont dits posséder chacun *un tel parchemin*, c'est-à-dire une copie du jugement. Ces dépôts *au sachet d'écheninage* ou, pour des cas analogues, *au sachet de Treizerie* de tel ou tel, comme on disait alors, constituaient ce qu'on pourrait appeler les archives judiciaires de cette époque. C'est par cette voie que les documents de ce genre étaient conservés et nous sont parvenus.

pour les causes soumises au jugement des échevins et dont il sera question plus loin (§ 20).

Plainte et clamour pris dans un sens général pourraient comprendre les causes de toute nature soumises à la juridiction du maître échevin. Pour se rendre bien compte de ce qu'était cette juridiction, il convient de les signaler. Le maître échevin devait non seulement juger toute plainte ou clamour, au sens particulier comme au sens général du mot, mais encore vider tout différend mis en droit devant lui ; passer sauveté ; donner aux mineurs des mainbours, c'est-à-dire des tuteurs, et les leur retirer pour les émanciper, dans certains cas ; juger les tenours présentées en appel à son tribunal ; porterfuer ou sentencier tous démonements qui lui étaient apportés ; donner tous advis qui lui étaient demandés, prononcer en un mot sur toute question de droit dont la décision était requise de lui. Nous allons expliquer en quoi consistaient ces diverses sortes d'affaires, dont l'énumération ressort du rapprochement de deux documents qui se complètent pour cela l'un l'autre, où sont relatés les droits et obligations du maître échevin : 1° Le record de « ceu que li maistre eschevin ait à faire en son année » ; et 2° l'atour du 24 février 1466 (1467 n. s.) « Comment le maistre eschevin doit avoir part avec les Treizes en leurs porcions, amendes et butins[1]. »

§ 10.

La *plainte* ou *clamour*, telle était la condition la plus ordinaire d'une affaire portée devant le maître échevin. « Quant acuns clamet devant le maistre eschevin, dit un vieux record, ly maire doit demander à cilz que clamet se son plaidiour est pour luy ; et semblant (de même) à celuy que se deffent. Cilz

---

[1]. Le record est imprimé d'après Phil. de Vigneulles dans les *Chroniques de Metz* de Huguenin, p. 18, comme nous l'avons dit précédemment (§ 1, note). L'atour est inédit ; on en trouve une copie ancienne dans un manuscrit de la Bibl. nat., f. fr., n° 5396, f° 67, r°.

dit oyt, ly maire doit demander au plaidiour que ont pourter les parolles cilz vuelt oyr droit. Et quant il ont dit oyt, li maire doit oster son chapperon et dire (au maître échevin) je le met en vostre jugement. Et dès dons ly maire s'en puelt aller, se donc n'est qu'il y ait encor des autres plait, etc. [1]. »

Plainte ou clamour devait être reçue par le maître échevin de tout manant appartenant à la cité, et même, dans certains cas, des amis et parents du plaignant empêché d'agir par lui-même.

La plainte reçue, le maître échevin pouvait aller jusqu'à faire surseoir à une prise de gage en cours d'exécution, s'il y avait lieu, suivant lui, en attendant que la plainte fût conseillée, c'est-à-dire appréciée par son Conseil. Sur cette plainte, il pouvait même arrêter une poursuite commencée par les Treizes et, bien plus, réformer leur jugement au civil et, dans certains cas, au criminel. La plainte pouvait, on le voit, prendre quelquefois ainsi le caractère de l'appel au maître échevin d'un jugement des Treizes. Nous reviendrons sur ce sujet, à ce point de vue (§ 16).

La mise en jeu du mécanisme judiciaire que nous venons d'indiquer se manifeste, pour quelques-uns des points signalés ici, dans un fait relaté par la Chronique de Praillon et reproduit, d'après elle, par Huguenin dans ses *Chroniques de Metz*. Ce fait montre notamment le maître échevin saisi d'une affaire par la clamour des amis et parents du plaignant [2].

---

1. *Recueil d'atours*. — Bibl. Aug. Prost, mss. n° 13, *olim* Emmery, n° 2606, f°47, v°.

2. En 1483, sur l'accusation d'une femme poursuivie par-devant les Treizes et qui s'était parjurée puis enfuie, Jean d'Anowe, le boucher, prévenu de lui avoir conseillé ce parjure, est mandé devant les Treizes. Trois Treizes, Wiriat Roucel, chlr, Jean Papperel, l'échevin, et Jehan de Landremont, accompagnés d'un notaire, reçoivent commission d'entendre cette femme, qui était venue moyennant assurement à Saint-Julien, près Metz. Ces commissaires, ayant fait leur rapport en pleine chambre, « les srs Treze firent appréhender ledit Jehan d'Anowe et le mestre en l'hostel du Doyen (la prison)... mais ses amys et parens firent incontinent cesser et le mirent soubz la main du maistre eschevin de Mets, auquel ilz délivrèrent leur plaintif et doléance. Et le dit maistre eschevin s'en alla tantost en chez le Doyen avec aulcuns sergens et le fist laissier, et deffendit que nullement on le géhonnast ; dont les Treze furent fort mal contens. Et alléguoient que c'estoit cais criminel ; que ce n'estoit point à faire au maistre eschevin. Néantmoins ledit maistre eschevin... environ six

§ 11.

La *mise en droit*, pour obtenir un jugement ou dit pour droit, était l'objet naturel des causes d'ordre civil apportées devant le maître échevin. Ces causes, concernant les différends qui pouvaient s'élever à propos d'intérêts contraires de toute sorte, devaient être certainement celles que le maître échevin était le plus fréquemment dans le cas de juger. On pourrait donc s'étonner de ne les trouver mentionnées expressément parmi les causes de sa compétence, ni dans le vieux record de « ceu que li maistre eschevin ait à faire en son année », où il est question d'ouïr plaintes et clamours, de passer sauvetés, de mettre en ou hors mainburnie et de juger les démonements; ni dans l'atour de 1466 (1467 n. s.) qui le complète, où il est parlé, avec les démonements, des tenours à rappeler et des advis. Le texte que nous avons cité au commencement du paragraphe précédent (§ 10), montre par les termes de sa rédaction que les causes de mise en droit pour un différend sont comprises sous le titre général, ouïr plaintes et clamours, du vieux record.

Une observation qu'il convient de faire à ce sujet, c'est que ces mises en droit pour différends d'ordre civil qu'il est permis de reconnaître en tête des causes appartenant à la compétence du maître échevin n'étaient pas, comme toutes les autres causes énumérées ci-dessus, exclusivement réservées à cette compétence, mais tombaient également sous celle des simples échevins. Ces causes, en effet, étaient essentiellement l'objet de la

jours après... conseilla la plainte... par laquelle les dits parents et amis présentoient de prouveir... qu'il n'avoit point donné... conseil à la dite femme... Et fut... la dicte plainte recoupte. Si requirent les Trese audit seigneur maistre eschevin de vuider et déterminer... la plainte... Et cessont de administreir et faire justice, et cloyent leur chambre... Et le maistre eschevin faisoit commandeir les gens devant luy, et estoit Trese et maistre eschevin. Les s^{grs} du conseil de la cité ce-véant, se mirent ensemble, et feirent ordonneir aux.... s^{ars} Trese de administreir justice... Et le tiers jour de mars... la plainte dudit Jehan de Anowe... fut déterminée et la sentence donnée par s^{er} Watry Roucel, chl^r, qui déclara verbalement la sentence, disant : Veu... (etc...) ledit Jehan d'Anowe avoit... à estre mis à délivre franc et quitte... (*Chronique de Praillon*, dans Huguenin, *Les Chroniques de Metz*, p. 464.)

juridiction échevinale. Le droit égal que pouvaient avoir de les juger les simples échevins, comme le maître échevin lui-même, ressort de divers indices, notamment des termes d'un atour de 1303 (1304 n. s.), l'atour dit des Quatre-Nuits, où il est dit que l'exception désignée ainsi (§ 26) était, dans le débat de ces affaires, soumise aux mêmes règles, soit que le plaid fût tenu par le maître échevin, soit qu'il le fût par les échevins. Dans un autre atour de 1397, dont nous avons donné précédemment un extrait significatif à cet égard, il est dit qu'on ne peut plus remettre en droit une cause qui a été une fois déjà jugée par le maître échevin ou par les échevins (§ 6, note). Ces textes suffisent assurément pour montrer que les causes d'ordre civil ordinaires se plaidaient aussi bien devant les échevins que devant le maître échevin. D'autres considérations exposées plus loin à propos de la mise en démonement (§ 14) justifient les mêmes conclusions. Il n'y a pas lieu de douter, on le voit, que le maître échevin ne jugeât les causes civiles mises en droit devant lui.

C'est à ces jugements mêmes que se rapporte la formule ordinaire des jugements du maître échevin que nous avons déjà mentionnée (§ 9) : « Li sire N... qui as jour estoit maistre eschevin de Metz dit pour droit par lui et par ses pairs que... etc. » Ces *dits pour droit* fixaient la jurisprudence, et dans les cas analogues étaient rappelés comme des précédents auxquels on se conformait quand l'occasion s'en présentait [1]. On faisait des recueils de ces décisions qui servaient de guides dans l'administration de la justice [2].

---

[1]. On peut citer de ce fait l'exemple suivant : « ...Ce fut fait en ce temps cant li sire Gérars Engebers fut maistre eschoving de Mes... par M.CC.XXI. Et ceste chose que li sires Gérars a juglet par lui et par ces pers et (ait) juglet Nicolas Célairiers qui après lui fut maistre oxeving per lui et per ses pers. » (*Hist. de Metz*, preuves, t. III, p. 182-183.)

[2]. La bibliothèque de Nancy possède un de ces recueils, exécuté au XVe siècle, dont on a des copies modernes sous le titre de *Jugements des maîtres échevins*, l'une à la bibliothèque de la ville de Metz, l'autre, venant de la collection Emmery, dans celle du Bon de Salis.

§ 12.

Les *sauvetés* consistent en une procédure à laquelle se rattachent les actes de mainburnie ou tutelle des mineurs. Passer sauveté était une opération qui avait pour objet d'établir les termes d'un acte authentique destiné à assurer par cette garantie la conservation des intérêts qu'il concernait[1]. C'est ainsi qu'on fixait notamment les droits des mineurs ; et à en croire les Bénédictins auteurs de l'*Histoire de Metz*, c'eût été là l'unique application de cette procédure. Comme elle était éminemment propre à ce genre d'affaires, il se pourrait que son emploi se fût conservé pour elles plus longtemps que pour d'autres ; ainsi s'expliquerait la manière dont nos Bénédictins en parlent[2]. On a cependant quelque raison de penser que, originairement au moins, la sauveté était d'une application générale pour l'objet que nous avons indiqué, savoir : Dresser un acte authentique destiné à garantir la conservation de certains intérêts déterminés par un jugement. Quoi qu'il en soit, voici d'après un ancien record le formulaire de cette procédure.

« Quand on vuelt passer sauvetés par devant le maistre eschevin, y est-il dit, il fault que les parties soient présentes et que ilz (*sic*) aportent leur sauvetez gîtées (jetées, c'est-à-dire écrites), et lez parties s'en mestent en droit. » Le maire dit alors : « Maistre eschevin, sire, je le mets en vostre jugement ». Puis on fait sortir tout le monde et, à huis clos, les

---

1. Cette acception du mot *sauveté* ressort de la manière dont il est employé dans diverses locutions : atour pour la salveté de la monnaie ; assurement donné à la salveté de la ville, etc.

2. « Avant la création du bailliage (1634-1641), disent les Bénédictins, il y avait à Metz une Chambre des sauvetés composée du maître échevin, de sept de ses conseillers et d'un des trois maires, suivant leurs districts, dans laquelle se réglaient toutes les affaires des mineurs, établissements de tuteurs et curateurs, émancipations, comptes de tutelles et autres affaires de pareille nature. » (*Hist. de Metz*, t. II, p. 344.) — Dom Jean-François s'explique de même, au sujet des sauvetés, dans son *Vocabulaire austrasien*, 1773, p. 126. — A cette juridiction était attaché un « greffier des sauvetés ». (*Hist. de Metz*, t. II, p. 343.)

sauvetés, c'est-à-dire les écrits présentés par les parties, sont lues devant les échevins auxquels l'un après l'autre le maître échevin demande d'en dire leur avis. S'ils tombent d'accord, l'un d'eux est envoyé près des parties pour leur communiquer ces conclusions. Les observations des intéressés rapportées aux échevins sont soumises encore à l'appréciation de ceux-ci ; après quoi les parties sont « huchées », c'est-à-dire mandées solennellement et doivent se présenter avec un *aman* pour « prendre le *crant* des dites sauvetés », c'est-à-dire rédiger l'acte d'engagement portant garantie (§ 45). L'aman mis au courant des conclusions adoptées dit : « Maistre eschevin, sire, le diste vous ainsi pour droit ? » A quoi le maître échevin doit répondre : « Oy ». Ainsi étaient passées les sauvetés [1].

Cette procédure semble bien avoir un caractère général, malgré ce qui est dit de son application spéciale aux questions intéressant les mineurs. Une particularité cependant qui pourrait s'accorder avec cette dernière appréciation, c'est que, dans le record du *maistre eschevignaige*, l'article des sauvetés est immédiatement suivi d'un autre intitulé : « Quant c'est pour mestre fuer gens de mainburnie », c'est-à-dire pour émanciper des mineurs ; et pour cet objet la procédure est la même que pour passer sauveté. Ce rapprochement est à noter ; mais il n'implique pas forcément, ajouterons-nous, l'interprétation que nous venons de signaler. Nous ne pouvons au reste rien proposer à cet égard que d'une manière hypothétique.

Pour mettre gens hors de mainburnie, le maire disait également au maître échevin : « Je le mets en vostre jugement. » La cause était ensuite, à huis clos, soumise à l'appréciation des échevins dont l'un allait aussi communiquer leur avis aux parties. Les observations de celles-ci étaient de même soumises aux échevins ; après quoi le maître échevin demandait successivement au mainbour ou tuteur, puis à son pupille, s'ils étaient consentants à l'émancipation et, sur leur réponse, quand elle

---

[1]. Record du *Maistre eschevignaige*. — Bibl. nat. mss. f. fr., n° 18905, f° 63, v°, et n° 5396, f° 10, 1°.

était affirmative, il proclamait, s'adressant à ce dernier, sa mise hors de tutelle en lui disant : « Et je t'y mets de par Dieu. » Un aman venait alors, comme pour la sauveté, rédiger l'acte d'émancipation, après que le maître échevin avait aussi répondu « oy » à sa question : « Sire, le diste vous ainsy pour droit[1] ? » Voilà comment se faisait la mise hors de tutelle.

Nous ne possédons pas d'exemple de la procédure usitée pour la mise en mainburnie ou tutelle. Cette procédure était vraisemblablement analogue à celle de la mise hors de mainburnie dont nous venons de rendre compte, car les deux actes sont mentionnés ensemble, comme si cela était, dans un record où il est dit : « Le mardy il (le maître échevin) peult seoir cil luy plait..... pour toutte salvetés passer et pour mestre en mainburnie et hors de mainburnie[2]. »

§ 13.

Les *tenours à rappeler* par-devant le maître échevin ; ainsi est qualifié dans l'atour du 24 février 1466 (1467 n. s.) un des objets soumis à sa juridiction (§ 9). C'est la seule mention que nous en ayons dans ces termes. Pour les expliquer il faut dire qu'une *tenour* était une cause intéressant la possession ou jouissance, la tenure soit d'un héritage ou immeuble, soit d'un droit[3]. La cause en cas de tenure d'an et jour et au delà était exclusivement du ressort des échevins ou du maître échevin. En cas de tenure moindre que de an et jour, la cause pouvait être jugée également par les Treizes (§ 3). Or un jugement des échevins était définitif et sans appel, comme ceux du maître échevin ; mais il n'en était pas de même d'un

---

1. Record du *Maistre eschevignaige*. — Bibl. nat. mss. f. fr., n° 18005, f° 61, r°, et n° 5306, f° 40, v°.
2. Record disant : *Quand le maistre eschevin peult et doit seoir.* — Bibl. nat., mss. f. fr., n° 5306, f° 40, r°.
3. La *tenour* ou *tenure* était en principe un fait ou état de possession, comme on le voit par l'équivalence de ces deux locutions employées l'une pour l'autre, *se vanter de tenour* et *se vanter d'être bien tenant*, pour se dire en légitime possession. Le mot *tenour* servait également à désigner, outre le fait de la tenure, le titre écrit qui le constatait, et même la cause judiciaire que ce fait pouvait engendrer (§ 35).

jugement des Treizes ; la partie condamnée par eux pouvant, si elle se sentait foulée, comme on disait, en appeler au maître échevin (§ 16).

Les tenours à rappeler sont vraisemblablement celles qui étaient déférées au maître échevin par appel d'un jugement des Treizes. Il y a plus qu'une simple présomption qu'on doive les expliquer ainsi. Nous verrons en effet qu'au grand Conseil ou Conseil des Treizes, comme on l'appelait aussi, le maître échevin consulté sur une affaire avec les autres membres du Conseil s'abstenait de se prononcer, si cette affaire devait revenir en sa bouche — ainsi est-il dit — par voie d'appel vraisemblablement ; afin qu'on ne pût pas dire dans ce cas qu'il l'avait jugée déjà une première fois. Or cette réserve ne pouvait concerner que des causes civiles ; le maître échevin devant — nous le verrons — sortir de la salle du Conseil quand il s'agissait de causes criminelles (§ 17) ; les causes engendrées par les tenours étaient des causes d'ordre civil. Ajoutons qu'on a de nombreux exemples de sentences portées par le maître échevin au profit de plaignants se sentant foulés par un jugement des Treizes. Nous en avons sous les yeux des spécimens qui vont de 1486 à 1512[1]. Les tenours à rappeler pardevant le maître échevin sont précisément, on a tout lieu de le croire, ces causes d'ordre civil qui lui étaient apportées en appel d'un jugement des Treizes.

§ 14.

Le *démonement* était le développement d'une affaire judiciaire par la production et la discussion de toutes les pièces qui s'y rapportaient. Le même mot de démonement désignait aussi, outre cette procédure particulière, le rôle dans lequel ces pièces

[1]. Voici la formule de ces jugements : « Sur la plainte qui estoit par devant le maistre eschevin et son conseil de N... contre N... (etc.)... dont sur cou messrs les Treizes ont portéfuer que (etc.)... Duquel portéfuer le dit N... s'en sentoit foullez... et s'en ait plaint audit maistre eschevin. Et sur ceu les parties oïes et vue les preuves et monstrances, ledit maistre eschevin et son conseil ont sentencié... que (etc.)... » (Archives municipales de Metz, carton 97, 1, 5, nos 1 à 11.)

cousues bout à bout étaient réunies, celles du demandeur d'abord, celles ensuite du défendeur[1]. La procédure du démonement comprenait trois phases successives qu'il convient d'étudier d'une manière distincte. La *mise* en démonement, l'*entrée* en démonement et le *jugement* du démonement. La première était du ressort également du maître échevin et des échevins ; la seconde du ressort exclusivement des échevins ; la troisième de celui du maître échevin seulement.

La *mise* en démonement était décidée par un jugement, soit du maître échevin, soit des échevins indifféremment, disant : « Cons (qu'on) ont bien à savoir tous les démonements et l'ont ce droit[2] » ; jugement prononcé sur la déclaration des parties que « elles veulent bien oïr le droit, et elles veulent que tout soit su. »

On s'est demandé si cette première phase de la procédure, la mise en démonement par le jugement « Cons ont bien à savoir tous les démonements », n'était pas exclusivement du ressort des échevins ; comme si les contestations qui y donnaient lieu n'eussent dû arriver devant le maître échevin qu'après cette première partie seulement d'un procès commencé devant les simples échevins, et conduit jusque-là par eux seuls. Cette distribution des actes de juridiction n'aurait assurément rien d'irrationnel, et l'on comprendrait qu'une affaire entamée par les échevins fût présentée seulement alors au maître échevin, avec l'importance nouvelle que lui donnait la procédure du démonement. Il n'en est cependant pas ainsi, et on a la preuve que le maître échevin pouvait, comme les échevins, prononcer le jugement « Cons ont bien à savoir tous les démonements ».

---

1. Un de nos vieux records contient un article intitulé « Coment on doit couze ung démonnement », indiquant la manière de composer un rôle de démonement en cousant bout à bout, dans un certain ordre, les pièces qui devaient y entrer (Bibl. nat. mss. f. fr., n° 18905, f° 58, v°.) — Ces rôles atteignaient quelquefois une assez grande longueur. Nos archives publiques et les collections privées en conservent d'assez nombreux spécimens ; et bien des pièces isolées de procédure qu'elles contiennent aussi, avec des traces de couture en haut et en bas, ne sont autre chose que des fragments de rôles de démonements. Ces rôles étaient à peu près l'équivalent de ce qu'ont été ailleurs les sacs de procès.

2. Cette formule singulière est, dans le grand atour de 1405, rendue ainsi : « qu'ils ont bien à savoir tout le démonement et tout le droit. » (*Hist. de Metz*, preuves, t. IV, p. 575.)

Nous trouvons cette preuve dans un texte du vieux record de « l'office des échevins ». Ce texte en effet mentionne l'alternative de deux jugements « Cons ont bien à savoir tous les démonements », émanant l'un du maître échevin, l'autre des échevins[1]. La même alternative ressort aussi d'un paragraphe du grand atour de 1405 où il est dit : « Quand jugementz seroient dictz à la salle devant le maistre eschevin, et aussy devant les maieurs et eschevins qui (qu'ils) ont bien à savoir tout le demeurant (démonement)[2] ».

Il y a donc lieu de reconnaître que le maître échevin pouvait, ainsi que les simples échevins, décider de la mise en démonement par le jugement « Cons ont bien à savoir tous les démonements ». Ceci confirmerait au besoin ce que nous avons établi précédemment (§ 11) que les causes pour mise en droit pouvaient être portées devant le maître échevin aussi bien que devant les échevins. Ainsi la mise en démonement était du ressort du maître échevin comme de celui des échevins[3]. Pour ce qui est après cela de l'*entrée* même en démonement et de la nomination du pardezour, qui en était la partie principale, c'est aux échevins qu'elles appartenaient, suivant ce que disent les anciens documents.

A la suite en effet du jugement « Cons ont bien à savoir tous les démonements » prononcé soit par le maître échevin, soit par les échevins, le demandeur « poursuit sa chasse, est-il dit dans ces vieux textes, en leu de ban », c'est-à-dire devant maire et échevins (§ 7) : seconde phase de la procédure du démonement. Les échevins jugeaient alors la question de l'*entrée* en démonement et l'on choisissait, s'il y avait lieu, un pardezour ou rap-

---

[1]. « ...Pour entrer en desmonnement... se lo maistre eschevin ait jà dit qu'ons ont à savoir lez desmonnement, leschevin... dist (etc.)... Et, se lo maistre eschevin n'ait mie encor dit qu'ons ait assavoir lez desmonnement, le premier eschevin doit dire que ons ont bien à savoir lez desmonnement...., et tous lez aultre enssuiant disent : Il dit bien... » (Bibl. nat. mss f. fr., n° 18905, f° 51, r°.)

[2]. *Hist. de Metz*, preuves, t. IV, p 575, l. 8.

[3]. Ces conclusions seraient, au besoin, justifiées encore par un jugement de 1381 du maître échevin, disant pour droit par lui et par ses pairs « con avait bien à savoir tous les démonements et l'ont ce droit ». Sur quoi la justice (des échevins) donne aux parties un pardezour pour savoir les démonements ; lequel fait enquête portée ensuite au maître échevin, qui dit pour droit par lui et par ses pairs que, etc. (Copie ancienne. — Coll. du Bon de Salis, mss. n° 119, paquet I, 104.)

porteur (§ 42), pour mettre l'affaire en état d'être présentée au maître échevin. L'entrée en démonement étant exclusivement du ressort des échevins, nous y reviendrons en parlant de ces officiers (§ 25).

Après l'entrée en démonement et la nomination du pardezour qui s'y rattachait, la cause revenait pour le *jugement*, troisième phase de la procédure, devant le maître échevin et son Conseil, à qui seuls il appartenait de connaître du démonement lui-même et, après examen, d'en sentencier ou porterfuer. Aux plaids annaux, simples cérémonies d'apparat, comme nous l'avons dit (§ 8), on apportait au maître échevin, pour la forme ce semble, les démonements qui étaient prêts et les cédules relatives à la nomination des pardezours (§ 42). Les choses devaient se passer à peu près de même jusqu'à ce point, aux plaids ordinaires du maître échevin, où s'expédiaient en réalité les affaires. Désigné devant les échevins par l'accord des parties ou, à défaut de cet accord, par ordonnance de l'échevin ou échevin de la cause (§ 21), le pardezour était présenté par celui-ci au maître échevin siégeant en plaid, à qui était demandée une sorte de confirmation de ce pardezour [1]; et qui de son côté demandait à l'échevin si le pardezour avait été nommé par accord ou par ordonnance (§ 25). Le maître échevin faisait lire après cela le

---

[1]. Tel paraît être le sens des textes, dans un record des plaids annaux et dans l'atour de 1397 où il est question de la procédure des démonements. Dans le record on lit que, après le dépôt des démonements devant le maître échevin, « le clerc des eschevins aporte aulcunes cédulles pour avoir ung pardesoulre ; et l'eschevin qui l'aura delivrez la fait lire » (Bibl. nat. mss. f. fr., n° 5396, f° 41, r°). — Dans l'atour de 1397, il est dit que « li eschevins doit panre ung pardesoure en son parchamin et... le... pourteir et demandeir à la celle au maistre escheving, tantost lou premier jour qu'il soiroit en jugement » (*Hist. de Metz*, preuves, t. IV, p. 481). — Ces textes correspondent évidemment au même fait, la présentation du pardezour au maistre échevin. On voit par là que « apporter au maistre eschevin cédulles pour avoir ung pardesoulre » est la même chose que « panre ung pardesoure... et pourteir et demandeir à la celle au maistre escheving »; comme s'il s'agissait, par exemple, d'une proposition accompagnée d'une demande de confirmation ou au moins d'approbation. — Cette observation peut encore aider à l'explication d'un autre texte, où il est dit que la mise au pardezour est faite par le maître échevin et par l'accord des parties pour le démonement à savoir (*Hist. de Metz*, preuves, t. VI, p. 213.); ce qui signifie probablement : par l'accord des parties (sinon par l'échevin) avec l'approbation du maître échevin. Le rôle des pardezours dans les démonements n'est qu'une particularité dans l'ensemble de leurs attributions, sur lesquelles nous reviendrons ultérieurement (§ 42).

démonement dressé par le pardezour, puis s'adressant à l'un des échevins ses assesseurs à son choix, plutôt cependant à celui qui avait été originairement chargé de la tenour s'il était présent, il lui demandait d'en dire le plus droit par son serment. La même demande était faite ensuite aux autres membres du Conseil, aux échevins d'abord, puis aux non-échevins. S'ils étaient tous d'accord, le maître échevin prononçait le jugement : « il assiet son rapport et jugement », est-il dit. S'ils n'étaient pas d'accord — ce qu'on appelait démonement débattu[1] — le maître échevin reconseillait, c'est-à-dire remettait à une autre fois l'affaire, et la soumettait alors à un Conseil différent, où il faisait entrer qui il voulait des paraiges; puis il donnait sentence définitive de quelque manière que fussent partagés les conseillers, à moins que ce ne fût par moitié[2]. Ce qu'il devait faire dans ce dernier cas n'est pas relaté dans nos textes. Peut-être alors le maître échevin remettait-il la sentence à une autre fois encore, devant un Conseil différemment composé. Nous ne pouvons proposer à ce sujet qu'une hypothèse.

A ce que nous venons de dire de la procédure des démonements et de leur jugement, nous joindrons quelques indications touchant l'instrument écrit destiné à en fixer et à en conserver les conclusions. Nous avons exposé précédemment ce qui concerne à cet égard les jugements ordinaires du maître échevin et décrit les documents où en était consigné le résultat. Ces documents contenaient, avec un exposé succinct de l'affaire, le jugement et, à la fin, les noms des conseillers ou éche-

---

1. Jugement d'un démonement débattu : « Le maistre eschevin, quant il dessent pour esseoir son jugement que ceulx qui airont jugier (auront jugé) ne soient mie bien tout d'une oppinion, qu'ilz vuellent mestre ung mot plus avant ou airier, il ne le doit point asseoir silz ne sont tout d'une voix et oppinion et leur doit une aultre foix remonstreir tous ensemble airiet et qu'ilz soient d'ung accord. » (Bibl. nat., mss. f. fr., n° 18905, f° 66. r°.)

2. « Cilz ne sont descort (d'accord), dit un vieux record, il le reconceille une aultre fois, et y prie tous ceulx dez paraiges qu'il veult, pour reconceillioz ledit desmonnement, et en donne sentence définitive ce n'est qu'il soient mospartis au jugement, c'est-à-dire aultant d'une oppinion... comme daultre. » (Bibl. nat. mss. f. fr., n° 18905, f° 64, v°.)

vins qui y avaient participé (§ 9). Il en était de même des pièces analogues dressées pour le jugement des démonements[1], où l'exposé de l'affaire n'était parfois autre chose que le rapport du pardezour. Le document contenant le jugement d'un démonement par le maître échevin se rapproche par là de ceux qui relatent les jugements donnés par les Treizes sur rapport de pardezour, dont nous parlerons plus loin (§ 42); ce qui les a fait confondre quelquefois.

§ 15.

L'*advis* était une décision demandée au maître échevin et à son Conseil par un tribunal d'échevins qui n'avaient pas pu se mettre unanimement d'accord sur la question à juger; l'unanimité étant une des conditions nécessaires du jugement échevinal (§ 24). L'échevin en la bouche de qui avait été mis le jugement apportait dans ce cas au maître échevin les demandes du clamant et les réponses du défendant, et faisait semondre par un sergent tous les échevins pour le lendemain. En séance, le jour dit, le clerc des échevins lisait l'écrit du clamant et celui du défendant; alors le maître échevin faisait la demande à l'échevin d'abord en la bouche de qui le jugement avait été mis, et lui disait : « Vous un tel, dites m'en le plus droit par votre serment. » L'échevin interrogé disait son semblant (ce qui lui semblait le plus droit). Notre document n'en dit pas davantage. Il est permis d'ajouter, conformément à ce qui se passait dans les plaids analogues du maître échevin, qu'après la réponse de ce premier échevin interrogé, la demande était faite à tous les autres successivement, et que vraisemblablement la décision pouvait alors être prise par le maître échevin, comme dans le cas où il avait à conclure sur une cause en dé-

---

[1]. Nous citerons comme exemples trois documents de ce genre, imprimés dans les preuves de l'*Histoire de Metz* sous les dates de 1330, 1459, 1478, bien qu'ils ne soient pas rédigés d'une manière uniforme, et ne contiennent pas tous le rapport du pardezour, avec la formule initiale notamment : « Don descord qui estoit de... » ou « De la mise qui estoit sur... » (*Hist. de Metz*, preuves, t. IV, p. 65; t. V, p. 640; t. VI, p. 213.)

monement, ainsi qu'il a été dit tout à l'heure (§ 14), soit qu'il la jugeât d'après l'opinion unanime de l'assemblée, soit qu'à défaut d'unanimité il *reconseillât* l'affaire, c'est-à-dire la renvoyât à une nouvelle séance de son Conseil pour la terminer par une sentence définitive. Il est ajouté que l'advis devait être *déterminé,* c'est-à-dire jugé dans le délai de 40 jours sous peine d'une amende de 10 sols qui, en doublant de jour en jour pour cause de retard, pouvait être portée à 20, à 40, à 80 sols, et au delà. Les plaids consacrés par le maître échevin aux advis se tenaient, à une certaine époque, le jeudi.

L'advis qui fait l'objet de cette procédure est nommé *adras* dans une ancienne copie du record dit l'*Ordonnance des maiours* que nous avons étudié ailleurs [1]. Cette particularité nous a permis un rapprochement d'où nous avons induit que c'est de l'advis qu'il est question dans l'article de la *Lettre de commune paix de Metz* où il est dit : « Et tuit li jugement de la vile soient fait dedenz quarante jors et *radraciet* [2] » ; passage où l'on croyait à tort reconnaître l'usage de l'appel en matière de juridiction échevinale, tandis que les jugements des échevins ont toujours un caractère définitif.

§ 16.

Le maître échevin exerçait, dans une certaine mesure, non vis-à-vis des échevins, mais vis-à-vis des Treizes, une sorte de *juridiction d'appel* dont nous avons déjà dit deux mots en parlant des tenours à rappeler (§ 13). Le maître échevin pouvait étayer cette prérogative, nous le dirons tout à l'heure, de la prétention plus ou moins fondée d'être à Metz le lieutenant, le vicaire, comme on disait aussi alors, de l'Empereur [3]. Cette

---

1. *L'ordonnance des maiours,* § 29. — *Nouvelle Revue historique du droit français et étranger,* 1878.
2. *Les Jugements à Metz au commencement du XIIIe siècle.* — *Revue de législation ancienne et moderne, française et étrangère,* 1876.
3. « Prince de la cité comme lieutenant de l'Empereur », est-il dit dans une chronique du XVIe siècle que nous avons citée précédemment (§ 5, note) ; « Vicquaire

juridiction d'appel, assez mal définie du reste, pouvait aussi reposer sur le droit que possédait le maitre échevin de recevoir toute plainte ou clamour qui lui était apportée (§ 10). Elle était d'ailleurs incomplète au civil, les jugements des échevins y échappant absolument (§ 6) ; et au criminel elle était contestée par les Treizes qui prétendaient être seuls et souverains juges en cette matière (§ 10, note). Cependant une certaine ingérence du maître échevin dans la juridiction civile au moins des Treizes est, nous l'avons vu (§ 13), un fait incontestable ; et dans les causes criminelles, sous certaines réserves, elle ne l'est pas moins.

Le maître échevin, en effet, pouvait toujours recevoir la plainte d'un prévenu poursuivi par les Treizes. Si, de l'avis de son Conseil, il trouvait mal fondée cette plainte, il renvoyait le plaignant aux Treizes pour être jugé par eux. Si la plainte lui paraissait admissible, il arrêtait l'affaire et déclarait le plaignant franc et quitte. La poursuite étant commencée et le prévenu déjà saisi par les Treizes et retenu en prison, le maître échevin pouvait encore recevoir sa plainte présentée par ses amis, pourvu que la cause ne fût pas encore jugée[1] ; mais après sentence prononcée par les Treizes, le maître échevin ne pouvait plus recevoir la plainte que de la bouche du condamné lui-même, s'il le rencontrait ; et pour cette raison il devait, est-il dit, éviter généralement les rencontres de ce genre. Dans le premier cas, si la plainte présentée par les amis était à recevoir, le maître échevin devait retenir le prévenu sous sa main jusqu'à ce que cette plainte fût déterminée, c'est-à-dire jugée par lui de l'avis de son Conseil. Dans le second cas, le maître échevin ayant vu et entendu le condamné, — fût-ce quand les Treizes et les comtes le menaient au supplice, — devait l'ôter de leurs mains et, s'il trouvait que sa plainte fût à recevoir, comme on disait, le faire conduire au palais et le tenir sous

impérial », lit-on dans un record du xve siècle que nous citons à la fin du présent paragraphe. Voir aussi à ce sujet ce qui est dit ci-dessus § 9, note 3.

1. Nous avons reproduit ci-dessus (§ 10) en note un passage de nos chroniques relatif à un fait de ce genre.

sa main aussi longuement qu'il lui plairait et jusqu'à ce que la plainte fût déterminée. S'il ne trouvait pas que cette plainte fût à recevoir, il laissait le condamné aux mains des Treizes, libres dès lors d'exécuter la sentence. Il y avait, ce semble, dans toute cette procédure grandement place pour l'arbitraire [1].

Les Treizes protestant parfois, on en a des exemples, contre cette ingérence du maître échevin dans l'exercice de leur juridiction, le grand Conseil de la cité composé de membres des paraiges terminait le différend et brisait, non sans débats parfois, la résistance des Treizes quand il le fallait (§ 38). De pareilles contestations [2] donnent à penser que l'appel d'un jugement des Treizes au maître échevin n'était pas fondé sur une institution bien précise ni parfaitement certaine. Les protestations élevées par les Treizes contre cette procédure permettent au contraire de croire qu'elle pouvait être jusqu'à un certain point taxée d'abus et considérée peut-être soit comme une innovation non encore affermie, soit comme un retour à quelque pratique ancienne tombée en désuétude.

Un document authentique, mais du XVe siècle seulement, pose en principe la légitimité de la juridiction d'appel exercée par le maître échevin sur les décisions des Treizes, à titre, est-il dit, de vicaire impérial et juge définitif à Metz [3]. En fait,

1. Il y a lieu de rapprocher de ces usages ce qui est dit dans les termes suivants d'une coutume analogue inspirée du même esprit : « Si le maistre eschevin rencontre ung homme eun sergent menoicet en l'ostelz du doien (la prison), pour lez sommes de la ville ou pour lez sommes des Trozes (amendes à payer à la ville ou aux Treizes), et il se plaint au maistre eschevin, le dit maistre eschevin le doit faire laixier alloir par ainssy qu'il ait xourteiz pour la somme, ou qu'il ait tousiour l'omme en sa main, soit pour fait de crime ou pour aultre chose, jusquez plaincte conseillée ; mais, ce c'est pour fait de crime, qu'il (ne) pringnet aultre xourteiz que le propre corps de l'omme que ledit sergent moinroit. » (Record du *Maistre eschevignaige*. — Bibl. nat., mss. f. fr., n° 18905, f° 67, v°.)

2. Nous mentionnons avec quelques détails, au cours de la présente étude, des faits relatifs à cette situation (§§ 5, 10, 38).

3. Il est dit dans ce document, qui est un record du XVe siècle, que les sentences des Treizes ne sont pas définitives, et qu'on peut en appeler en dernier ressort au maître échevin « qui est en la cité et en la temporalité *l'ircquaire impérial* et juge diffinois » ; lequel, est-il ajouté, peut, par mûre délibération et conseil, connaître si la sentence est bien donnée et, par suite, l'abolir ou la modifier en plus ou en moins. Ainsi est-il dit dans le record en question, aux preuves de l'*Histoire de Metz*, t IV, p. 512. D'après cela, le maître échevin aurait, on le voit, fondé sa juri-

le maître échevin était incontestablement en possession d'une certaine juridiction d'appel à l'égard des Treizes, en matière civile au moins, sinon en matière criminelle ; mais il n'en avait aucune à l'égard des échevins, dont les sentences étaient comme les siennes définitives et, comme elles, pouvaient être qualifiées *dits pour droit* (§§ 6, 11).

§ 17.

Le maître échevin au *Conseil* ou *grand Conseil*, dit aussi *Conseil des Treizes*, tel est un dernier point à examiner pour ne rien omettre de ce qui peut concerner le rôle judiciaire de ce magistrat. Le Conseil ou grand Conseil n'est connu que très imparfaitement. Son rôle n'est signalé nulle part dans son ensemble ; sa composition et sa procédure ne le sont pas davantage dans tous leurs détails, et l'on n'a sur ces divers sujets que des notions éparses (§ 38). Disons en deux mots que le grand Conseil comprenait, sinon la totalité, au moins une grande partie des membres des paraiges ; que sa compétence s'étendait à toute sorte d'affaires, à toutes celles notamment qui intéressaient la Cité, et même à d'autres encore qui, dans certains cas, concernaient les particuliers ; aux causes judiciaires, par exemple, aussi bien civiles que criminelles. Le plus souvent saisi par les Treizes de ces questions, on trouve le Conseil fréquemment qualifié Conseil des Treizes, ainsi que nous l'avons dit tout à l'heure.

Le maître échevin n'était pas, comme on pourrait le croire, comme on l'a dit en effet, le président du grand Conseil, quoiqu'il pût assister à ses séances et prendre part à ses délibéra-

diction d'appel sur sa qualité de vicaire impérial, peut-être même sur celle de lieutenant de l'empereur, mentionnée notamment dans un passage du chronique du xvie siècle cité au commencement du présent paragraphe. Il convient de rapprocher de ces observations celle encore présentée ci-dessus (§ 9, note) à propos d'un autre texte du xiiie siècle relatif à l'exercice de la juridiction du palais. Dans cet ordre d'idées, on peut rappeler encore un texte, cité précédemment (§ 9), d'un atour du 24 février 1466 (1467 n. s.), où il est dit : « considérans les jours... assignés... au maistre eschevin pour seoir et *tenir leur seignurie*.. pour jugiez... santanciez et porterfuer. »

tions. Le maître échevin avait dans ce cas au grand Conseil une situation particulière, mais non absolument prépondérante. Il y occupait une place spéciale. Dans les délibérations on lui faisait « la demande » comme aux autres membres du Conseil, « avec les autres », ainsi s'exprime le vieux record. Il pouvait donner son opinion s'il le voulait, est-il dit ; d'où l'on peut inférer que probablement il pouvait, s'il le jugeait à propos, refuser aussi de la faire connaître. Il avait en effet, nous dit-on, le droit de ne la donner qu'à la condition qu'on s'y tînt, c'est-à-dire qu'on s'y conformât. Il devait d'ailleurs s'abstenir expressément de le faire sur les questions dont le jugement pouvait revenir en sa bouche, sur des questions par exemple dont plainte pouvait lui être apportée, notamment en appel, comme nous l'avons expliqué précédemment, « car on dirait qu'il en avait jà destermineit au conseil et rendu sentence et jugement par sa bouche ; dont la plainte serait de nulle valeur ». Sur toute question touchant le fait de la cité ou autre, et n'étant pas dans ce cas, le maître échevin pouvait se prononcer sans réserve au Conseil, à moins qu'il ne s'agît de cause criminelle, circonstance où le maître échevin était tenu de quitter la chambre.

§ 18.

En résumé, le maître échevin était un officier de justice d'ordre supérieur (§ 5), dont la compétence était à peu près universelle, autant qu'on peut en juger par les faits ; car elle n'est ni bien, ni complètement définie nulle part (§§ 6, 16).

Le maître échevin tenait trois fois par an les *plaids annuax*, où il faisait lire les droits de l'Empereur à Metz, et prendre solennellement les bans pour les mutations de propriété (§ 8). Il tenait à certains jours originairement, et depuis 1467 tous les jours s'il le voulait, des *plaids ordinaires* pour juger les affaires qui lui étaient déférées (§ 9), les unes, dont il partageait la connaissance avec les simples tribunaux d'échevins, les *mises en droit* (§ 11), les autres qui étaient exclusivement de sa compétence : les *sauvetés* (§ 12); les causes de *mainburnie*, intéressant les mineurs (§ 12); les *appels* de la justice des Treizes (§§ 13, 16); les affaires mises en *démonement* par le développement de la procédure (§ 14) ; les *advis* enfin demandés par les échevins faute d'avoir pu se mettre unanimement d'accord (§ 15). Le maître échevin devant recevoir toute *plainte* ou *clamour* présentée par les manants de la cité (§ 10) pouvait être saisi ainsi de toute sorte d'affaires; c'est par cette voie, on a lieu de le croire, qu'il avait pu entrer en possession du droit de connaître en appel des causes d'ordre civil et même, dans une certaine mesure, des causes d'ordre criminel jugées par les Treizes (§ 16). Il ne jouissait pas du même droit pour les causes jugées par les échevins dont le verdict était, comme le sien, définitif (§ 19).

De même que les simples échevins, le maître échevin ne pouvait siéger et juger qu'en plaid banni, *in placito bannali et legali*, c'est-à-dire sous l'autorité du ban donné par un des trois maires (§ 7); et il devait toujours, pour juger, être assisté de 6 membres de son Conseil. Ce Conseil du maître échevin comprenait le corps entier des échevins et un certain nombre de membres non échevins tirés des paraiges, choisis et nommés par lui (§ 5). Siégeant en plaid, le maître échevin s'adressait aux membres présents de son Conseil demandant à chacun, l'un après l'autre, de lui dire *son semblant* ou ce qu'il lui semblait de la question (§ 9), de lui en dire *le plus droit* par son serment. C'est ce qu'on appelait *conseiller* et *déterminer* la cause. L'unanimité d'opinions était obligatoire, on a tout lieu de le croire, pour la validité du verdict de ces conseillers (§ 9). En cas de dissentiment parmi eux, le maître échevin devait reconseiller la cause, c'est-à-dire la renvoyer à une autre séance et devant un Conseil vraisemblablement composé autrement et de manière à obtenir un résultat (§ 9). Nous disons vraisemblablement, parce que cela n'est formellement dit que pour certains cas, et que les documents se taisent sur cette phase extrême de la plupart des affaires portées devant le maître échevin. Les jugements du maître échevin étaient qualifiés *dits pour droit ;* ils fixaient au besoin la jurisprudence et, à cet effet, on lui demandait de se prononcer ainsi sur toute sorte de sujets. On possède des recueils de ces décisions qui servaient, comme précédents, de guides dans l'administration de la justice (§ 11).

Le maître échevin avait entrée au grand Conseil, mais il ne le présidait pas. Il y siégeait, est-il dit, avec les autres (*sic*) et y donnait comme eux son avis quand la demande lui en était faite à son tour. Il pouvait seulement, s'il le jugeait à propos, refuser de le donner, ou ne le donner qu'à la condition qu'on s'y conformât. Au Conseil le maître échevin devait s'abstenir de se prononcer sur les questions qui pouvaient revenir devant lui. Il quittait la chambre quand une cause criminelle y était apportée (§ 17).

CHAPITRE II

LES ÉCHEVINS

§ 19. Les échevins ; le maître des échevins ; caractère, création, juridiction, compétence. — § 20. La semonce ou mise en leu de ban ; l'adjournement, le rembannement. — § 21. Le plaid. — § 22. Le plaid pour coure droit. — § 23. Le plaid pour ouïr droit. — § 24. La demande d'advis. — § 25. L'entrée en démonement. — § 26. Incidents : la prise des quatre nuits ; les trois escheus ; la solne ; la loi des exploits. — § 27. Actes accomplis en plaid banni : semonce, requête, estault, vendage à la staiche, porofferte en plaid, crant, témoignage, reconnaissance de dette, layée en plaid. — § 28. Émoluments et profits des échevins. —§ 29. Résumé du chapitre II.

§ 19.

Les échevins étaient, vers la fin du xve siècle et au commencement du xvie, nommés à vie et au nombre d'une vingtaine[1]. Constitués ainsi, ils pouvaient se partager en trois groupes de six à sept membres correspondant aux trois mairies, comme le dit Philippe de Vigneulles vers cette époque, dans un passage reproduit par Huguenin en ses *Chroniques de Metz*[2].

Le corps des échevins paraît avoir eu un chef qui n'était pas le maître échevin et qui était qualifié le maître des échevins, dont nous avons dit deux mots à propos des plaids annaux. On ne sait rien du mode d'élection ni de la durée des fonctions du maître des échevins, et l'on ne connaît que fort peu de chose de ses attributions qui vraisemblablement concernaient surtout la police intérieure du corps, avec quelques prérogatives comme celle précédemment signalée de lire les droits de l'Empereur aux plaids annaux (§ 8).

Les échevins devaient appartenir aux paraiges. Ils étaient nommés à vie par le maître échevin qui, au fur et à mesure des vacances faites par la mort, remplaçait l'échevin défunt par un autre qu'il devait prendre dans son propre paraige en gardant pour lui-même le premier échevinage vacant dans son année, s'il n'était pas encore échevin. Père et fils ou frères pouvaient être échevins en même temps. Vers la fin du xv⁰ siècle et au commencement du xvi⁰, la pénurie de sujets dans les paraiges très réduits en nombre, peut-être aussi l'ambition des familles, font nommer échevins des enfants. On signale un échevin de 10 ans en 1491, d'autres de 12 à 13 ans en 1499[3].

---

1. Pour ce qui est du nombre des échevins, on trouve la mention de 21 échevins dans un titre original de Sainte-Glossinde non daté, mais qui a pu être écrit entre 1204 et 1212 (Arch. départ. de Metz, fonds Sainte-Glossinde). On en compte 19 dans un jugement de 1319 (*Hist. de Metz*, preuves, t. III, p. 380). Il en est signalé par d'Hannoncelles 23 en 1190, 19 ou 20 en 1319, 18 en 1327, 19 en 1330, 20 en 1397 (*Metz ancien*, t. I, p. 13, 150, 151, 152, 160). Ph. de Vigneulles en compte 20 également au commencement du xvi⁰ siècle.

2. « La cité de Metz est partie par les trois mairies à cause des trois selles des eschevins du pallais, lesquelx sont xx eschevins avecq le maistre eschevin qui est en la selle de l'empereur. » (*Chronique de Ph. de Vigneulles*, dans Huguenin, *Les Chroniques de Metz*, p. 21, col. 1, l. 20 à 25.)

3. Ces enfants n'exerçaient naturellement pas avant l'âge du discernement les fonctions de l'office dont ils étaient titulaires. Dans une condition analogue d'inactivité temporaire se trouvaient placés vraisemblablement les échevins qui étaient accidentellement pourvus en même temps d'un autre office dont les attributions fussent

A leur entrée en charge, les échevins prêtaient serment de défendre les veuves, les orphelins, les églises, de juger les pauvres comme les riches et de ne rien prendre de « nulle mieux value », dit le vieux record. Les échevins étaient dits les pairs du maître échevin et, concurremment avec un certain nombre de membres des paraiges au choix de ce dernier, ils composaient le Conseil de ce magistrat, lequel ne pouvait ni siéger, ni juger sans le concours de six membres de ce Conseil comme assesseurs, dont un ou deux échevins au moins (§ 5).

Outre la juridiction qu'ils partageaient ainsi à titre d'assesseurs avec le maître échevin, les échevins avaient une juridiction propre qu'ils exerçaient, comme le maître échevin la sienne, en dernier ressort (§ 6), sous le ban d'un maire également, c'est-à-dire en plaid banni, *in placito bannali et legali* (§ 7). Pour la tenue d'un plaid d'échevins, le siège devait être composé de plusieurs de ces officiers, de trois, quatre ou cinq, est-il dit; de trois au moins. Pour certains actes d'une autre nature, qui devaient être accomplis en plaid banni, comme la semonce, l'estaut, par exemple, etc., un seul échevin avec un maire suffisaient pour constituer le plaid banni (§ 27).

Pour ce qui est de la compétence des échevins, elle variait suivant qu'ils jugeassent seuls ou avec le maître échevin et comme ses assesseurs. Dans ce dernier cas ils partageaient à ce titre la compétence très étendue appartenant au maître échevin et sur laquelle nous n'avons pas à revenir après ce que nous en avons dit (§ 6). Dans l'autre cas, et jugeant seuls sous le

---

en contradiction avec celles de l'échevinat, l'office de maire notamment et celui de Treize, situation dont on a des exemples. D'Hannoncelles, dans ses extraits de nos chroniques, mentionne d'après elles en 1401 la mort de Lowy Paillat, maire et échevin du palais, et nous avons nous-même signalé précédemment, d'après la chronique de Praillon, un Jean Papperel, échevin et Treize en 1483 (§ 10 note). L'échevinat avait à Metz, au XVe siècle, comme la chevalerie, un caractère personnel indélébile qui accompagnait partout ceux qui en étaient investis. Le titre en était, comme distinction honorifique, toujours mentionné avec leur nom — nos chroniques et autres documents en fournissent de nombreux exemples, — ce qui n'empêchait probablement pas, quand il le fallait, pour un motif suffisant, la suspension temporaire des fonctions auxquelles ce titre correspondait.

ban du maire, les échevins avaient une compétence limitée aux causes d'ordre civil, personnelles et réelles. Ils jugeaient ainsi de la possession et jouissance de certains droits attachés à la personne et des questions d'héritages, c'est-à-dire de propriété foncière, « de cas d'esritaiges du fonc et la roie », dit le vieux record. Ils avaient le privilège d'être, ainsi que le maître échevin, seuls compétents quand il s'agissait de propriété tenue en pleine saisine, c'est-à-dire pendant an et jour et au delà[1]. En cas de tenure moindre que de an et jour, la compétence d'ordre civil des échevins était partagée par les Treizes. La compétence des échevins s'arrêtait du reste comme celle du maître échevin au prononcé du jugement et n'allait pas jusqu'à son exécution; celle-ci appartenait aux Treizes (§ 36).

Nous avons dit ce qu'on sait du caractère des échevins, du mode de leur institution, de leurs attributions et de leur compétence judiciaire, soit comme assesseurs du maître échevin, soit comme constituant seuls le plaid sous le ban d'un maire. Il nous reste à parler de la procédure appliquée par eux dans cette dernière condition, pour l'exercice de leur juridiction : nous parlerons de la semonce ou assignation, de l'adjournement et du rembannement (§ 20), du plaid (§ 21), de ses objets divers (§§ 22 à 25) et de ses incidents (§ 26); à quoi nous joindrons quelques indications sur certains actes accomplis simplement en plaid banni par-devant maire et échevin (§ 27).

§ 20.

La semonce ou *mise en leu de ban* était l'assignation à comparaître « en leu de ban », devant maire et échevins constituant le plaid banni (§ 7). Suivant une formule très ancienne consignée dans un vieux document dit *L'ordonnance des maiours*, le demandeur devait, pour faire semonce en leu de ban, montrer dans un lieu public à un maire celui qu'il voulait assi-

---

1. Atour du 24 oct. 1315. — *Hist. de Metz*, preuves, t. III, p. 321.

gner, en disant : « Sire, voyez-vous un tel. Je vous prie de le mettre en leu de ban pour moi, à tel jour. » Le maire, accompagné d'un échevin, devait faire la semonce à l'intimé, le voyant au visage. Si celui-ci réussissait à cacher ses traits, sous sa robe par exemple, sous son manteau ou autrement, la semonce était nulle. Elle ne pouvait d'ailleurs être faite ni dans la maison de l'intimé, « car ce serait force », est-il dit, c'est-à-dire violation de domicile, ni dans une église ou un cimetière, lieux inviolables. Si l'intimé n'avait pu être rencontré en un lieu public ni vu au visage, la semonce pouvait lui être faite à son logis, mais sans y entrer, en prenant à témoin les voisins, l'un au-dessus, l'autre au-dessous de la maison, c'est ce qu'on appelait semondre « au meix et à la maison ». La semonce ainsi faite était valable.

Cette procédure archaïque et un peu brutale est ultérieurement adoucie par une formalité préalable qui assure à l'intimé le bénéfice de quelques délais. Cette formalité est l'*adjournement* décrit aussi dans l'*ordonnance des maiours*, et suivant lequel la sommation de comparaître était faite en premier lieu par le doyen ou lieutenant du maire (§ 39), au domicile de l'intimé, sans y pénétrer cependant, parlant à sa personne ou, à son défaut, aux voisins pris à témoin. Le maire n'ayant point participé à cet adjournement, le demandeur devait le lendemain se présenter au plaid pour y faire son *rembannement* de la manière suivante : Après bannissement du plaid, le demandeur disait : « Je fais mon rembannement sur un tel. » — Le maire reprenait : « Un tel est-il ici, ou autre pour lui qui aider le veuille ? » — Si personne ne répondait, l'échevin disait : « Et il soit rembanni. » — Le maire ensuite : « Ainsi soit fait. » L'adjournement et le rembannement admettaient pour la comparution de l'intimé des délais calculés par nuits et plus ou moins étendus suivant la nature de l'affaire[1].

---

[1]. Nous avons cité de nombreux textes sur le rembannement dans un travail antérieur (*L'ordonnance des maiours*, § 13, docum., I à X. — *Nouvelle Revue historique du droit français et étranger*, 1878.) Nous avons dans ce travail (§ 13, alinéa 2) fait

Une dernière modification à la procédure de la semonce ou assignation à comparaître devant les échevins consiste dans l'introduction de l'*adjournement devant les Treizes pour avoir en leu de ban*. Suivant cette nouvelle manière de procéder, l'intimé était sommé par cédule déposée à son domicile de comparaître pour cet objet devant les Treizes ; et là il recevait la semonce en leu de ban, faite par un maire dit *maire de l'enclostre* ou du cloître (ancien lieu de réunion des Treizes) assisté d'un échevin, venus à cet effet aux *adjournés* des Treizes (§ 39). Cette manière de procéder avait divers avantages, celui d'abord d'écarter les formalités surannées de la semonce à l'intimé vu au visage, en y substituant l'adjournement, plus simple, à comparaître devant les Treizes ; celui ensuite de procurer contre l'intimé les moyens de coercition propres aux Treizes, spécialement et exclusivement investis du pouvoir exécutif.

L'adjournement devant les Treizes était fait par les sergents (§ 44). Il pouvait, en cas de non-comparution de l'intimé, se renouveler jusqu'à trois fois à huit jours d'intervalle, avec application d'une amende chaque fois doublée, qui, partant de 10 sols, était ensuite de 20, puis de 40 sols, élevée plus tard (1397) à 20, 40 puis 100 sols. Après ces nouveaux délais seulement, si l'intimé n'était pas venu devant les Treizes recevoir la semonce faite par maire et échevin, celle-ci était accomplie par eux à la demeure dudit intimé mandé « à l'uxe » (à la porte), et, s'il ne se présentait pas, finalement exécutée dans la forme ancienne de la semonce au meix et à la maison[1]. Alors pouvait commencer, dans certains cas, contre l'intimé, s'il persistait à se dérober, la procédure de coercition exercée par les Treizes et débutant par un *huchement sur la pierre*, sommation en forme de proclamation publique exécutée par les sergents. Dans d'autres cas, et le plus ordinaire-

---

erreur en disant que le rembannement devait être renouvelé. Ce qu'il fallait dire c'est que, combiné avec l'adjournement qui le précédait, le rembannement procurait à l'intimé des délais.

1. Atour de 1397, dit de Thiébaut Bataille. — *Hist. de Metz*, preuves, t. IV, 478.

ment il était procédé contre lui en *plaid pour coure droit*, où il était jugé par défaut (§ 22).

Ces modifications successivement apportées à la procédure de la semonce ou adjournement étaient généralement à l'avantage du défendeur, puisqu'elles avaient pour objet de lui procurer des délais. Elles peuvent être considérées comme des progrès dans la procédure à ce point de vue; mais, à d'autres égards, elles avaient pour les mêmes raisons à la charge du demandeur, l'inconvénient entre autres d'en ralentir notablement la marche.

Il n'est pas question de la procédure des semonces et adjournements devant les échevins, dans les documents que nous avons empruntés pour le présent travail aux deux manuscrits de la Bibliothèque nationale mentionnés précédemment[1]. Il y est parlé seulement du rembannement, procédure qui avait, nous le rappelons, pour objet de compléter l'adjournement, et qui l'implique par conséquent.

§ 21.

Le *plaid* était à proprement parler l'exercice même de la juridiction des échevins. Il devait se tenir au palais, à certains jours et heures; jamais les dimanches et fêtes, les jours de vigile ou de quatre-temps, ni dans la grande semaine (la semaine sainte). A ces exceptions près, il avait lieu deux fois par semaine à une certaine époque, le lundi et un autre jour qui paraît avoir varié entre le mardi et le mercredi. Quant à l'heure, c'était, au xiiie siècle, « none » ou midi; ultérieurement, deux heures; pendant le carême, c'était 11 heures du matin, après la procession de la grande église, est-il dit.

Les échevins à leur siège particulier jugeaient comme le maître échevin, rappelons-le, en plaid banni (§ 7), c'est-à-dire sous l'autorité du ban mis par un maire qui bannissait le plaid et

---

[1]. Bibl. nat. mss. f. fr., n°s 5396 et 18905 (§ 1).

mettait le droit ou jugement dans la bouche, ainsi disait-on, de l'un des échevins présents, à son choix. Cet échevin était dit, dès lors, *le premier échevin*, avec un rôle analogue à celui du gentilhomme dit *l'échevin de la cause* aux assises de la chevalerie lorraine (§ 24 note). Au premier échevin appartenait, comme à une sorte de président accidentel, la direction du débat. D'après cela, le maire, avant toute autre chose, devait bannir le plaid, ce qu'il faisait pour les échevins à peu près dans les mêmes termes que pour le maître échevin (§ 9). En l'audience des échevins, le maire s'adressant à celui qu'il voulait des échevins présents, lui disait : « Dites-moi le droit du plaid monseigneur. »[1] A quoi l'échevin interpellé répondait : « Mettez-y le ban »; le maire reprenait alors : « Je ce fais. ». Après avoir ainsi banni le plaid, le maire le faisait hucher (proclamer) par les sergents (§ 44), lesquels criaient au dehors: « Quiconque ait affaire devant les maiours et échevins au palais si vaillent au dit palais. » Alors tous ceux qui étaient « semonus en leu de ban » devaient s'y rendre, et le plaid commençait « en leu de ban ».

Il semblerait que la désignation de l'échevin interpellé par le maire dans le bannissement du plaid dût impliquer pour cet échevin, pendant toute la durée du plaid, le caractère de premier échevin avec la direction des débats de ce plaid. Cependant les textes qui placent le bannissement du plaid avant son huchement et avant la présentation des affaires, ne mentionnent qu'après cette présentation et après la plainte faite et le droit requis, la désignation par le maire de l'échevin en la bouche de qui il met le droit ou jugement, et qui prend en conséquence, à titre de premier échevin, la direction du débat, en faisant, comme on disait, la demande sur chaque point aux autres échevins et en formulant ensuite les conclusions qui constituaient le jugement de l'affaire[2]. Il convient cependant

---

[1]. Nous avons expliqué précédemment cette locution (§ 7).

[2]. On trouvera ci-après (§§ 22, 23) des exemples de cette procédure que justifient d'ailleurs des textes publiés avec le travail sur l'*Ordonnance des maiours*, §§ 20 à 23, dans la *Nouvelle Revue historique du droit français et étranger*, 1878.

de faire observer qu'en fait l'échevin interpellé par le maire dans le bannissement du plaid, et prenant ainsi le caractère de premier échevin, pouvait le conserver pendant toute la durée de ce plaid, moyennant que le maire mît successivement dans sa bouche le droit et le jugement pour toutes les affaires qui y seraient présentées. Il serait possible qu'ordinairement il en eût été effectivement ainsi. C'est là une hypothèse très admissible, quoique nous n'ayons jusqu'à présent aucun texte qui la confirme.

Cette observation faite, nous arrivons à la tenue même du plaid. Nous avons dit comment le demandeur y appelait le défendeur par la semonce ou l'adjournement (§ 20). A ce point se présentait une alternative : ou le défendeur comparaissait, ou il faisait défaut. Dans le premier cas se produisait le *plaid pour ouïr droit*, dans le second, ce qu'on appelait le *plaid pour coure droit*. Nous commencerons par ce qui concerne ce dernier, lequel ne comportait aucun incident.

§ 22.

Le *plaid pour coure droit*, où l'intimé non-comparant était jugé par défaut, est décrit dans plusieurs documents qui, jusqu'au XVIᵉ siècle, reproduisent un formulaire d'un caractère très ancien, établi de manière à assurer l'accomplissement de toutes les formalités nécessaires à un jugement équitable prononcé contre un absent. Les termes de la procédure ainsi réglée consistaient en une suite d'articles mis l'un après l'autre en délibération et concernant, savoir : 1° l'heure réglementaire du plaid; 2° le démonement préalable de l'intimé suivant les règles prescrites pour la semonce; 3° et 4° l'affirmation solennelle donnée par le maire, dans les formes de l'antique *adramitio*, que la semonce avait été bien faite; 5° la lecture des exploits ou pièces du procès; 6° l'affirmation solennelle donnée également dans les formes de l'*adramitio* par le demandeur, touchant la teneur ou valeur de sa demande; 7°, 8°, 9° l'appel trois fois répété de l'intimé ou d'un représentant pouvant répondre pour lui, appel fait à haute voix par un sergent à l'huis du palais.

Le plaid ayant été banni suivant l'usage (§§ 7, 21), le demandeur faisait sa clamour et requérait droit; le maire mettait alors le jugement dans la bouche de celui qu'il voulait des échevins présents, et le plaid suivait son cours par la mise en délibération des articles dont il vient d'être question, suivant une formule rédigée en dialogue sur un plan uniforme pour chacun à son tour; après quoi seulement, si les échevins étaient d'accord, le jugement était prononcé. Le débat était dirigé par le premier échevin ou eschevin de la cause, celui en la bouche de qui avait été mis le jugement, cet échevin s'adressant successivement au maire et à ses compagnons. Il faut reproduire dans sa teneur ce formulaire singulier. Nous le reconstituons par le rapprochement des textes incomplets de plusieurs records anciens que nous avons précédemment publiés ailleurs[1].

Le premier échevin ou échevin de la cause au maire : « Maire demandez si midi[2] est passei. » — Le maire à l'échevin : « Sire échevin j'ai bien trouvé que midi est passé. Je le « mets en votre jugement. »

L'échevin à ses compagnons : « Le maire a dit qu'il a bien « trouvé que midi est passé. Qu'en ferons-nous? » — Un des compagnons à l'échevin : « Demande s'il l'a bien démoné, et

---

1. *L'ordonnance des maiours*, § 21 et Docum. I, 28; II, 5; III, 3; IV, 5; V, 6; VI, 4; VII, 4. — *Nouvelle Revue historique du droit français et étranger*, 1878.

2. Nous rappellerons pour l'intelligence de ce texte que *midi* était l'heure de l'ouverture réglementaire du plaid au XIII° siècle ; ajoutant que *démoner* s'entend ici de la procédure préalable requise pour la semonce ou l'adjournement de l'intimé absent; qu'*arramir* était, suivant un antique usage, affirmer solennellement, *adramire*, en saisissant comme pour donner gage un objet matériel ; que *cheptel* était une forme dérivée du latin *capitale* (d'où vient l'expression moderne capital), qu'on employait dans le sens général de propriété, ou plus particulièrement dans celui de bien mobilier par opposition à héritage pris dans le sens spécial d'immeuble. Le mot chaptel a un grand nombre de formes plus ou moins voisines de celle-là et un grand nombre aussi d'acceptions, celle entre autres de produit ou revenu d'un héritage, ainsi que nous le disons plus loin (§ 34).

« s'il le tient pour bien démoné. » — Les compagnons à l'échevin : « Il dit bien. » — L'échevin au maire : « L'avez-vous « bien démoné ? » — Le maire à l'échevin : « Oui sire. Je le « mets en votre jugement . »

L'échevin à ses compagnons : « Le maire m'a dit qu'il l'a « bien démoné. Qu'en ferons-nous ? » — Un des compagnons à l'échevin : « Demande au maire s'il l'oserait arramir. » — Les compagnons à l'échevin : « Il dit bien. » — L'échevin au maire : « Maire l'oseriez-vous arramir ? » — Le maire à l'échevin : « Oui sire. Je le mets en votre jugement. »

L'échevin à ses compagnons : « Le maire m'a dit qu'il l'oserait bien arramir. Qu'en ferons-nous ? » — Un des compagnons à l'échevin : « Qu'il arramisse s'il croit bien faire. » — Les compagnons à l'échevin : « Il dit bien. » — L'échevin au maire : « Arramissez-le si vous croyez bien faire. » — Le maire à l'échevin : « Et je fais ainsi. » Ce disant il arrache un poil de sa barbe ou de sa chevelure ou un fil de sa robe et ajoute : « Je le mets en votre jugement. »

L'échevin à ses compagnons : « Le maire a arramis en « rayant un poil de son crin ou de sa robe. Qu'en ferons-nous ? » — Un des compagnons à l'échevin : « Dis au maire « qu'il fasse lire les exploits. » — Les compagnons à l'échevin : « Il dit bien. » — L'échevin au maire : « Faites lire les exploits. » — Le maire à l'échevin : « Bien sire. » Le maire lit tout haut les exploits et ajoute : « Les exploits sont lus. Je « le mets en votre jugement. »

L'échevin à ses compagnons : « Le maire m'a dit que les « exploits sont lus. Qu'en ferons-nous ? » — Un des compagnons à l'échevin : « Dis au maire qu'il fasse arramir par le clamant « son chaptel. » — Les compagnons à l'échevin : « Il dit bien. » — L'échevin au maire : « Faites arramir par le clamant son « chaptel. » — Le maire au clamant : « Arramissez votre chaptel jusqu'à quelle somme il vous plait. » — Le clamant au maire : « Je l'arramis jusqu'à telle somme. » Ce disant il arrache un poil de sa barbe ou de sa chevelure ou un fil de sa

robe. — Le maire à l'échevin : « Il a arramis son chaptel. Je le
« mets en votre jugement. »

L'échevin à ses compagnons : « Le maire m'a dit que le
« clamant a arramis son chaptel de la somme qu'il demande.
« Qu'en ferons-nous ? » — Un des compagnons à l'échevin :
« Dis au maire qu'il demande si celui sur qui on clame est ici
« ou autre pour lui qui le veuille aider. » — Les compagnons
à l'échevin : « Il dit bien. » — L'échevin au maire : « Maire
« dites au sergent de demander si celui sur qui on clame est ici
« ou autre pour lui qui le veuille aider. » — Le maire, après
avoir fait hucher la demande par un sergent à l'huis du palais,
dit à l'échevin : « Sire il est huchié pour la première fois. Je le
« mets en votre jugement. »

L'échevin à ses compagnons : « Le maire m'a dit qu'il est
« huchié pour la première fois. Qu'en ferons-nous ? » — Un
des compagnons à l'échevin : « Dis au maire qu'il le fasse hu-
« chier pour la seconde fois. » — Les compagnons à l'échevin :
« Il dit bien. » — Le huchement est ainsi renouvelé dans les
mêmes termes une seconde puis une troisième fois.

Le jugement par défaut est alors prononcé : « Les échevins »,
dit un ancien texte, « ran droict (rendent droit) en dissant
« par eulx et par celuy eschevins qui l'ait heu à sa bouche : la
« somme et le cas ait bien à estre délivré audit clamant. »

Telle était la procédure du plaid pour coure droit devant les
échevins.

§ 23.

Le *plaid pour ouïr droit* était également soumis à un formulaire qui réglait sa procédure. Il comportait de plus que le
plaid pour coure droit un certain nombre d'incidents pouvant
se produire d'une manière accidentelle et dont nous parlerons
plus loin (§ 26). Après le bannissement du plaid, comme dans
le plaid pour coure droit, les parties exposaient l'affaire, le
demandeur sa clamour, le défendeur sa défense, soit par eux-

mêmes, soit par leurs plaidiours (§ 43); et ils juraient entre les mains du maire, chacun pour son compte, qu'ils croyaient avoir bon droit. Le maire demandait ensuite aux parties si elles voulaient ouïr droit, c'est-à-dire accepter le jugement des échevins. Elles répondaient affirmativement; c'est ce qui s'appelait *se coucher, se bouter, se mettre en droit*. Le maire mettait alors le droit, le jugement, en la bouche de celui qu'il voulait des échevins présents, puis il se retirait; son rôle était terminé.

L'échevin en la bouche de qui était mis le jugement faisait la demande à ses compagnons échevins successivement, à commencer par celui qu'il voulait, en observant toutefois quelques règles de préséance, s'adressant aux échevins d'abord s'il y en avait là quelqu'un, puis au plus vieux et ensuite aux plus gens de bien, est-il dit. Cette demande portait sur la décision à prendre. Elle était faite dans la forme suivante : « Vous un « tel que vous en semble ? Je ensuis à vous (je vous suis); » ou bien : « aidez-m'en à conseiller », ou de quelqu'autre manière analogue. Si les échevins consultés étaient unanimement du même avis, l'échevin qui avait le jugement en sa bouche et qui avait fait la demande y acquiesçait par ces mots : « Ainsi le dis-je »; puis il rapportait devant les parties ce qu'il avait trouvé ainsi par le conseil de ses compagnons et le jugement s'ensuivait; ce qui est exprimé dans les records par cette formule : « le jugement siet ».

§ 24.

Dans le plaid pour ouïr droit, comme dans le plaid pour coure droit, le jugement était le résultat de l'opinion unanime des échevins qui constituaient le plaid[1]. L'unanimité, en effet, était la condition nécessaire à la validité des jugements d'éche-

---

1. *L'unanimité* dans les jugements d'échevins est une question dont l'étude reste encore à faire ; ce qui donne de l'importance à tout ce qui s'y rapporte. Les renseignements que fournissent sur cet objet les institutions judiciaires de la ville de Metz

vins. En cas de non-unanimité, un ou plusieurs échevins ne s'étant pas rangés à l'opinion des autres, il ne pouvait pas y avoir de jugement. Celui en la bouche de qui il avait été mis disait, quand tous les autres étaient rassis : « J'en prendrai mon advis » ; ce qu'il devait faire dans le délai de quarante jours, sous peine de 10 livres de *somme* aux Treizes (§ 33). L'*advis* était demandé au maître échevin. Nous avons montré, en parlant de la juridiction spéciale de ce magistrat, comment la question lui était présentée, et comment elle était résolue par lui (§ 15). Nous n'y reviendrons pas.

§ 25.

Une autre particularité du plaid des échevins pour ouïr droit pouvait également entraîner un recours à la juridiction du maître échevin, c'était l'entrée des parties en *démonement* sur un jugement incident disant « Cons ont bien à savoir tous les démonements » (§ 14). L'entrée en démonement avait lieu lorsque, dans une cause importante ou compliquée, les parties, au cours des débats, déclaraient « vouloir bien ouïr droit et que tout soit sceu » ; déclaration qui devait être faite en plaid, soit devant le maître échevin, soit devant un tribunal d'échevins (§ 14). Le jugement lui-même du démonement était exclusivement de la compétence du maître échevin et de son Conseil, mais l'entrée en démonement, en vertu du jugement

---

méritent donc tout à fait de fixer l'attention (§ 58). Il y a lieu d'en rapprocher ce qu'on trouve à cet égard dans les usages du duché de Lorraine, à propos des jugements rendus aux assises de la chevalerie. Là le gentilhomme qui avait été désigné par le bailly comme *échevin de la cause*, celui en la bouche de qui le jugement était mis, suivant la formule messine (§ 21), ne pouvait prononcer la sentence que si les autres gentilshommes, composant avec lui le tribunal, étaient unanimes dans leur opinion. Au cas contraire il y avait *débat*, dit le recueil de style lorrain de 1595 ; et la cause, reportée d'une assise à l'autre, pouvait y être présentée de nouveau jusqu'à trois fois. La troisième fois, quand l'unanimité ne s'était pas prononcée à la seconde, l'affaire était vidée définitivement et le jugement rendu, s'il le fallait, à la pluralité des voix, comme il est dit dans le travail de M. Meaume sur les *Assises de l'ancienne chevalerie lorraine*. (*Mém. de l'Acad. de Stanislas*, à Nancy, 1873, p. 208-210.)

préalable « Cons ont bien à savoir tous les démonements », appartenait expressément aux échevins seulement. Cette entrée en démonement devait donc être poursuivie « en leu de ban » devant eux et décidée par eux. Elle aboutissait à la nomination du *pardezour* (§ 42) chargé du rapport de l'affaire, comme nous l'avons dit (§ 14). Tout cela devait être accompli dans le délai d'an et jour, sinon toute la procédure était à recommencer, ou au plus tard dans celui de deux années, après lesquelles la cause était frappée de prescription.

La procédure de l'entrée en démonement est exposée dans un atour du 3 novembre 1397[1] promulgué contre ceux qui, par des lenteurs et retards calculés, tentaient de faire abusivement tourner à leur profit les dispositions dont il vient d'être question. Des mesures étaient prises dans cet atour pour rendre efficaces les semonces et adjournements faits à cet effet (§ 20). Il était rappelé à cette occasion que, dans tout débat dont jugement serait rendu « Cons ont bien à savoir tous les démonements », le clamant devait poursuivre l'action jusqu'à ce qu'il eût le défendant « en leu de ban » devant maire et échevins, pour prendre un pardezour desdits démonements, comme nous venons de le dire : ce que l'atour de 1397 exprimait dans les termes suivants : « Et quant droit avereit dit par les eschevins dou palais que seront az plais devant les maiours, que les parties s'en aient accourdeis dedens vij neus pour panre chascun ung homme pour les démonements à savoir, et que li eschevin en cui bouche lou jugement sereit mis par lou maiour l'avereit semblamment dit az parties », celles-ci devaient, dans le délai des dites sept nuits, remettre à l'échevin leurs dires par écrit ; faute de quoi, après nouvelle sommation de le faire dans un second délai de sept nuits encore, l'échevin procédait lui-même au choix du pardezour ; celui-ci devant être pris, soit par l'accord des parties, soit, à défaut de cet accord, par

---

1. *Hist. de Metz*, preuves, t. IV, p. 478.

l'ordonnance dudit échevin[1]. Le pardezour ainsi nommé devait recevoir des parties leurs écritures dans certains délais renouvelables, si besoin était, et enfin remettait son rapport, « ses monstrances » ou preuves au maître échevin, pour déterminer et sentencier. Nous avons dit comment le maître échevin, dans la troisième phase de la procédure du démonement, s'acquittait de cette obligation (§ 14). L'affaire était ainsi terminée; toute cause jugée par le maître échevin et par ses pairs (les échevins), comme par ceux-ci constitués en plaid devant un maire, ne pouvant plus être remise en droit ultérieurement (§ 6, note 1).

Il résulte de ces explications que devant le maire et les échevins, pour l'entrée en démonement, les parties étaient mises en demeure de nommer chacune un délégué[2], chargé de formuler, de part et d'autre, leurs dires et de les mettre par écrit; peut-être aussi de concourir, en leur nom, au choix du pardezour; et que celui-ci nommé, soit par accord des parties, soit, à défaut de cet accord, par l'ordonnance de l'échevin de la cause, dressait, d'après les écritures fournies par les parties, le rapport général de l'affaire ou démonement destiné à être présenté au maître échevin et à son Conseil, auxquels seuls il appartenait finalement d'en juger.

Ce que nous venons d'exposer, rapproché de ce que nous avons dit précédemment des démonements (§ 14), montre comment étaient partagées, ainsi que nous l'avons annoncé,

1. Cette phase complète de l'entrée en démonement est, dans un vieux record, exposée brièvement ainsi : « Les échevins dissent que les parties ont à prendre ung amin que dedans les vij nouds les ayt accordez ». Ce texte incomplet nous a induit en erreur dans un précédent travail, *L'Ordonnance des maiours*, 1878, § 24, où est émise, d'après ces indications insuffisantes, l'idée fausse qu'il s'agissait vraisemblablement en cela d'un arbitrage destiné à terminer le procès. Cette erreur doit être rectifiée d'après les données ici exposées.

2. Le texte de l'atour de 1397 semble parfaitement explicite sur ce point. Il n'est peut-être pas inutile cependant de confirmer l'interprétation que nous en donnons, par son rapprochement du record cité dans la note précédente, où le fragment du texte que nous en avons reproduit doit être complété comme il suit : « Et l'y plaidour du clamant doit respondre : ma partie m'en prent. Et pareillement li plaidour du deffendent doyt dire : ma partie m'en prent aulcy. » Les deux plaidours sont évidemment ici les deux hommes pris, comme le prescrit l'atour de 1397, « pour les démonements à savoir » ou, comme dit le record, pour accorder les parties.

entre le maître échevin et les échevins, les trois phases de la procédure des démonements. Aux uns comme aux autres appartenait la mise en démonement par le jugement « Cons ont bien à savoir tous les démonements » ; après quoi l'entrée en démonement était exclusivement du ressort des échevins ; et le jugement enfin du démonement de celui du maître échevin.

§ 26.

D'autres particularités encore du plaid des échevins pour ouïr droit ne sauraient être passées sous silence, savoir certains incidents ou accessoires qui, se présentant au cours des débats, devaient être tranchés par des jugements spéciaux, rendus en la même forme que le jugement de la cause principale elle-même. Ces incidents sont la prise des quatre nuits, les trois escheus, la solne, la loi des exploits.

La *prise des quatre nuits*, « c'est assavoir la premier, la seconde, la thierce et la quarte », était une exception dilatoire introduite par le défendeur. Le régime de cette exception était fixé par un « dit pour droit » (§ 11) de 1303 (1304, n. s.) auquel Ferry Chiélairon, maître échevin, avait attaché son nom [1]. Il établissait que pour un plaid devant le maître échevin aussi bien que devant les échevins, nul ne pouvait avoir que quatre nuits successives de délai, séparées l'une de l'autre par un intervalle de 20 nuits, ce qui constituait une série de délais pouvant monter à 80 nuits ou 3 mois environ ; attendu que, dans la supputation de ces nuits, ne devaient être comptés ni les dimanches et fêtes, ni les vigiles, ni les jours de quatre-temps. Demander ces délais, y entrer et en user, était ce qu'on appelait *demander, avoir, prendre* et *faire ses nuits*. La demande des quatre nuits par le défendeur pouvait être l'objet de contestations de la part du demandeur. De là une cause incidente, qui était jugée spécialement dans les

---

1. *Hist. de Metz*, preuves, t. III, p. 265.

formes ordinaires du jugement des échevins, en plaid banni. Celui qui avait le droit ou jugement en sa bouche demandait à chacun de ses compagnons, l'un après l'autre : « Qu'avons-nous à faire ? » Ceux-ci répondaient, oui ou non, « mestier en est » ; ce que le premier, en cas d'unanimité, confirmait en ces termes : « ainsi je le dis ». Par là l'incident était jugé. Faute d'unanimité, s'ensuivait un advis dans les formes que nous avons indiquées (§§ 15, 24).

Les *trois escheus* présentent de l'analogie avec la prise des quatre nuits. Fixés à trois par un atour de 1352 [1], les *escheus* ou *cauteiles* étaient, comme les quatre nuits, des défenses emportant délais au profit du défendeur. C'étaient, pour le premier escheu, le droit accordé au défendeur de traire avant ou produire son warant (garant), s'il en avait, ce qui lui procurait sept jours de délai à cet effet ; pour le second escheu, le droit de visiter le lieu où gisait l'héritage en litige, quand il s'agissait de propriété immobilière, de là nouveaux délais ; pour le troisième escheu, le droit de voir les exploits, droit comportant l'examen des titres et écritures, ce qui pouvait demander aussi un certain temps. Après cela le défendeur devait répondre « pleinement », est-il dit. Chaque escheu pouvait être l'objet de débats et d'un jugement incident. Pour les petites causes consistant en réclamations d'argent, de marchandises ou de denrées, sans écrit et sans exploit, le défendeur ne pouvait prendre, est-il dit, qu'un seul escheu.

La demande de *solne* ou excuse motivée par quelque empêchement était, comme la prise des quatre nuits et des trois escheus, une exception dilatoire proposée par le défendeur, exception qui emportait un délai de 7 nuits. Présentée de la part du défendeur par un plaidiour, elle pouvait être aussi l'objet d'une contestation du demandeur, jugée également dans les formes ordinaires du jugement d'échevins, en plaid banni. Elle était appuyée par le plaidiour, porteur de la demande, au moyen d'une affirmation produite dans les termes de l'antique

---

1. *Hist. de Metz*, preuves, t. IV, p. 137.

adramitio, laquelle comportait la mise en main ou saisie d'un objet matériel (§ 22). Ce jugement incident pouvait être aussi, faute d'unanimité des échevins, l'occasion d'un advis.

La *loi des exploits,* qu'il est bon de mentionner encore, n'était pas, ce semble, une exception dilatoire proprement dite. Elle n'entraînait, paraît-il, pas de délais suspensifs, mais un simple incident au cours des débats, comportant l'affirmation, sous le sceau du serment, de la valeur des exploits ou écritures produites au procès.

L'emploi du mot *loi* dans le sens de déclaration sous le sceau du serment ne fait pas doute. On en a de nombreux exemples, à partir de l'époque carolingienne elle-même [1]. Nous ne saurions dire s'il n'y avait pas quelque relation entre ce que d'anciens documents appellent la loi des exploits et le troisième eschen qui, dans l'atour de 1352, est appelé « voir les exploits », et dont il vient d'être fait mention.

§ 27.

Il nous reste à dire deux mots de certains actes qui, sans être pour la plupart des actes de juridiction proprement dite, devaient être accomplis en plaid banni, c'est-à-dire devant maire et échevin, empruntant à cette procédure un caractère d'autorité communiqué par le ban, dont pouvait seul disposer le maire. Le plaid banni, nécessaire pour solenniser ces actes, n'exigeait la présence que d'un seul échevin avec le maire (§ 7). Ces actes particuliers étaient nécessairement de ceux à propos desquels il est dit qu'un échevin ne pouvait refuser à personne ses services, conformément à son serment et aux dispositions spéciales des atours et ordonnances réglant ces matières.

Les actes en question étaient notamment les suivants : la *semonce en leu de ban* faite par maire et échevin, dont nous avons parlé (§ 20) ; la *requête en plaid,* poursuite concernant

---

[1] « Legem exinde faciat ». Capitul. Caroli m. L. V, cap. 16, *De justiciis faciendis.* (Du Cange, *Glossarium,* in-4°, t. III, p. 915, col. x, l. 5).

une obligation d'une nature quelconque alléguée par un ayant droit qui en réclamait l'exécution ou une reconnaissance authentique; l'*estault*, vente mobilière sur saisie judiciaire, dont nous avons longuement disserté dans un travail antérieur [1]; le *vendage à la staiche*, opération analogue à l'estault, qu'on pourrait être tenté de confondre avec lui, si l'un et l'autre n'étaient pas mentionnés d'une manière distincte dans un même texte d'un de nos vieux records sur le bannissement du plaid [2]; la *porofferte en plaid*, offre réelle de paiement par un débiteur à son créancier; le *crant en plaid*, obligation contractée en termes solennels et par acte authentique; le *témoignage en plaid*, pour faits seulement concernant l'héritage ou bien-fonds, dont la tenure était de plus que an et jour, condition expresse de la compétence exclusive des échevins; la *reconnaissance* de dette pour une obligation ne dépassant pas 60 sols; la *layée en plaid*, pour conférer à un délégué le pouvoir de plaider, suivre et démonner en justice.

§ 28.

Les *profits* et *émoluments* des échevins sont matière sur laquelle nous n'avons que des renseignements très incomplets. Ces profits ont dû varier d'ailleurs beaucoup au taux même des tarifs anciens. Une disposition, qui remontait vraisemblablement assez haut, prescrivait le paiement de 5 sols au profit des échevins pour la perte du droit, par celui qui avait été condamné dans un procès « en leu de ban ». Cette somme avait pu avoir quelque importance, au XIIIe siècle par exemple. Elle n'en avait plus vers les XVe et XVIe. Des documents de cette époque disent que cette perception n'avait plus guère lieu alors, « ad cause que les eschevins en font plaisir aux parties », c'est-à-dire qu'ils leur en faisaient l'abandon, probablement

---

1. *L'Ordonnance des maiours*, §§ 32 à 44. — *Nouvelle Revue historique du droit français et étranger*, 1878.
2. *De l'Office des échevins du palais de Metz*. — Bibl. nat. mss. f. fr., n° 18905, f° 49, r°.

parce que le profit en était minime. « Ad présent on n'en lièvre rien », est-il dit encore dans un de ces documents, où l'expression « ad présent » se rapporte nécessairement à la date de la copie, qui est de la fin du xv° ou du xvi° siècle. A une date plus ancienne, qui doit être la date originaire des documents eux-mêmes, appartiendrait ce qui y est dit aussi, qu'un échevin ne doit recevoir de personne, ni par faveur, ni autrement, quoi que ce soit de plus que son dû. On voit également dans nos vieux records qu'aux plaids annaux chaque échevin recevait 12 deniers suivant un texte, 4 suivant un autre. L'atour de 1466 (1467 n. s.), qui assure au maître échevin une part dans les profits tirés par les Treizes de l'administration de la justice, n'en attribue aucune aux échevins (§ 49).

§ 29.

Pour résumer ce qui concerne les échevins, disons d'abord que, nécessairement pris dans les paraiges, c'étaient exclusivement des officiers de justice, à la différence du maître échevin, comme nous l'avons dit, et des Treizes, comme nous le dirons tout à l'heure, pour lesquels l'administration de la justice n'était qu'une partie seulement de leur rôle. A la différence aussi du maître échevin et des Treizes, qui étaient renouvelés chaque année, les échevins, nommés à vie, étaient permanents (§ 19). L'échevinat était une qualité considérée et recherchée, une dignité dont le titre est, dans les documents anciens, toujours mentionné, comme celui de chevalier par exemple, après le nom de ceux qui en étaient honorés.

Les échevins n'avaient puissance d'agir qu'en plaid banni seulement, c'est-à-dire sous le ban du maire (§ 7). Un seul échevin avec un maire suffisaient pour constituer le plaid banni nécessaire à l'accomplissement de certains actes, la semonce, l'estault, le crant, etc., dont l'authenticité était garantie par cette formalité (§ 27). Il n'en fallait guère plus pour constituer le tribunal du maître échevin qui exigeait, il est vrai, la présence de 6 assesseurs membres de son Conseil, mais dans le nombre, est-il dit, celle de 1 ou 2 échevins seulement (§ 5). Il en fallait davantage, 3 au moins, pour former, sous le ban d'un maire, un tribunal d'échevins proprement dit, présidé par l'un d'eux, le premier échevin ou échevin de la cause, au choix du maire (§ 21).

Sous la présidence et au plaid du maître échevin, les échevins avaient accidentellement la compétence à peu près universelle de ce magistrat (§ 6). Constitués en simple tribunal d'échevins, sous la présidence de celui d'entre eux que désignait le maire en mettant, comme on disait, le jugement dans sa bouche, ils avaient une compétence limitée aux causes d'ordre purement civil, personnelles et réelles, celles notamment qui concernaient les héritages ou immeubles, dont ils connaissaient concurremment avec les Treizes, en cas de saisine imparfaite, pour les tenures de moins que an et jour ; mais dont eux seuls pouvaient juger, en cas de saisine parfaite résultant de tenure d'an et jour et au delà (§ 19). Les échevins ne jugeaient du reste ainsi que les causes simples, soit en *plaid pour conre droit,* quand l'une des parties, le défendeur, faisait défaut (§ 22), soit en *plaid pour ouïr droit,* lorsque, toutes deux étant présentes, le débat était contradictoire (§ 23).

Dans certains cas, les parties annonçaient vouloir donner à l'affaire un certain développement par la production et la discussion des titres et documents de toute sorte qui s'y rapportaient ; alors commençait une procédure spéciale, celle du *démonement,* comprenant trois phases, la mise en démonement par un jugement que pouvaient rendre également le maître échevin ou les échevins, l'entrée en démonement qui était du ressort des échevins seulement (§ 25), et le jugement du démonement qui était exclusivement de la compétence du maître échevin (§ 14).

Une autre particularité qui pouvait nécessiter également le transport, devant le maître échevin, d'une cause introduite devant les échevins, c'était l'*advis* qu'il y avait lieu de lui demander, quand les échevins n'avaient pas pu se mettre unanimement d'accord, comme il le fallait, pour la validité de leur verdict (§ 24).

L'entrée en démonement et la demande d'advis sont deux particularités à noter dans la procédure des tribunaux d'échevins. Deux singularités non moins remarquables sont la nécessité de l'*unanimité* dont nous venons de parler, pour rendre valable leur verdict (§ 24); et cette autre, signalée aussi tout à l'heure, que la *présidence* de leur plaid était au choix du maire, lequel en décidait au début de l'affaire en mettant, comme on disait, le jugement en la bouche de celui des échevins qu'il voulait (§ 21). Rappelons encore, comme autant de traits dignes d'attention, les incidents du plaid, la prise des quatre nuits, les trois escheus, la solne et la loi des exploits, formules singulières dont nous avons expliqué la signification (§ 26).

CHAPITRE III

LES TREIZES

§ 30. Les Treizes : Origine, création, serments ; le maître, le changeur, les accordours, les révélours des Treizes. — § 31. Attributions ; juridiction. — § 32. L'accord. — § 33. Compétence : juridiction exclusive sur les pusfais, les sommes, les eswards, le choix des enquestours, les eswards des adjournés ; juridiction partagée avec les échevins sur les causes d'ordre civil. — § 34. Sièges divers de justice : les journées, les adjournés. — § 35. Procédure au criminel et au civil : introduction des causes, conduite et débat des affaires. — § 36. Jugement : gain aux dés de la journée ; exécution ; pénalité ; appels. — § 37. Résumé du chapitre III.

§ 30.

Les *Treizes* sont, à l'époque où nous nous sommes placés, l'organe essentiel du gouvernement de la Cité, à tous les points de vue. Leurs attributions sont en quelque sorte universelles, d'ordre *gouvernemental, administratif, judiciaire* et *exécutif.*

On les trouve désignés sous les dénominations de *Treizes, Treizes jurés de la justice, Treizes justiciers, La justice*. Dans la seconde moitié du xv° siècle, ils sont nommés les *seigneurs Treizes, hauts justiciers* et *seigneurs vicaires impériaux ;* au xvi° on dit les maître échevin et Treizes, *vicaires-nés de l'empereur*. Il convient de rappeler tout de suite ce que nous avons dit au commencement de la présente étude (§ 3), que les Treizes ne pouvaient juger de certains cas, de cas criminels notamment, ni procéder, comme il leur appartenait de le faire, aux exécutions qui devaient s'ensuivre, sans l'assistance des comtes jurés qu'on appelait à Metz l'*ancienne justice* (§ 40).

Les Treizes dataient vraisemblablement des commencements du xiii° siècle à peu près. On ne saurait méconnaître à cette époque reculée certains rapports existant alors entre eux et les institutions de paix[1] dont il est bon de ne pas oublier le carac-

---

[1]. L'origine des Treizes a beaucoup occupé tous ceux qui ont étudié l'histoire de Metz. On a des raisons sérieuses de la rattacher aux institutions de paix qui peuvent être à Metz de la fin du xii° siècle ou du commencement du xiii°. Le plus ancien document qui parle de ces institutions à Metz est *La lettre de commune paix*, laquelle est de 1214 à peu près. Mais ce document, dont nous possédons l'original, est un simple mémorial ou record qui doit vraisemblablement relater pour une bonne part au moins un état de choses antérieur à sa rédaction. Il ne serait donc pas impossible qu'il existât des rapports entre les *Wardours de la paix*, que mentionne cette pièce, et les Treizes signalés sous les dénominations de *Tredecim jurati* et *Jurati* qu'on voit pour la première fois dans un titre de 1207, puis dans des pièces de 1208, 1211, 1215, 1220, 1221, 1222, 1223, et qui sont ultérieurement nommés *les Treizes jurés* ou tout simplement *les Treizes* dans de nombreux documents. On trouve en même temps, pendant toute la durée du xiii° siècle, les mentions de *Wardours de la paix* en 1221, *Tredecim jurati pacis* et *Treizes jurés de la paix* en 1226 et en 1227, *Wardours de la paix* en 1232, *Treizes jurés de la paix pour warder la paix de la ville* en 1244, *Eswardours de la paix de Metz* en 1293 ; soit que les dénominations qui forment les deux groupes chronologiquement enchevêtrés ainsi des *Treizes* et des *Wardours* doivent s'appliquer aux mêmes personnages, soit qu'elles concernent deux sortes d'officiers qui, se confondant à la longue, se trouveraient finalement en possession des attributions les uns des autres.

Les fonctions des Treizes en effet ne sont autres dans leurs traits essentiels, à l'époque où nous les connaissons le mieux, que celles des Wardours de la paix, d'après ce qui est dit au commencement du xiii° siècle de ces fonctions et de celles analogues des *choremanni* dans les villes de Flandres, où ces *choremanni* sont certainement la même chose que les *Wardours de la paix de Metz* à la même date : « *Choremanni de pace tractent, et de utilitate communitatis villœ, et forefactorum emendatione* » (Keure d'Arques 1231). Ajoutons que, parmi les exemples cités tout à l'heure, celui de 1244, mentionnant *les Treizes jurés de la paix pour warder la paix de la ville*, concerne incontestablement les Treizes d'après la teneur de l'atour qui nous le fournit (§ 48). Les rapprochements qui précèdent ne laisseraient guère de doute sur l'identité des Treizes et des Wardours de la paix, si on ne trouvait ces offi-

tère généralement épiscopal. Les Treizes en effet étaient originairement nommés par l'évêque. Ultérieurement il fut établi en outre qu'ils appartiendraient aux paraiges[1], chacun des cinq premiers paraiges en donnant deux, et le sixième, le Commun, en donnant trois[2]. Père et fils ni frères ne pouvaient être Treizes en même temps, suivant un atour de 1354 (1355 n. s.)[3]. Les Treizes étaient renouvelés tous les ans à la Chandeleur ; mais à la longue, au lieu d'être comme au commencement choisis par l'évêque, ils avaient fini par être simplement institués par lui ou par ses officiers dans une cérémonie de pure installation, après avoir été désignés au sein des paraiges[4]. Il y avait là, en ce qui les concerne, un grave changement, analogue à celui du même genre que nous avons signalé précédemment dans l'institution du maître échevin (§ 5).

Le mode originaire de nomination des Treizes n'était pas sans avoir reçu, en diverses occasions, avant d'en venir là, plus d'une atteinte. Vers la fin du XIV° siècle, à la mort de l'évêque Thierry, on avait vu les vieux Treizes créer les nouveaux, l'évêque manquant pour le faire. De pareilles innovations étaient un acheminement vers les profonds changements que nous constatons dans cet ordre de faits aux XIV°, XV° et XVI° siècles.

ciers mentionnés d'une manière ce semble distincte les uns près des autres dans une pièce de 1232 (1233, n. s.), que donnent les Bénédictins dans leur histoire de Metz (t. III, p. 187) et où sont nommés successivement les Treizes avec les Comtes, le maître échevin, les échevins et les maïours, et plus loin les Wardours de la paix en regard de la Justice de Metz ; cette dernière expression désignant ordinairement les Treizes unis aux comtes.

1. On ne connaît ni la date exacte, ni les circonstances où s'est opérée cette prise de possession des Treizeries par les paraiges. Un atour de 1244 prouve qu'elle était accomplie dès la première moitié du XIII° siècle. (*Le Patriciat dans la cité de Metz*, § 58. — *Mémoires de la Société nationale des antiquaires de France*, t. XXXIV.)

2. Le collège des Treizes, généralement au complet jusqu'au XV° siècle, subit à cette époque les conséquences de la réduction en nombre des membres des paraiges. D'après les listes publiées par d'Hannoncelles dans *Metz ancien* (t. I, p. 213-219), on voit que pendant la deuxième moitié du XV° siècle il ne comprend parfois que 7, 8, 9 ou 10 membres et qu'au XVI° siècle il descend quelquefois à 5 (1522) ou 6 (1540).

3. *Hist. de Metz*, preuves, t. IV, p. 157.

4. Les Treizes étaient vraisemblablement, à la fin, directement élus par les paraiges. Précédemment peut-être, ceux-ci se bornaient-ils à présenter des candidats au choix du prélat. En 1397, chaque paraige est dit nommer 4 candidats et le Commun 6 pour la Treizerie. (Atour de 1397. — *Hist. de Metz*, preuves, t. IV, p. 485.)

Suivant un atour de 1393[1], les Treizes devaient être alors nommés dans les paraiges, et on se contentait de demander à l'évêque de les confirmer.

À l'occasion de leur installation, comme cela devait avoir eu lieu selon toute vraisemblance antérieurement lors de leur création par l'évêque, les Treizes prêtaient la veille de la Chandeleur au prélat ou à ses officiers, dans l'église de Saint-Gal, le serment de garder ses droits et ceux de son église, notamment sa justice spirituelle et temporelle, serment auquel ils ajoutaient immédiatement cette réserve, laquelle n'était peut-être pas de date très ancienne, « sauf les atours, ordonnances et alliances de la cité de Metz qui ne sont pas de ce serment[2] ». Après ce premier serment les Treizes prêtaient le lendemain, jour de la Chandeleur, à l'autel Saint-Nicolas, à la cathédrale, entre les mains de deux des vieux Treizes, un second serment par lequel ils s'engageaient à porter leur office loyalement à l'honneur et profit de la cité, promettant de garder et maintenir ses atours, ordonnances et alliances. Le second serment et les réserves introduites à la fin du premier ont tous les caractères d'innovations dont on ne saurait du reste préciser la date. On ne sait rien non plus des circonstances de leur introduction. On signale comme chose à remarquer qu'en 1443 (1444, n. s.) l'évêque Conrad Bayer reçut en personne le serment des Treizes.

Les Treizes nommaient chaque mois parmi eux un *maître* investi de certaines attributions de direction, de police et d'exécution, en vertu d'une sorte de présidence mensuelle. Il lui appartenait notamment de recueillir les opinions au sein de la compagnie en faisant successivement à chacun de ses membres la *demande*, dans les délibérations, quand les Treizes tenaient

---

1. *Hist. de Metz*, preuves, t. IV, p. 441.

2. Ces réserves sont du reste antérieures à 1393 au moins, date d'un arrangement entre la Cité et l'évêque Raoul de Coucy qui les mentionne comme un des griefs dont il avait à se plaindre dans la circonstance. (Traité du 5 octob. 1393. — *Hist. de Metz*, preuves, t. IV, p. 431.)

journée en leur chambre [1]. Les Treizes nommaient encore dans leur sein un *changeur* ou trésorier pour recevoir et garder les sommes perçues comme amendes. Ils créaient de plus six *accordours* et six *révélours* — ces derniers pouvant suppléer les premiers — choisis les uns et les autres parmi ceux d'entre eux qui étaient amans (§ 45), et chargés d'un certain rôle dans la procédure et dans la police intérieure de la compagnie. Ces officiers avaient généralement caractère ce semble pour juger les différends qui survenaient entre les compagnons Treizes et pour les contraindre au besoin à observer l'*accord*. Nous dirons tout à l'heure ce qu'était cet accord (§ 32). Il leur appartenait notamment d'obliger concurremment avec le maître, quand il y avait lieu, les compagnons à suivre, comme ils le devaient, l'opinion de celui d'entre eux qui avait *gagné la journée* conformément à un usage singulier dont nous parlerons aussi un peu plus loin (§ 36).

[1]. Cette attribution essentielle donnait plus qu'aucune autre au maître des Treizes, dans les séances qu'ils tenaient en *journée*, le caractère de président pendant la durée de son mois d'exercice. Elle est mise hors de doute par un texte d'un ancien record relatif au refus par un Treize de payer les *sommes* dont il aurait été frappé disciplinairement : « (Il) n'arait, y est-il dit, puissance quelconquez en la Chambre, ne no ly feroit le maistre des Trezes nulles demande de nulle chose quelconquez, jusques ad ce qu'il les airoit paiez en la main dudit chaingeour. » (*L'accord des Treizes.* — Bibl. nat., mss. f. fr. n° 18905, f° 88, v°).

Un second texte montre comment cette attribution du maître des Treizes s'accordait avec les droits d'initiative individuelle de ceux-ci : « S'il y avoit, y est-il dit, aucun des Trezes ou plusseurs qu'il requérissent au maistre des Trezes qu'il feist une demande d'aucune chose qu'il dist par son sairement que estoit besongnable pour la ville..., etc. » (*Ibid.*, f° 69, v°, et f° 80, v°.)

L'appréciation que nous venons de faire d'un des traits les plus remarquables du rôle du maître des Treizes reçoit une sorte de confirmation de ce fait que, participant chaque jour avec ses compagnons au jeu de la journée, il ne devait pas s'il la gagnait, en exercer le droit, mais le transmettait à un autre, au second Treize de son parage ou à l'un de ceux du Commun s'il en était, ne pouvant pas faire à la fois lui-même la *demande* comme le comportait, ainsi que nous l'avons reconnu, son rôle de maître des Treizes, et la recevoir, conséquence du gain de la journée : singularité qui est expliquée plus loin (§ 36). (*Ibid.*, f° 69, r°, f° 80, v°, f° 89, v°.)

Voici encore quelques autres traits du rôle assigné au maître des Treizes. Il intervenait dans les différends qui se produisaient entre les compagnons. Il recevait leur rapport sur les guets et gardes dont ils avaient la charge. Il mettait sommes, c'est-à-dire frappait d'amendes, et les levait dans certains cas, mais ne pouvait en faire ni en demander remise. Il faisait faire certaines exécutions par les Treizes. Il mettait en table, c'est-à-dire enregistrait les éwards des adjournés ; nous expliquons plus loin ce que c'était (§ 34). Le maître des Treizes faisait *hucher*, c'est-à-dire mander pour le réunir, le Conseil par le maître sergent. Sur son ordre on plongeait dans la suppe les insolvables frappés d'amende.

Si l'un des membres de la compagnie refusait de répondre à l'interpellation d'un confrère, celui-ci requérait le maître de commander à l'accordour ou bien, à son défaut, à son révélour d'obliger à répondre celui qui s'y refusait. En cas de grave différend entre deux Treizes, s'ils convenaient de s'en rapporter à l'*esward*, c'est-à-dire au jugement de l'accordour, celui-ci prenait à part ceux des compagnons qui étaient amans (§ 45) pour « s'en conseiller » et rapportait leur décision devant la compagnie tout entière[1]. Avec les accordours, les révélours et le maître, les moyens ne manquaient pas, on le voit, pour maintenir l'harmonie parmi les Treizes et pour les contraindre à observer les règles prescrites dans l'*accord* (§ 32).

Ce que nous venons de dire du rôle des amans dans le choix des 6 accordours et des 6 révélours, et dans la procédure suivie par ceux-ci pour la police intérieure du corps des Treizes, donne lieu à certaines observations. Ces officiers, accordours et révélours, étaient ensemble au nombre de 12. On peut croire que l'obligation de les nommer parmi les Treizes investis d'une charge d'aman n'était pas de rigueur, dans le principe au moins, non plus que celle de prendre conseil de ceux seulement des compagnons qui étaient dans le même cas, comme il vient d'être dit. Longtemps sans doute les Treizes n'ont pu se recruter que d'une manière exceptionnelle parmi les amans ; car de très bonne heure, bien avant le xive siècle, ils durent être exclusivement pris dans les paraiges ; tandis que les charges d'amans étaient accessibles alors à tous ceux de condition quelconque qui étaient de la nation de Metz. Le passage des charges d'aman dans le domaine exclusif des gens de paraiges dut s'opérer graduellement ; mais il ne fut complètement

---

[1]. « Et quant il chiet une besongne entre les compagnons dont ils ont discort, et que l'ung... et l'autre.... (dit).... que... se maintenrait bien à l'owair de l'escordour... li escordeire doit traire cez compagnon lez amans d'une part et leur... dire : Seignour vous aveiz oy nous compagnons. Je vous requier... que vous m'en voulliez adressier le plus droit par coy je n'y mesprengne. Et quant il c'est concilliez à cez compagnons, il doit revenir devant tous cez compagnons et doit dire ainssy : mez seigneurs je me suis concilliez. Je dit ainssy que c'est le plus droit. Et c'il concillent malz (et) il ly semble qu'il en seroit blasmey, il doit demandoir respey (répit) ». (*Accord des Treizes*. — Bibl. nat., mss. f. fr., n° 18905, f° 31, v°.)

et légalement effectué que vers le commencement du xv⁰ siècle (§ 45). C'est graduellement aussi, et en suivant une marche analogue, que durent s'introduire et se fixer les dispositions relatives aux accordours et aux révélours, dont nous venons de rendre compte. Ces réserves sont justifiées par un atour de 1387 donné par les Bénédictins dans leur *Histoire de Metz* (t. IV, p. 373), aux termes duquel *qui requérait parson*, c'est-à-dire qui poursuivait judiciairement un partage, devait s'adresser aux Treizes, lesquels chargeaient de l'opération un aman, et de préférence un aman qui fût Treize en même temps, s'il s'en trouvait, est-il dit. On voit par là qu'à la veille du xv⁰ siècle, les amans, déjà représentés dans la compagnie des Treizes, pouvaient y être encore assez rares.

Aux indications qui précèdent sur l'origine des Treizes, sur leur création annuelle, sur le régime intérieur de leur compagnie, sur leur caractère en général, nous n'ajouterons plus qu'un trait, c'est qu'ils étaient en principe dispensés des fonctions de *pardczour*. Nous nous expliquons plus loin à ce sujet (§ 42).

§ 31.

Nous avons mentionné au commencement du précédent paragraphe les attributions multiples des Treizes. Quoique celles relatives à leur rôle judiciaire soient les seules qui nous intéressent ici, il est bon de jeter un coup d'œil sur les autres, pour se rendre compte de ce qu'étaient à Metz ces officiers.

Dans les affaires de gouvernement et d'administration les Treizes agissaient généralement de concert avec le maître échevin (§ 5) et le grand Conseil composé de membres des paraiges (§ 38). Au dehors ils représentaient avec eux la Cité vis-à-vis de l'empereur et des souverains et princes étrangers. Ils prenaient part aux correspondances, aux négociations, aux traités et alliances. Au dedans ils participaient à la confection des lois, atours et ordonnances, à la publication des huchements et cris publics. Au nombre de leurs attributions spéciales dans la ville et dans la banlieue figure le droit de donner assurement aux étrangers, de prendre et donner des trêves et de les faire observer ; de réprimer les émeutes, d'arrêter les violences, de réformer et défaire les pannies ou prises de gages abusives. A eux il appartenait encore de pourvoir et de présider à la garde des murailles et des portes; de faire faire le guet, les chevauchées ; de prendre toutes mesures de police urbaine pour le maintien du bon ordre et celui de la propreté dans les rues, les places, les marchés, pour la réglementation du commerce, de celui notamment des vivres, pour les approvisionnements de la ville en objets divers de consommation. D'une manière générale les Treizes avaient caractère pour prendre en main les intérêts publics en toute chose « qui estoit besongnable pour la ville », dit un vieux record. Les Treizes assemblaient, dans certaines circonstances, le grand Conseil[1] et même quelquefois les paraiges et le peuple même[2]. Ils recevaient le serment des comtes jurés qu'ils réunissaient (§ 40). De même que ces comtes, ils donnaient témoignages authentiques, et de concert avec eux ils rendaient, dans certains cas, la justice; nous reviendrons tout à l'heure sur ce sujet. Ayant en main la force, les Treizes faisaient exécuter les lois et règlements. Il leur appartenait aussi de pourvoir, de concert avec ces mêmes comtes, à l'exécution des sentences criminelles. Ils accomplissaient également celle des jugements d'ordre civil rendus soit par eux-mêmes, soit par le maitre échevin et par les échevins; ils levaient les amendes, procédaient aux saisies de gages et de biens, aux arsons (feux boutés par justice sur les forains), aux arrestations

---

[1]. Il semble résulter d'une indication relative à l'année 1384, qu'à cette date les Treizes devaient, dans certains cas, réunir le Conseil ; à défaut de quoi le maitre échevin rassemblait, est-il dit, les paraiges. (Ph. de Vignoulles dans Huguenin, *Les chroniques de Metz*, p. 115.)

[2]. Ce droit des Treizes est suffisamment quoique indirectement prouvé par le texte suivant : « ... Et s'il avenoit que li Ewardours jureis... heuxent besoing de parleir à paraiges ou à bonnes gens de la ville, pour l'onour et pour lou proffeit de la citeit, il les pueent bien mettre ensemble, sent occuson, se les Trezes nez y voulloient mettre à lour prière... » (Atour de 1384 (1385, n. s.). — *Hist. de Metz*, preuves, t. IV, p. 361.)

et aux emprisonnements; ils faisaient enfin les commandements[1].

Dans ces termes, les Treizes partageaient, comme nous venons de le dire, le gouvernement et l'administration avec le maître échevin et le grand Conseil, appelé quelquefois le Conseil des Treizes (§ 38). Quant à la juridiction, ils la partageaient avec le maître échevin et les échevins, outre l'obligation où ils étaient d'admettre les comtes jurés à les assister en certains cas de leur présence, dans l'exercice de la part qui leur en était dévolue. Ils y faisaient de plus intervenir quelquefois, comme on le verra, le grand Conseil lui-même (§ 38).

Il y a lieu de rappeler ici une particularité indiquée précédemment, c'est que les jugements du maître échevin et des échevins empruntaient leur autorité au ban du maire; mais que cette autorité était, aux XVe et XVIe siècles, étrangère à la justice rendue par les Treizes. A leurs jugements en effet était refusée alors la sanction qui résultait du plaid banni (§ 7). Le maître échevin et les échevins jouissant seuls du privilège du plaid banni, on se demande sur quel fondement analogue les Treizes pouvaient asseoir leur juridiction. Le principe du pouvoir judiciaire des Treizes aurait pu être l'autorité propre à l'office des comtes jurés, ou ancienne justice, obligatoirement associés dans certains cas au rôle judiciaire des Treizes (§§ 3, 40). C'eût également pu être l'autorité inhérente aux institutions de paix, si, comme on a quelque raison de le croire, les Treizes, dans leurs commencements, se rattachaient à ces institutions (§ 30, note 1). Ces questions d'origine sont malheureusement loin d'être élucidées. Cependant nous rappellerons qu'en certains points les Treizes, ne fût-ce que par leurs diverses dénominations, se rapprochent beaucoup des Wardours de la paix; que le maître échevin devait siéger le vendredi[2]

---

[1]. Ce tableau des attributions diverses dévolues aux Treizes est le résumé d'un dépouillement méthodique des documents, notamment des *Chroniques de Metz*, d'après la version qui en a été publiée par Huguenin en 1838.

[2]. *La lettre de commune paix.* — *Hist. de Metz*, preuves, t. III, p. 177.

avec ceux-ci, au commencement du xiii₽ siècle ; et qu'à cette époque également les Treizes sont dits siéger eux-mêmes en plaid banni avec le maître échevin. Ajoutons que, suivant un autre témoignage, le maître échevin est dit avoir, au xiii₽ siècle, *tenu la clostre*[1], c'est-à-dire siégé au cloître avec les Treizes (§§ 4, 39).

La justice des Treizes est effectivement appelée souvent *la justice du cloître* ou de *l'enclostre*, ou simplement *la clostre, l'enclostre,* du nom du cloître de la cathédrale où elle a été rendue jusqu'au xiv₽ siècle. On la nomme aussi, dans certains cas, *les adjournés,* dénomination spéciale de certaines audiences qui lui étaient propres, et dont il sera question plus loin (§ 34). Après la construction du palais, au commencement du xiv₽ siècle, les Treizes y eurent leur chambre qui servait aussi aux réunions du Conseil (§ 38). Ils cessèrent alors de tenir séance au cloître, dont le souvenir cependant se conserva dans la locution, usitée longtemps encore, que nous venons de mentionner.

§ 32.

Nous avons fait connaître les attributions multiples des Treizes (§ 31). Ici se présente un trait tout à fait singulier du régime propre à cette institution, dont il convient de relever l'originalité. Il s'agit de ce qu'on appelait l'*accord des Treizes*. L'objet de cet accord était de spécifier les lois, ordonnances, règlements et usages de toute sorte, anciens et nouveaux, que les Treizes entrant en charge s'obligeaient tout spécialement entre eux à faire observer et à observer eux-mêmes, pendant leur année, indépendamment de l'engagement pris par eux d'une manière générale, dans le serment qui accompagnait leur installation, d'observer les atours, lois et ordonnances de la Cité. Il y a lieu de reconnaître dans cet accord tout à la fois l'indice

1. Atour de 1295. — *Ibid.*, t. III, p. 242.

de l'esprit d'autorité propre, d'expansion et de développement spontané qui caractérise l'institution des Treizes, et de plus, un des ressorts dont la mise en jeu pouvait le mieux favoriser ce développement.

Chaque année à leur entrée en charge les Treizes passaient entre eux cet accord, auquel sont dits quelquefois participer les comtes (§ 40), et qu'ils remettaient en main d'aman, comme on faisait des actes ordinaires d'engagement (§ 45). En déterminant ainsi sur certains points la matière et le mode d'exercice de leurs attributions, les Treizes s'obligeaient les uns envers les autres à observer ces dispositions sous peine d'amende au profit de la compagnie, et de suspension individuelle plus ou moins longue de l'exercice de leur pouvoir[1]. Il y a lieu de remarquer que tout en se soumettant, comme leur serment le portait, à l'observation des lois et règlements de la Cité, les Treizes prenaient sur bien des points, par leur accord, la liberté d'y introduire de leur autorité particulière des additions et des changements pour la procédure au moins[2]. Bref, ils se faisaient par là les maîtres et les auteurs en quelque sorte de leur propre compétence, et les juges de leur manière d'en user. L'accord des Treizes renfermait des dispositions de toute nature assez confusément présentées du reste, avec la fréquente mention que les prescriptions ainsi formulées devaient durer jusqu'à la Chandeleur prochaine ou autre terme pris dans le cours de l'année. Les Treizes en exercice n'engageaient par là qu'eux-mêmes et ne s'obligeaient ainsi que les uns envers les autres[3]. Ceux qui leur succédaient reprenaient du reste gé-

---

1. On trouvera plus loin, comme exemple, une application de cette prescription (§ 38).

2. C'est ce dont on peut s'assurer par un examen même superficiel des documents auxquels nous renvoyons à ce sujet dans les notes du § 1. Tous les documents relatifs à l'accord des Treizes sont inédits.

3. L'accord des Treizes n'était pas une disposition législative proprement dite, à l'adresse des citains et sujets de Metz, mais un règlement intérieur de la compagnie. Son objet n'était pas de promulguer des lois et ordonnances ; mais, comme son nom l'indique, de formuler un engagement réciproque par lequel les Treizes s'obligeaient entre eux et vis-à-vis les uns des autres à appliquer telles ou telles mesures et surtout à ne pas y faire individuellement d'opposition. C'est à la constitution de l'accord

néralement la plupart des articles de cet accord, en rejetaient aussi un certain nombre, ou en introduisaient de nouveaux. Nous avons dit que les Treizes élisaient dans leur sein six accordours et en même temps six révélours pouvant les suppléer, qui avaient, entre autres attributions, le pouvoir de contraindre, quand il y avait lieu, leurs compagnons à observer l'accord (§ 30).

L'accord des Treizes était, on a lieu de le croire, disposé en forme de rôle plus ou moins étendu, composé, comme les rôles de démonement (§ 14), d'un certain nombre de feuilles de parchemin cousues bout à bout. Telle est au moins la condition du seul de ces documents qui nous soit parvenu en original. Nous n'en avons d'ailleurs, après cela, en copie qu'un très petit nombre [1]. Ces copies, généralement assez mauvaises, sont des XVe et XVIe siècles. Aucune n'est datée, quoiqu'elles renferment parfois des dates attachées spécialement à tel ou tel de leurs articles, celles par exemple de 1279, 1400, 1420, 1437, qu'on relève à la suite de quelques-uns d'entre eux. Mais, ces articles ne fournissent par leur date qu'un maximum d'élévation pour estimer celle du document lui-même qui les contient. Ainsi la date de 1437, qui se trouve dans l'un de ces rôles, prouve que le document n'est pas plus ancien que 1437; mais elle permet de lui assigner une date quelconque au-des-

---

que se rapporte vraisemblablement la prescription suivante, jointe à un atour de 1305 (1306, n. s.) : « Et tout ceu ke cy desour est devis doient li Treize, li conte, et li proudomme faire huchier chescun an, awels lour autres atours » (*Hist. de Metz*, preuves, t. III, p. 275); d'où il résulterait ce semble que les Treizes faisaient faire chaque année une proclamation publique de leur accord ; ce qui ne changeait pas du reste son caractère.

1. La bibliothèque nationale à Paris conserve, comme nous l'avons dit (§ 1), quelques-unes de ces copies avec l'original unique en question. Celui-ci, sans date, écrit vers la fin du XIIIe siècle, formait originairement un rôle de parchemin d'environ 3m,50 de long sur 175 millimètres de large, divisé ultérieurement en plusieurs feuillets, reliés maintenant en un volume. (Bibl. nat. nouv. acquisitions fr., n° 3365). Il en manque aujourd'hui la fin, un feuillet probablement comprenant quatre articles qu'on peut heureusement suppléer à l'aide d'une copie du XVe ou XVIe siècle du même document contenue dans un autre manuscrit de la bibliothèque nationale (f. fr. n° 18905, de f° 71, r°, à f° 79, v°). Le rôle original est intitulé au verso du premier folio : « Se sont li atour retenut per Trezes et per contes. » La copie reproduit ce titre précédé de cet autre « Ancor de l'escort dez xiij », qui justifie l'attribution du document.

sous de celle-là. Les articles non datés que ces rôles reproduisent peuvent d'ailleurs individuellement remonter à des époques antérieures plus ou moins anciennes.

Les exemplaires qui nous sont parvenus de l'accord des Treizes, sont d'étendue très diverse. Ils ne contiennent notamment pas tous certaines dispositions relatives à des objets dont on ne saurait admettre que les Treizes eussent jamais renoncé à s'occuper, tels par exemple que les points essentiels de leurs attributions spéciales et de leur procédure. Il est permis de conclure de là que ces accords peuvent avoir eu parfois, pour des motifs que nous ne connaissons pas, un caractère de reproduction partielle, ou même de disposition spéciale en vue d'un objet particulier[1]. Sous la réserve de ces singularités, les anciens accords des Treizes dans leur ensemble offrent le tableau à peu près complet des attributions si variées que nous avons signalées tout à l'heure comme appartenant à ces officiers (§ 31).

§ 33.

Parmi les attributions des Treizes mentionnées dans l'accord, celles qui regardent l'exercice de la justice sont les seules dont nous ayons à nous occuper particulièrement ici. Nous allons passer en revue ce qui ressort pour cet objet de certains articles de l'accord et de quelques autres documents. Nous étudierons ainsi ce qui concerne la compétence judiciaire des Treizes, c'est-à-dire la nature des causes qu'ils avaient à juger; leurs séances ou journées en la chambre et leurs audiences des adjournés; la procédure usitée chez eux dans les phases successives d'une affaire; leurs jugements enfin. Nous ne sommes malheureusement pas en mesure de fournir sur ces matières un corps complet d'informations distribuées méthodiquement et ressemblant même de loin à un code de la juridic-

---

1. Nous signalons plus loin certaines particularités de ce genre (§ 33).

tion et de la procédure des Treizes. Nous n'avons sur ce sujet étendu que des notions éparses dont le simple classement, qui n'a pas été sans nous donner quelque peine, laisse encore subsister bien des lacunes que nous ne dissimulerons pas, dans l'exposition que nous allons en faire.

La compétence des Treizes et la nature des affaires jugées par eux ont été déjà indiquées précédemment en partie (§ 3). Nous avons dit qu'ils décidaient des causes de force faite, de tort et d'injures, et qu'en matière d'héritage ou immeuble, ils ne connaissaient que de questions concernant ceux dont la tenure était moindre que d'an et jour, c'est-à-dire dont la saisine était imparfaite, les autres relevant exclusivement de la juridiction des échevins ou du maître échevin (§ 3). De ces affaires les unes, force faite, tort ou injure, appartenaient à la juridiction exclusive des Treizes, moyennant toutefois le concours des comtes; les autres, les questions d'héritages ou immeubles tenus en saisine imparfaite, susceptibles d'être jugées par les échevins, mais dont les Treizes pouvaient aussi connaître, étaient de la compétence commune des uns et des autres; c'est-à-dire que les Treizes n'avaient sur elles qu'une juridiction partagée avec les échevins. De là pour les questions tombant sous la juridiction des Treizes deux catégories : celle des causes qui étaient de leur compétence spéciale ou juridiction exclusive, et celle des affaires qui étaient de la compétence commune de ces officiers et des échevins, ou juridiction partagée entre eux et ces derniers.

La première catégorie de ces questions comprenait, disons-nous, les cas de force faite, de tort et d'injures, dont le jugement appartenait exclusivement aux Treizes. C'est à elle que se rapporte un article de leur accord, où sont mentionnés comme relevant de leur compétence spéciale les *pusfais* et les *sommes* à juger, les *eswards* à déterminer[1], les *enquestours* à prendre, les *eswards des adjournés* à décider, toutes choses

---

1. *Déterminer* est employé très souvent dans nos documents avec la signification de juger.

étrangères à la compétence des échevins [1]. Nous laissons de côté provisoirement un mode singulier de procéder indiqué dans cet article, le jeu aux dés de la journée, sur lequel nous nous expliquerons un peu plus loin (§ 36), et nous ne retenons pour le moment de ce texte que l'énumération fournie par lui des objets soumis à la juridiction exclusive des Treizes.

Les *pusfais* ou *peuts faits* [2] étaient les méfaits, crimes, délits et injures, toute la matière de la justice criminelle. Les *sommes* à juger étaient les amendes édictées par les atours et ordonnances, qu'on devait appliquer suivant les cas prévus. Les *eswards* ou *rewards* [3] à déterminer étaient les amendes arbitraires laissées par la loi à l'esward ou reward, c'est-à-dire à l'appréciation du juge ; ce qui, dans nombre de nos textes, est exprimé par la locution : « il sera » ou « fera à l'esward » ou « au reward de la justice » (§ 47). Les sommes et les eswards étaient une double pénalité souvent édictée à la fois à propos d'un même fait délictueux (§ 47). Ainsi étaient constituées la plupart des dispositions pénales prescrites par les atours et ordonnances [4]. Les *enquestours* à prendre, c'était le choix des commissaires chargés de faire enquête sur les affaires qui se

---

1. « Les Treses se sont escordeiz par sairemont jurant que de tous lez *pusfais*, et de toutes lez *sommes* à jugier et de tous lez *éwaires* à détermineir qui enchairont et de tous les *enquestours* à panre doient lez Trezes qui au lieu seront juweir auz deiz chascun jour. Et cil des Trezes qui auroit le moins de poin doit estre crus à la ornée. Et ly aultres Trezes lou doient xeure par lour sairemont, on solluy que cilz qui auroit gaingnei lay jornde xuroit... Et est assavoir que dez *awairs des ajorneiz* ne doit on juweir tant qu'il seront tuyt oyt et que ly maistre lez averet mis en ces taubles. Et les doit desterminoir le jour par son sairemont san mostre avant se par l'escort dez compagnon n'estoit. Et autrotant dez sommes, et dez pusfais et dez awairs..., c'il ne poioit détermineir le jour qu'il avoroit gaingnei la jornde..... » (*Le vielz escort dez Trezes*. — Bibl. nat., mss. f. fr. n° 18905, f°², 69, r°, 80, v°, et 89, v°.)

2. *Pusfais* pour peuts faits: de l'adjectif *peut*, *peute*, laid, laide, qui existe encore dans le patois messin avec cette signification. La locution est ainsi l'équivalent exact du français *méfait*.

3. Les deux mots *esward* et *reward* sont employés avec la même signification dans un article d'un des anciens exemplaires de l'accord des Treizes que nous possédons. (Bibl. nat., mss. f. fr. n° 18905, f° 81, v°.)

4. Il y en a de nombreux exemples, comme celui-ci entre autres : « ... Si non perdroient... cent livres de met. de *somme* az Treizes, et si l'amanderoient à l'*éwairt* de la justice. » (Atour de no pas bouter feu si non par commandement de justice, 1302. — *Hist. de Metz*, preuves, t. III, p. 257.)

présentaient. Les *eswards des adjorneiz* étaient des décisions spéciales sur la nature de certaines causes apportées aux adjournés ; nous nous en expliquerons tout à l'heure, après avoir parlé de ceux-ci (§ 34). A ces indications le même article de l'accord des Treizes en joint une encore qu'il convient de relever, suivant laquelle est mise dans les attributions des Treizes la décision de toutes les affaires touchant aux intérêts de la Cité, aux choses, y est-il dit, qui sont « besongnables pour la ville [1] », affaires d'ailleurs de caractère vraisemblablement administratif et gouvernemental pour la plupart, plutôt que judiciaire.

Ainsi les pusfais, les sommes et les eswards à juger, les enquestours à prendre, et les eswards des adjournés à décider, tels sont les objets d'ordre judiciaire qui, moyennant le concours des comtes dans certains cas, les cas criminels notamment, étaient de la compétence exclusive des Treizes, et dont le jugement formait la partie essentielle, probablement aussi la plus ancienne de leurs attributions judiciaires [2]. Il y a quelque intérêt à rapprocher du tableau de ces attributions judiciaires des Treizes, augmenté de ce qui est dit de leur aptitude à décider des affaires *besongnables* pour la ville, ce qu'on sait des attributions des *keurmann, choremanni,* des villes de Flandres, dont nous avons déjà signalé l'analogie avec les attributions de nos Treizes, en montrant ce qui distingue ceux-ci des échevins : *Scabini judicent de his quæ pertinent ad scabinatum; choremanni de pace tractent et de utilitate communitatis villæ et fore-*

---

[1] « Et... s'il y avoit aulcuns dez Trezes ou plussours que requérissent au maistre dez Trezes qu'il feissot une demande d'aulcune chose qu'il dist par son sairement qu'elle estoit besongnable pour la ville... il la doient déterminer par leur acdord.... (*Le Vielz escort des Trezes.* — Bibl. nat., mss. f. fr. n° 18905, f°⁵ 69, r°, 80, v°, 81, r°).

[2] Ces attributions, qui remontent certainement très haut, n'ont jamais été abandonnées par les Treizes et sont le fondement de la juridiction criminelle qui est la partie principale et caractéristique de leur rôle judiciaire. Il est permis de s'étonner cependant que l'article assez étendu où il en est question manque dans quelques exemplaires de l'accord. Sur sept de ces exemplaires que nous avons sous les yeux (§ 1) trois seulement le contiennent. Cette particularité pourrait justifier une observation que nous avons faite tout à l'heure sur la teneur souvent partielle des *accords* jurés par les Treizes (§ 32).

factorum emendatione (§ 3, note). Voilà ce qu'on peut dire de la première catégorie des affaires dévolues à la compétence des Treizes.

A la seconde catégorie des affaires dont jugeaient les Treizes appartenaient, non plus en vertu d'une compétence exclusive comme pour celles dont il vient d'être question, mais en raison d'une compétence commune ou juridiction partagée entre eux et les échevins, les causes intéressant les héritages ou immeubles tenus depuis moins que an et jour, c'est-à-dire en saisine imparfaite, et généralement les questions d'ordre civil réelles et personnelles dont ils pouvaient avoir à décider dans certains cas [1]. Une particularité à noter est que les affaires de ce genre ne figurent pas avec les premières dans l'article de l'accord dont il vient d'être question, où elles sont néanmoins rappelées indirectement par la mention des *eswards des adjournés* qui concernent précisément cette sorte d'affaires (§ 34). La distinction qui s'établit naturellement ainsi entre les deux catégories d'affaires dont la décision est du ressort des Treizes, celles qu'ils jugent exclusivement et celles qu'ils jugent concurremment avec les échevins, est un indice favorable à la présomption que ces dernières pourraient bien n'avoir pas appartenu primitivement comme les autres à la juridiction des Treizes, et que c'est peut être par empiétement ultérieur sur la juridiction des échevins, juges par excellence des questions d'ordre civil, que, pour des motifs et dans des circonstances difficiles aujourd'hui à déterminer, les Treizes s'en seraient emparés. Quoi qu'il en soit, nous les en trouvons, cela est certain,

---

1. D'après une glose donnée dans l'analyse du Grand cartulaire de la cité exécutée en 1773 pour Dom Jean François, la compétence des Treizes se serait étendue ce semble aux questions concernant les héritages, quelle que fût la durée de leur tenure, lorsqu'ils étaient tenus en gage (gagière?), ou à bail, en douaire, en tutelle ou mainburnie, ou par mari pour sa femme, ou pour délivrance de cens, pour absent, pour hypothèque, pour dette par contrat en arche d'aman, pour cens ou pour restitution. (*Analyse du Grand cartulaire de la cité*. Bibl. de Metz, mss. f. hist. n° 2.). Les atours de 1315, 1316, 1321, cités à ce sujet laissent cependant quelques doutes sur cette appréciation (*Hist. de Metz*, pr., t. III, p. 322, 325; t. IV, p. 4); et un article daté du 14 février 1400 (1401, n. s.), dans un accord des Treizes (Bibl. nat., mss. f. fr. n° 5396, f° 22, v°), lui est tout à fait contraire, comme si la doctrine eût varié sur ce point.

saisis sans contestation depuis plus ou moins longtemps à l'époque où nous prenons les choses, aux xv° et xvi° siècles.

Pour ce qui est de ces affaires dont le jugement était également de la compétence des Treizes et de celle des échevins, une disposition digne d'attention permettait aux parties de s'adresser dans leurs litiges, soit à la juridiction des échevins, soit à celle des Treizes à leur choix[1]. Les plaideurs pouvaient être décidés dans ce choix entre les deux juridictions des échevins et des Treizes par diverses considérations ; celle par exemple que la procédure devant les Treizes était plus simple que celle devant les échevins, notamment en ce qui concerne les adjournements ; ou bien celle que la juridiction des Treizes offrait cet avantage, en matière civile, de permettre après jugement un recours en appel au maître échevin ; tandis que le jugement des échevins était définitif. Un autre avantage, de moindre importance il est vrai, dont il sera parlé plus loin, était que les Treizes tenaient leurs adjournés dans la première partie de la matinée (§ 34), tandis que les plaids des échevins ne commençaient qu'à midi (§ 21). Ces considérations et d'autres du même genre purent favoriser la tendance des Treizes à attirer à eux des affaires qui, en principe, ne leur auraient point appartenu, et à étendre ainsi leur compétence. En tout cas, le choix laissé aux parties entre les deux juridictions ouvrait au développement des faits une voie, qui permettait aux Treizes de s'assurer graduellement le partage de la justice civile avec les échevins, si, comme nous le supposons, ce partage résulte de quelque empiétement des premiers sur les

---

1. Cette alternative entre les deux juridictions des échevins et des Treizes est exprimée de diverses manières. Dans un atour de février 1264 (1265, n. s.) leur distinction ressort des locutions opposées être en plaid (devant les échevins) et être devant les Treizes. (Hist. de Metz, preuves, t. III, p. 216.) — Dans des actes de vente de 1321, 1325, 1339, qui ont passé sous nos yeux, les parties se réservent le droit de plaider, en cas de contestations ultérieures, soit devant les maire et échevins, soit devant les Treizes (Archiv. départ. de Metz, Cartul. de Longeville-lès-Saint-Avold, p. 291 ; Bibl. nat. à Paris, mss. Cartul. 109, f° 32, v°.; Cartul. 116, f° 257, v°). — Dans un atour de 1396, il est dit que le demandeur se fondant soit sur un crant de Treize, soit sur un parchemin de plaid (devant les échevins) peut « xeure (suivre) par les adjournés (devant les Treizes) ou par droit (devant les échevins) ». (Hist. de Metz, preuves, t. IV, p. 173.)

droits et prérogatives des derniers. Dans cette hypothèse les Treizes auraient été originairement cantonnés exclusivement — on a quelque raison de le croire, — dans le jugement des questions d'ordre public ou de police relevant d'eux seuls, à côté des échevins investis d'une juridiction toute différente, comme ailleurs dans les villes de Flandres par exemple, dont il est permis de rappeler une fois de plus à cette occasion les institutions, et où les keurmann, *choremanni,* fonctionnaient ainsi de même que chez nous les Treizes, à côté des échevins.

§ 34.

Nous avons dit ce qu'était la double juridiction des Treizes, l'une leur appartenant exclusivement, mais dans une certaine mesure en participation avec les comtes, l'autre partagée entre eux et les échevins. Nous avons indiqué succinctement des affaires qu'elle embrassait dans l'un et l'autre cas. Il faut montrer maintenant comment ces affaires étaient jugées.

Les documents anciens mentionnent pour les Treizes deux genres distincts de sièges de justice, les *journées* en la chambre et les *adjournés*. Les journées comportaient la présence du corps des Treizes tout entier, ou en nombre notable au moins sinon au complet[1]. Les adjournés au contraire, dans des audiences consacrées spécialement à entendre et à juger des adjournés — de là leur nom — n'exigeaient la présence que d'un moindre nombre, parfois même d'un seul des membres de la Treizerie. Il semble qu'aux journées en la chambre seulement devait appartenir le débat des affaires principales déférées au jugement des Treizes, celles notamment qui étaient de leur compétence exclusive, les pusfais et les sommes à juger, les eswards à déterminer, le choix des enquestours et les décisions

---

[1]. Un Treize qui voulait faire juger une affaire devait, pour cet objet, réunir en la chambre six membres au moins de la compagnie, en requérant pour cela tous ceux qui s'y trouvaient présents d'y rester avec lui ; requête à laquelle ils étaient obligés de se rendre sous peine de 20 sols d'amende. (*Accord des Treizes.* — Bibl. nat. mss, f. fr. n° 18905, f° 83, r°.)

à prendre tant sur ce qu'on appelait les eswards des adjournés, que sur les choses besongnables à la ville (§ 33) ; tandis que les audiences des adjournés spécialement affectées en principe, nous allons le montrer, à la procédure d'exécution, auraient été consacrées en outre au jugement des affaires d'intérêt privé et d'ordre civil dont la juridiction était partagée entre les Treizes et les échevins : affaires qui du reste, en certains cas et peut-être pour certaines phases de la procédure, pouvaient, on a quelque raison de le penser, être apportées aussi aux journées en la chambre.

Avant d'aller plus loin, il est bon, croyons-nous, d'entrer dans quelques explications plus détaillées sur les *adjournés*, sur la nature et le jugement des affaires qui y étaient présentées. On peut trouver dans ces renseignements des indications utiles touchant l'origine et les développements de cette procédure particulière. Le nom des adjournés vient du caractère des justiciables qui y étaient mandés par adjournement et y étaient actionnés. Cet adjournement avait pour objet soit : 1° de contraindre l'adjourné à exécuter un jugement rendu en droit par le maître échevin ou par les échevins[1] ; soit 2° de l'obliger à comparaître en « leu de ban » devant les échevins[2] ; soit 3° de répondre à celui ou à ceux des Treizes commis au jugement de toute querelle et de tout différend, pour le paiement de cens et de dettes en argent ou en denrées, pour l'accomplissement de convenances ou conventions, pour toute sorte de questions concernant l'héritage, c'est-à-dire la propriété immobilière en cas de tenure moindre que de an et jour, ainsi que ses produits et revenus, chateis ou chaptels[3], suivant ce qui est dit dans un atour de 1324 que nous citons un peu plus loin.

Sur ces trois catégories d'affaires, la compétence des Treizes

---

1. On trouve à ce sujet des détails dans un atour de 1370. (*Hist. de Metz*, preuves, t. IV, p. 245.)

2. Nous nous sommes expliqué précédemment sur ce mode d'adjournement au plaid des échevins (§ 20).

3. C'était là en effet une des acceptions de ce mot qui en avait un grand nombre. Nous avons eu précédemment déjà occasion de le dire (§ 22).

découle certainement, pour ce qui est des deux premiers surtout, du droit et pouvoir de contraindre qu'ils possédaient et que n'avaient pas les échevins, pas même le maître échevin ; lesquels ne pouvaient faire que sous le ban d'un maire aucun acte de juridiction, ne fût-ce qu'un simple adjournement, et n'avaient sous aucune forme pouvoir de mettre à exécution leurs propres jugements (§§ 3, 31, 36). Quant aux affaires de la troisième catégorie, il est plus difficile de décider d'où venait aux Treizes le droit d'en juger ; ce qu'ils devaient faire du reste succinctement. Il leur était prescrit d'y procéder le plus sommairement possible. Le droit de juger sommairement ainsi des causes qui étaient généralement très simples et à peu près réduites à des questions de fait pouvait venir de ce que ces affaires se rapprochaient par là de celles provenant de torts faits, dont la connaissance appartenait comme matière de police aux Treizes (§ 33). En tout cas, pour les questions touchant la propriété, cette compétence des Treizes aux adjournés comme en leurs journées était expressément limitée, nous le répétons, aux affaires concernant une tenure moindre que de an et jour, et ne comportant par conséquent pas pleine saisine, c'est-à-dire réduites au simple possessoire ; questions de fait également, en quelque sorte. C'est en outre aux Treizes mêmes qu'appartenait, comme nous le dirons tout à l'heure, le droit de reconnaître et de déclarer, quand il y avait lieu, le caractère de saisine imparfaite d'où dépendait leur compétence, lorsqu'il était contesté, dans les causes de cette nature apportées devant eux. C'était là ce qu'on appelait juger les awards ou eswards des adjournés.

Quoi qu'il en soit de son origine, telle était la compétence des Treizes dans leurs audiences dites des adjournés pour certaines causes d'ordre civil concernant « héritages ou chateis ou aucun descord avec autrui », comme il est dit dans un atour de 1324 sur cet objet[1]. Cette compétence remontait pour sa date assez haut. On trouve des traces de la juridiction des ad-

---

1. *Hist. de Metz*, preuves, t. IV, p. 4.

journés dès la fin du xiiie siècle et on la suit jusqu'au xvie. Les affaires d'ordre civil susceptibles d'être jugées aux adjournés des Treizes pouvaient, avons-nous dit, l'être également par les échevins ; le choix entre les deux juridictions étant, nous l'avons montré, laissé aux intéressés (§ 33). L'expédition de ces affaires aux adjournés paraît avoir eu, en raison de sa rapidité, le caractère d'une justice sommaire, rendue telle par l'adoption de cette voie.

Il nous reste à parler des *awards* ou *eswards des adjournés* que nous venons de rappeler et que nous avons eu occasion de mentionner déjà (§§ 3, 33) en nous réservant alors d'expliquer ultérieurement ce que c'était. Malgré la simplicité des affaires généralement présentées aux adjournés, c'était quelquefois une question que de savoir si elles étaient oui ou non de la compétence de cette juridiction ; ce dont décidait notamment le caractère de la tenour ou tenure ; et l'on pouvait en disputer. Sur ce fondement il arrivait parfois que l'adjourné refusât de répondre. C'était ce qu'on appelait se mettre en *award* ou *esward,* être en *award* ou *esward des adjournés,* c'est-à-dire être soumis à une appréciation, à un jugement touchant la nature de l'affaire pour laquelle on était adjourné. Ce jugement était de ceux qui appartenaient aux Treizes, suivant l'article de leur accord que nous avons cité précédemment pour établir leur compétence (§ 33, note).

Il résulte de cet article, en ce qui concerne les awards ou eswards des adjournés, que les causes qui y donnaient lieu devaient être portées à la chambre des Treizes où les tenours étaient, avant tout, lues et mises en table, c'est-à-dire enregistrées, par le maître des Treizes, et qu'après ces formalités seulement elles étaient soumises au jugement de celui des compagnons qui avait, comme on disait, gagné la journée, conformément à une procédure singulière dont nous rendrons compte un peu plus loin, en parlant des jugements (§ 36). Ce juge désigné ne pouvait retarder la décision de ce genre d'affaires en la contremandant, pas plus que celle des pusfais, des sommes et des eswards, sinon du consentement unanime de ses compagnons Treizes.

L'esward des Treizes sur une cause présentée aux adjournés pouvait être combattu par un esward contraire des XXVI prud'hommes (§ 41). En cas de conflit de ce genre, l'esward devait être, suivant un atour de 1324 [1], renvoyé à VII commis pris pour la circonstance par les Treizes et les XXVI prud'hommes parmi eux. Il n'y a pas lieu de rapporter à la même institution certains atours de 1391 (1392, n. s.) et 1402 (1403, n.s.) [2] où il est question de l'awarderie ou eswarderie comme d'un office permanent dont les titulaires étaient renouvelés de deux en deux ans. L'institution des VII des eswards dont nous parlons maintenant ne paraît pas avoir atteint cette époque ni avoir beaucoup duré. Datant de 1324 elle aurait, ce semble, disparu dès 1325 [3].

La chambre des Treizes au palais servait, paraît-il, aux audiences des adjournés aussi bien qu'aux assemblées plénières dites des journées, depuis l'abandon du cloître au commencement du xiv° siècle. Pour ces séances de différente nature, les

---

1. *Hist. de Metz*, preuves, t. IV, p. 4.
2. *Ibid.*, t. IV, p. 410 et 530.
3. Le régime des *VII des eswards* mentionné au commencement du xiv° siècle n'était certainement pas celui des eswardours de la fin de ce siècle (§ 41). En 1324 le rôle des VII des eswards est purement accidentel. Suivant l'atour de leur institution, à cette date, les Treizes et les prud'hommes entrés en conflit pour le jugement d'un esward des adjournés procédaient le lendemain même au choix de sept commissaires chargés de la décision, les deux Treizes avec les quatre prud'hommes de chacun des cinq premiers paraiges en prenant un parmi eux, en même temps que les trois Treizes avec les six prud'hommes du Commun en nommaient deux de la même manière. Voilà ce qu'étaient les VII des eswards au commencement du xiv° siècle. Les eswardours institués à la fin de ce siècle par un atour de 1384 (1385, n. s.) sont tout autre chose. Leur office dit *awarderie* ou *eswarderie* est permanent et ils sont, à partir de 1392, renouvelés tous les deux ans, à l'élection des paraiges, comme les membres des septeries. Ajoutons que les VII des eswards institués en principe pour juger certains conflits survenus à propos des adjournés entre les Treizes et les prud'hommes avaient dû nécessairement cesser d'exister lors de la suppression de ces derniers en 1325 (§ 41). Les eswards des adjournés revinrent alors probablement aux Treizes seuls, comme antérieurement, suivant l'article de leur accord qui en parle (§ 33, note). Une addition de 1416 à l'atour de Thiébaut Bataille les leur attribue formellement (*Hist. de Metz*, preuves, t. IV, p. 485). Il n'est pas possible, on le voit, de confondre les VII des eswards avec les eswardours. Outre que leur institution et leurs attributions sont différentes, ils appartiennent encore à des temps différents aussi. Les premiers cessent en 1325 et les seconds ne commencent qu'en 1384 (§ 41).

jours et les heures ont varié suivant les temps. Il est dit en
1437 que les Treizes doivent venir en leur chambre tous les
jours, sauf les dimanches et fêtes, du 1er février au 30 avril, à
8 heures de la grosse horloge ; du 1er mai au 31 juillet à 7 heures ;
du 1er août au 31 octobre à 8 heures ; du 1er novembre au
31 janvier à 9 heures, et qu'ils doivent, sous peine d'une
amende de 12 deniers, s'y trouver avant que le maître des
Treizes ait fait la première demande (§ 30). Certains jours
étaient réservés à des séances non publiques — le mercredi et
le vendredi à une certaine époque — où les Treizes se réunissaient dans leur chambre « pour faire et ordonneir de leurs besongnes et du prouffit de la chambre tant seulement », c'est-à-dire des affaires touchant les intérêts particuliers de la compagnie. Tout cela regarde les journées tenues en la chambre ; ce qui
suit, également et en partie aussi les adjournés. On ne devait
ouïr plainte que trois jours par semaine pour toutes questions de
cens et d'héritages ou d'autres choses, est-il dit. Ces jours
étaient ceux du mardi, du jeudi et du samedi. Deux jours de
la semaine, le lundi et le vendredi, étaient, avant 1504, les seuls
où l'on pût mettre clamour en enquête (§ 35), sauf les cas de
crime, gros battant et hahay, ainsi est-il dit, pour lesquels on
pouvait le faire un jour quelconque, s'il y avait lieu. Les lundi,
mercredi et vendredi, on tenait les adjournés, dit un atour
de 1504 (1505, n. s.). Quant à l'heure des adjournés, c'était celle
où sonnait la messe à Saint-Sauveur, 5 heures du matin en
été et 6 heures en hiver pour les manants ; 7 heures et 8 heures
pour les forains, suivant la saison, dit le même atour (inédit,
bibl. nat. mss. fr. 5396, f° 23). C'était toujours dans la première partie de la matinée, comme on le voit, que fonctionnait
la justice des Treizes, tandis que les plaids des échevins ne
commençaient qu'à midi (§ 21).

Sur la police des audiences nous avons quelques indications
qui leur donnent leur physionomie. Deux ou trois sergents devaient assister aux adjournés (§ 44), ainsi que le clerc dit des
adjournés « ou autre pour lui ». Nul ne devait amener à l'au-

dience plus de 6 personnes avec son plaidiour (§ 43) et son clerc pour lire les exploits. On devait rester debout devant la Justice. Les Treizes seuls dans la chambre étaient assis, avec le clerc et le procureur chargés de « lire et défendre les demandes et querelles des bonnes gens ». Le droit de s'asseoir était également accordé aux personnages considérables s'il s'en trouvait là, aux « vaillants gens » ainsi sont-ils qualifiés, et aux gens d'église. Obligation était imposée à tous de garder le silence, de laisser parler leur plaidiour et de ne point parler eux-mêmes, de ne faire surtout ni bruit ni noise ou tumulte. Donner un démenti à la partie adverse en justice était puni d'une amende de 20 sols. Celui qui en frappait un autre devant les Treizes était amendé de 100 sols et devait vider la banlieue pour six mois. Qui y mettait la main avec lui payait 20 sols, et devait s'éloigner de même pour 12 semaines.

§ 35.

Après avoir parlé de la compétence judiciaire des Treizes sur les affaires dépendant les unes de leur juridiction exclusive, les autres d'une juridiction partagée entre eux et les échevins (§ 33), nous avons dit quelques mots des séances consacrées à l'expédition de ces affaires, les *journées* en la chambre et les audiences des *adjournés* (§ 34). Pour remplir le programme que nous nous sommes tracé dans la présente étude, il conviendrait d'exposer maintenant la procédure usitée dans la mise en jeu de cette juridiction. Nous ne la connaissons malheureusement, avons-nous dit, que très imparfaitement. La procédure des Treizes ne nous est révélée dans son ensemble par aucun document consacré à la décrire. Nous n'avons sur ce qui la concerne que des indications de détail éparses dans des documents divers, dans les atours notamment, et surtout dans les accords des Treizes (§§ 1, 32). Ne pouvant avec ces éléments insuffisants reconstituer un code régulier de cette procédure, nous

nous contenterons de ranger, pour en donner au moins une idée, les observations qui s'y rapportent sous certains titres permettant d'en faire ainsi une sorte de classement, suivant qu'elles regardent : 1° *la nature* des affaires soumises à l'appréciation et au jugement des Treizes ; 2° *l'introduction* de ces affaires devant eux ; 3° *la conduite,* le développement et les débats des mêmes affaires ; 4° *le jugement* qui les termine et son exécution.

La nature des affaires soumises au jugement des Treizes nous est connue. Un des précédents paragraphes contient l'énumération de ces affaires (§ 33). On y voit figurer, avec certaines causes d'ordre civil, toutes celles qui concernent la police et la justice criminelle. Aux Treizes il appartenait d'appliquer les peines édictées par les atours, ordonnances et règlements, les exécutions de corps notamment, et les amendes, les unes fixes, les *sommes,* les autres arbitraires, les *eswards*. Tous faits criminels ou délictueux commis soit de jour, soit de nuit, devaient être poursuivis dans le délai de quatre jours après que la connaissance en serait venue aux Treizes[1]. Les amendes, sommes ou eswards, étaient levées dans le délai de 7 nuits[2]. Quant aux causes d'ordre civil, clamour et discord étaient les formes ordinaires des affaires de ce genre apportées devant les Treizes. L'alternative entre l'une ou l'autre est posée dans un atour de 1397 où il est question de témoignages, vérités et monstrances à recevoir, est-il dit, des clamours comme des discords[3]. Ces querelles avaient ordinairement pour objet les tenours d'héritages ou immeubles et de leurs chateis, produits et revenus, l'accomplissement de crants, engagements et convenances. Toute clamour devait être portée fuer, c'est-à-dire jugée dans le délai d'un mois[4]. Tout discord devait être dans le délai de six semaines délivré, c'est-à-dire décidé au profit de l'une des

---

1. *L'accord des Treizes.* — Bibl. nat., mss., f. fr. n° 18905, f° 86, r°.
2. *Ibid.*, f° 86, r°.
3. Atour de 1397. — *Hist. de Metz*, preuves, t. IV, p. 485.
4. *L'accord des Treizes.* — Bibl. nat. mss f. fr. n° 18905, f° 82, v°.

parties, en présence de toutes deux ; à moins qu'il ne fût établi qu'on ne pouvait le délivrer ni à l'une ni à l'autre[1]. Nous n'avons rien à ajouter à ce que nous avons dit précédemment du jugement par les Treizes des eswards des adjournés (§ 34).

Nous avons mentionné tout à l'heure les tenours, fondement de la plupart des affaires d'ordre civil dans les causes apportées devant les Treizes, soit aux journées en la chambre, soit aux adjournés. La tenour, dont il a été déjà question précédemment (§ 13), était, nous le rappellerons, la possession ou jouissance soit d'une chose matérielle comme un héritage, un immeuble, soit d'une chose immatérielle, telle qu'un droit d'user, de recevoir, etc.[2]. *Se vanter de tenour*, c'était prétendre à la légitime possession de la chose ou du droit tenus ou bien revendiqués. D'après cela, on comprend sans peine les locutions *se vanter de tenour contre partie adverse; répondre à la tenour; avairer* (vérifier, justifier) *tenour; faire paix de tenour*. *L'argent de tenour* était la somme à laquelle une tenour avait été taxée soit par les Treizes, soit par les trésoriers (§ 47, note 1) d'après l'importance et la valeur de son objet. Cet argent représentait un droit de justice, dont le produit était partagé à Metz entre la ville pour les deux tiers et les Treizes pour l'autre tiers (§ 48). Qui se vantait de tenour devait faire serment qu'il avait bon droit. De plus, il donnait une sûreté proportionnelle de 20 sous pour 20 livres du montant ou de la valeur de sa tenour; sûreté qu'il perdait s'il ne retenait pas sa tenour, c'est-à-dire s'il en abandonnait la poursuite. Il demeurait, est-il dit, en sa tenour si la partie adverse ne s'avançait pas à l'encontre. Qui refusait de répondre à la tenour vantée par la partie adverse restait dans sa propre tenour jusqu'à ce

---

1. *Ibid.*, f° 88, v°.

2. La tenure devait être, nous l'avons dit, de moins que an et jour pour que les Treizes pussent en connaître (§ 13). Rappelons aussi ce que nous avons encore dit ailleurs que, dans le langage messin, le mot *tenour* s'appliquait à la fois au droit et au fait de tenure ou possession, et en outre à la cause judiciaire que pouvaient engendrer ce droit ou ce fait, ainsi qu'à la procédure et aux actes écrits qui s'y rapportaient (§ 13, note).

qu'on sût s'il devait oui ou non répondre; par exemple, suivant que sa tenour ne fût pas ou fût d'an et jour (§ 13).

Cette difficulté et toutes questions qui pour le fond comme pour la forme pouvaient se présenter à propos des tenours, nécessitaient parfois un examen renvoyé à un commissaire spécial, le *pardezour pour savoir les tenours* (§ 42). De là ce qu'on appelait la *mise au pardezour*. Le pardezour avait le caractère d'un véritable arbitre dans certains cas où il était pris *par le crant des parties,* ainsi disait-on, avec engagement solennel de leur part de se soumettre à son jugement, et consentement donné d'avance par elles à ce que les Treizes le leur fissent tenir [1]. De là l'expression *condamné par la mise;* on disait aussi *condamné par la tenour.* On trouvera plus loin quelques indications encore touchant le rôle des pardezours devant les Treizes (§ 42). On aura remarqué les analogies en même temps que les différences qui existent entre la *mise au pardezour* dont il vient d'être question, et l'*esward des adjournés* précédemment décrit (§ 34). Il semble que, dans les deux cas, il s'agisse à peu près de la même chose : procédure d'un caractère général dans le premier cas, d'un caractère spécial et particulier dans le second.

L'introduction des affaires devant les Treizes se faisait par le rapport d'un membre de la compagnie, soit sur un fait criminel ou délictueux dont la connaissance lui était parvenue, soit sur une clamour, c'est-à-dire une plainte, ou un discord dont il aurait été saisi [2]. Au jour prescrit, en arrivant à leur chambre, les compagnons devaient mettre sur le *bancquet* ou en la main du clerc des Treizes pour les faire écrire, c'est-à-dire enregistrer [3], les clamours dont ils étaient chargés. Ils rap-

---

1. Voici un texte de 1360 qui se rapporte à cette situation : « De la mise qui estait sur Burtrans lou Hungre l'ainzn par devant les Treize et par lou crant des parties don descort qui estoit de J. G... et de R. P... le quoil Burtrans doit savoir et enquérir se... etc. Les parties ont crantei qu'elles en tanront et feront tout cou que li dis Burtrans en diroit et rappourteroit; et vuellent que les Trezes leur fessent tenir. Et il doit avoir rappourtoit dedans xv jours sus xx s. de met. de poine à Treses, et les en doit détermineir tout oultre sans mettre en aultrui bouche... » (*Hist de Metz,* preuves, t. IV, p. 189.)
2. *L'accord des Treizes.* — Bibl. nat. mss. f. fr. n° 18905, f° 86 r°, v°, 87 r°, 88 v°.
3. *Ibid.*, f° 82 v° et 83 r°.

PROST.

portaient ainsi les plaintes relatives à tous débats pour héritage, cens ou autre chose[1]. De même faisaient-ils, pour leur mise en enquête, de tous méfaits commis de jour ou de nuit venus à leur connaissance[2]. La même procédure s'appliquait aux plaintes que les Treizes ainsi que les comtes recevaient des actes accomplis en violation de trêves ou d'assurements, lorsqu'ils ne réclamaient pas exécution immédiate et pouvaient motiver une enquête[3]. Clamour abandonnée entraînait paiement de 5 sols par celui qui s'en désistait[4]. Un discord se présentant dans certaines conditions d'urgence pouvait être pris en main par un ou deux Treizes, qui faisaient commandement de surseoir à tout débat jusqu'au lendemain, sous peine de 100 sols de somme, doublée ensuite de jour en jour jusqu'à 100 livres[5].

La conduite, le développement et les débats d'une affaire devant les Treizes comportaient des particularités et des phases diverses : l'adjournement, l'enquête, les témoignages, les monstrances ; faits distincts auxquels se rapportent certaines observations.

L'adjournement était le mandement ou sommation de comparaître devant les Treizes pour y répondre sur la question, méfait, clamour ou discord. L'adjournement était signifié par les sergents (§ 44). L'adjourné ne comparaissant pas était passible de 10 sols, à moins d'excuse valable[6]. S'il s'absentait pour se soustraire à l'adjournement, il était adjourné à la maison qu'il était connu avoir quittée en dernier lieu et, s'il ne venait ou n'envoyait répondre, il était pour la première fois frappé de 10 sols d'amende, pour la seconde fois de 20, et à la troisième fois les Treizes le faisaient *hucher sur la pierre*[7]. Un

---

1. *L'accord des Treizes.* — Bibl. nat. mss. f. fr. n° 18905, f° 87 r°.
2. *Ibid.*, f° 86 r°.
3. *Ibid.*, f° 79 v°.
4. *Ibid.*, f° 82 r° et v°.
5. *Ibid.*, f° 82 r°.
6. *Ibid.*, f° 74 v°.
7. Atour de 1370. — *Hist. de Metz*, preuves, t. IV, p. 247.

clerc mandé par adjournement et refusant de s'y rendre pouvait y être contraint par une action exercée sur quatre de ses parents de paraige, engagés chacun de 20 sols¹. Dans une querelle pour une tenour, soit d'héritage, soit de revenu, soit d'autre chose, l'adjourné refusant de répondre à la revendication, le tenant restait, est-il dit, dans sa tenour ou jouissance, provisoirement au moins². Dans ce cas, pour éviter plus grand mal, s'il y avait lieu, le Treize devait, aux adjournés, prendre en sa main le discord, sauf le droit, c'est-à-dire sous la réserve de la question de droit dont il appartenait aux échevins seuls de connaître, en cas de tenure d'an et jour ou davantage³.

L'enquête était le mode d'information appliqué chez les Treizes à toute affaire nécessitant, avant jugement, recherches et constatations préalables sur clamours, discords, violation de trêves ou d'assurements, et méfaits de toute sorte⁴. Deux jours par semaine, le lundi et le vendredi, étaient consacrés aux mises en enquête, sauf en cas de crimes, gros battants et hahays réclamant l'urgence, qui pouvaient être tous les jours mis en cause⁵. Clamour apportée par un Treize pour être mise en enquête étant par lui déposée sur le « bancquet » ou mise en la main du clerc⁶, celui qui l'apportait devait faire jurer à ses compagnons Treizes de dire tout ce qu'ils pourraient savoir à son sujet⁷. Les enquesteurs étaient choisis par la compagnie dans son sein et élus en journée dans les formes mêmes où elle prenait ses décisions les plus solennelles, sous l'initiative réglementaire de celui qui avait gagné la journée⁸. Ces enquesteurs formulaient après examen un rapport qui, sous peine de déchéance et de renvoi de l'affaire à d'autres, devait être pré-

---

1. *L'accord des Treizes.* — Bibl. nat. mss. f. fr. n° 18905, f° 78 v°.
2. *Ibid.*, f° 75 r° et 79 v°.
3. *L'accord des Treizes.* — Bibl. nat. mss. f. fr. n° 5396, f° 22 v°.
4. *L'accord des Treizes.* — Bibl. nat. mss. f. fr. n° 18905, f° 78 v°, 79 v°, et 82 r°.
5. *Ibid.*, f° 82 v°.
6. *Ibid.*, f° 82 v°.
7. *Ibid.*, f° 82 r°.
8. *Ibid.*, f° 69 r°, 80 v°, 82 v°, 89 v°

senté par eux dans le délai d'un mois[1]. Les témoignages ne pouvaient être reçus par les enquesteurs qu'en pleine chambre[2]. Lorsque l'enquête n'aboutissait pas à la preuve complète des faits en matière criminelle, la Justice devait accorder un délai de deux jours à l'accusé pour lui permettre de se disculper s'il le pouvait, sinon le troisième jour l'affaire était déterminée, c'est-à-dire jugée[3]. Les monstrances étaient les productions faites par les parties pour justifier leurs allégations. Elles devaient être mises sur le « bancquet » ou en la main du clerc[4].

Nous n'avons pas grand'chose à dire des débats du procès devant les Treizes, nous savons seulement qu'ils admettaient, comme dans une cause jugée en droit par les échevins, l'intervention des plaidiours avec l'exposition et la discussion par eux de l'affaire, les demandes de délais pour *escheus* comportant l'appel de *warants* (§ 26)[5], et au besoin la justification de la *sonne*, excuse légitime, en cas de non-comparution, etc. En journées, les débats pouvaient prendre un certain développement; aux adjournés, il convient de le rappeler, ils étaient dominés par la condition obligatoire de procéder sommairement, et ils devaient en conséquence être succincts. Nous rappellerons en outre à ce sujet ce que nous avons dit précédemment de la police des audiences chez les Treizes, à propos des sièges de justice tenus par eux en leur chambre, aux journées et aux adjournés (§ 34). Nous avons mentionné alors la limitation à six du nombre de personnes qu'on pouvait y amener avec son plaidiour et son clerc; l'obligation de rester debout devant la Justice, avec exception en faveur des hommes considérables et des gens d'église; celle de garder le silence et de laisser la parole aux plaidiours exclusivement; l'interdiction, sous des peines sévères, de tout bruit ou tumulte; celle des démentis et des

---

1. *L'accord des Treizes.*, Bibl. nat. mss. f. fr., n° 18905, f° 82 v°.
2. *Ibid.*, f° 86 r°.
3. *Ibid.*, f° 86 r°.
4. *Ibid.*, f° 83 r°.
5. Atour de 1407 (1408 n. s.). — *Hist. de Metz*, preuves, t. IV, p. 13f.

actes de violence ; la présence des sergents chargés de maintenir le bon ordre (§ 34).

§ 36.

Nous arrivons à la dernière phase de l'affaire judiciaire, au jugement. *Le jugement* était évidemment soumis à une procédure différente, suivant qu'il fût rendu aux journées en la chambre plus ou moins complète, composée d'au moins six Treizes et plus quelquefois, quand elle ne l'était pas du corps tout entier ; ou aux adjournés qui pouvaient parfois être tenus par un seul Treize, et où tout semble avoir été simplifié dans les termes d'une justice sommaire. Aux journées en la chambre, les membres présents étaient, l'un après l'autre, interrogés sur la question par le maître des Treizes qui faisait successivement à chacun la *demande;* c'était l'expression consacrée (§ 30). Ces jugements en journée, comme la décision de toutes les affaires judiciaires et autres apportées aux Treizes, étaient soumis à une étrange procédure ou plutôt à un usage mentionné dans un article de l'accord que nous avons eu occasion de citer déjà[1].

Suivant cet article de leur accord, les Treizes présents à la chambre jouaient aux dés, tous les jours, auquel d'entre eux appartiendrait la décision des affaires à vider dans la journée. Cette décision était attribuée à celui qui, en jetant les dés, amenait le moins de points. C'était ce qu'on appelait *gagner la journée*. Celui à qui échéait cet avantage recevait le premier

---

[1]. A propos de cette première citation (§ 33), nous en avons fourni un texte auquel nous renvoyons pour ce que nous avons à dire ici à ce sujet. Nous n'avons à y ajouter, après ce que nous en avons donné alors, qu'une courte proposition qui le complète et qui paraît étendre à toute espèce d'affaires soumises à la décision des Treizes, sauf quelques exceptions spécifiées, la procédure du jeu aux dés de la journée, prescrite pour les affaires judiciaires tout particulièrement. Le texte en question se termine ainsi dans le manuscrit : « Et tuit cist escort sont fais por toutes choses qui à la Trezerie affiert quelles qu'elles soient. » Une considération qui pourrait prouver que par là est étendue aux affaires non judiciaires la procédure en question, c'est que parmi celles qui sont ensuite formellement exceptées de son application figurent, comme nous le dirons tout à l'heure, le jet des *tailles* sur la ville et la concession d'*exurement* ou assurement aux forains, qui ne sont pas des choses d'ordre judiciaire, et qu'il n'eut pas été nécessaire d'excepter, s'il n'avait été question que de celles-ci.

du maître des Treizes *la demande* sur chaque question (§ 30) et ses compagnons devaient, sous peine d'une amende considérable, suivre son avis. Un Treize qui aurait contrevenu à cette obligation se rendait coupable d'accord rompu, et de ce fait devait payer 20 livres à chacun de ses compagnons Treizes. Les textes sont formels à cet égard dans plusieurs passages, et ne permettent pas de douter qu'il ne s'agisse de 20 livres à payer, non pas en une fois, au collège des Treizes; mais à chacun de ceux-ci par l'un d'eux, c'est-à-dire douze fois et non une fois seulement[1].

Une particularité à noter à propos du jeu aux dés de la journée, c'est que le *maître des Treizes* y participait avec tous les compagnons, mais que s'il la gagnait, il devait la repasser à un autre, soit au second Treize de son paraige, soit à l'un de ceux du Commun, s'il en était. Le même individu ne pouvait en effet à la fois faire la demande, comme il appartenait au maître des Treizes de la faire, et la recevoir, rôle dévolu à celui qui avait gagné la journée (§ 30).

Le droit engendré par ce qu'on appelait le gain de la journée était sujet à quelques restrictions. Ainsi, dans l'article de l'accord où il en est question, il est ajouté qu'on doit excepter du nombre des décisions soumises à cette procédure celles consistant à *jetter fuer* la ville (bannir), à frapper *taille commune* sur la ville, à *exurier* les forains (leur garantir sûreté et protection), à donner ou à *remuer* (changer) les clefs des arches (des amans), toutes choses qui exigeaient l'accord libre de tous les Treizes. Il convient de faire observer que dans le nombre une seule, le rejet, la mise hors la ville ou bannissement, pouvait avoir un caractère judiciaire qui fait rentrer la question dans notre sujet; mais que le reste appartient à l'ordre des

---

1. Vingt livres étaient une somme considérable au xiii° siècle et encore assez élevée au xvi°. Malgré une dépréciation graduelle conforme à la nature des choses, la livre messine, monnaie de compte, représentait encore au commencement du xvi° siècle la même quantité de métal que sept francs de notre monnaie actuelle, ayant alors comme valeur quatre ou cinq fois peut-être le pouvoir qu'elle a maintenant, c'est-à-dire valant à peu près 30 fr. d'aujourd'hui. Cette somme multipliée par 20, puis par 12, donne un résultat qui montre l'importance de l'amende en question.

faits administratifs ou des actes de gouvernement, à ce qui pouvait former la catégorie des affaires qualifiées « besongnables pour la ville ».

Cette singulière procédure du gain aux dés de la journée[1] avait très vraisemblablement pour objet de procurer aux Treizes l'unanimité dans le verdict judiciaire — la loi pouvant leur en être imposée en principe, comme elle l'était nous l'avons vu aux échevins (§ 24) — mais en les dispensant de demander, comme les échevins, *advis* au maître échevin, en cas de dissentiment entre eux. Sauf les quelques exceptions mentionnées ci-dessus, cette disposition était obligatoire pour la décision ou le jugement par les Treizes de toutes les affaires, sauf un petit nombre, avons-nous dit, énumérées dans l'accord. Les pusfais notamment et les sommes à juger, les eswards à déterminer, les enquestours à prendre, les eswards des adjournés à décider étaient soumis à cette manière de procéder, mais elle était naturellement inapplicable, comme nous l'avons annoncé, au jugement des affaires portées aux adjournés dont les audiences pouvaient être tenues par un seul Treize.

Nous avons indiqué précédemment, en parlant des accordours, des révélours et du maître des Treizes, quels moyens de contrainte existaient pour soumettre les membres de la compagnie à l'observation de ces prescriptions ; nous avons mentionné aussi et apprécié tout à l'heure l'amende considérable qui punissait, comme fait *d'accord rompu*, l'infraction à cette règle (§§ 30, 36).

[1]. La part donnée ainsi au sort dans le règlement des choses judiciaires n'est pas le seul fait de ce genre à Metz. On en trouve d'autres exemples, notamment dans la procédure prescrite par un atour de 1324 pour terminer un différend sur un engagement dans certains cas. Les parties en litige devaient alors prendre par accord un prud'homme qui décidait entre elles la question ; et faute d'accord, l'une des deux parties, désignée au plus de points à trois dés, devait choisir l'arbitre parmi dix prud'hommes proposés par l'autre partie. (*Hist. de Metz*, preuves, t. IV, p. 4.) Nous rapprocherons de ces faits l'introduction analogue du sort par les dés dans les dispositions des atours de 1304 et 1306 pour l'élection des amans (§ 45). Dans ce dernier cas, le coup de dés avait pour objet de déjouer les cabales ; dans celui indiqué par l'atour de 1324, c'était une manière de résoudre une difficulté ; quant au gain de la journée chez les Treizes, c'était, à ce qu'il semble, un moyen de leur procurer les avantages de l'unanimité dans le verdict.

Le jugement prononcé était mis en table, c'est-à-dire inscrit, dans sa teneur ou en extrait au moins, sur un tableau, pour être immédiatement exécuté au profit de la partie gagnante. Si la condamnation entraînait une amende, cette amende était perçue sans délai par les moyens de contrainte ordinaires : le *commandement* imposant obligation de payer la somme, élevée en doublant de jour en jour au fur et à mesure des retards ; ensuite la *prise de gages ;* et finalement le *huchement sur la pierre*, proclamation judiciaire employée notamment contre les absents. Dans les cas d'insolvabilité de l'individu frappé d'amende, on usait de la *xuppe*. C'était le nom d'un égout immonde situé dans un coin du Champ-à-Seille, et où l'on plongeait le condamné insolvable. Contre les autres, le dernier terme de la pénalité dans cette progression était la *mise hors la garde de la cité*. Contre les forains on allait jusqu'à *bouter le feu* aux héritages par commandement de justice.

La pénalité criminelle appliquée par les Treizes comportait le bannissement à divers degrés et l'exécution de corps par la noyade, le feu, la mutilation, celle des oreilles notamment ; la mise en main de la Justice du corps et des biens, c'est-à-dire la prison et la confiscation. La mise en prison, en l'hôtel du doyen, ainsi disait-on, était appliquée aux criminels pour meurtre, larcin, etc.; et, dans d'autres cas, pour dette soit envers la ville en raison des sommes dont le paiement était imposé comme amende, soit envers des particuliers en vertu de créances et obligations en souffrance. Le débiteur ne devait être mis en l'hôtel du doyen, c'est-à-dire emprisonné, qu'après huchement sur la pierre, et pouvait être ultérieurement relaxé à la demande de son créancier. Pour faits criminels et pour sommes dues à la ville, le prisonnier ne pouvait être élargi que par décision unanime des Treizes. L'exécution judiciaire était tout entière entre les mains des Treizes qui avaient dans leurs attributions, nous l'avons dit, outre l'exécution de leurs propres jugements, celle des sentences du maître échevin et des échevins (§§ 3, 31, 34) ; particularité dans laquelle il nous a semblé que pouvait se trouver pour les Treizes un des principes de leur procédure spéciale des adjournés (§ 34).

Nous rappellerons ici, sans nous y étendre, ce que nous avons dit en parlant du maître échevin (§ 16), qu'il y avait *appel* devant lui des jugements des Treizes [1] en matière civile surtout — on en a de nombreux exemples dans les textes de toute nature — et même, jusqu'à un certain point, en matière criminelle, malgré les protestations et la résistance des Treizes dont on a des exemples aussi.

Nous avons encore quelques mots à ajouter sur les Treizes, à propos de la justice, pour dire comment eux-mêmes y étaient soumis. Ils pouvaient, dans certaines circonstances, subir la loi et le jugement du Conseil (§ 38). De plus, suivant l'accord, chacun d'eux était, pour les cas au moins de violation de cet accord, justiciable de ses compagnons. Il l'était de plus très vraisemblablement pour les crimes et délits de droit commun. On signale, en 1438, un Treize condamné pour vol à être noyé ; condamnation prononcée, il y a lieu de le croire, par ses compagnons, ce que ne dit pas cependant la chronique où le fait est rapporté. L'omission s'expliquerait peut-être par la considération que cette particularité n'aurait eu en elle-même rien d'insolite aux yeux de l'écrivain contemporain.

A ce que nous avons dit de l'exercice de la juridiction par les Treizes, il y aurait à joindre quelques explications sur le rôle que jouaient dans ce mécanisme le *Conseil*, les *comtes* et les *eswardours*. Nous en dirons un peu plus loin deux mots, en parlant de ceux-ci à propos de diverses institutions rangées ici sous le titre commun d'*organes accessoires de la justice* (§§ 38, 40 et 41).

---

1. Ce droit d'appel au maître échevin des jugements des Treizes semble être en contradiction avec cette particularité que le maître échevin pouvait lui-même être Treize (§ 5). Les deux faits sont pourtant certains. Le premier est justifié par de nombreux exemples, et par une déclaration formelle dans un document du xve siècle que nous avons cité précédemment (§ 16 dernière note) ; le second, par les dispositions formelles d'un atour de 1402 (1403, n. s.) qui interdit au maître échevin l'entrée dans les septeries, mais non pas, y est-il dit, dans la Treizerie (§ 5). Un Treize pouvait donc être maître échevin.

§ 37.

Pour reprendre dans ses points essentiels ce qui vient d'être dit des Treizes et le résumer, sans répéter ce que nous avons exposé succinctement touchant leurs origines vraisemblablement épiscopales, leur mode de création annuelle au sein des paraiges, leur double serment à l'évêque et à la Cité (§ 30), nous rappellerons surtout la multiplicité de leurs attributions dont leur rôle judiciaire n'était qu'une partie (§ 31); l'association obligatoire des comtes à leurs actes dans l'administration de la justice, et certains traits caractéristiques de leurs usages : l'*accord* (§ 32), le *jeu aux dés* du droit de dicter les décisions à prendre en journées dans leur chambre (§ 36), et leur double procédure à ces *journées* et aux *adjournés*.

Par l'*accord* les Treizes, au commencement de leur année, fixaient eux-mêmes leur procédure et en quelque sorte leur compétence, en s'obligeant solennellement entre eux, sous certaines peines, à appliquer, de telle ou telle manière, telle ou telle prescription des lois et ordonnances (§ 32); indice évident des principes de libre expansion et de développement spontané qui caractérisent l'institution.

Quant au singulier usage observé par les Treizes de *jouer aux dés* chaque jour auquel d'entre eux il appartiendrait de fournir les décisions à prendre en leur chambre dans cette journée, avec obligation rigoureusement imposée aux autres de s'y conformer (§ 36), cette étrange procédure paraît avoir eu pour objet de réaliser dans leurs jugements la vieille loi de l'unanimité — imposée pour la validité du verdict à certains corps judiciaires, aux échevins par exemple (§ 24) —, sans les soumettre pour cela, comme ceux-ci, à prendre advis du maitre échevin.

Pour ce qui est de la double procédure des Treizes, aux *journées* en la chambre et aux *adjournés*, nous avons proposé sur ses origines quelques explications en signalant comme pouvant les fournir, quant à la procédure ordinaire exercée dans ces journées en la chambre, les attaches relevées entre les Treizes d'une part et d'autre part les comtes, ou peut-être même les anciennes institutions de paix (§ 31) ; et quant à la procédure sommaire des adjournés, la mise en jeu du droit d'exécution que possédaient les Treizes pour toute espèce de jugements, pour ceux du maître échevin et des échevins aussi bien que pour ceux qui émanaient d'eux-mêmes (§ 34).

Nous avons montré les Treizes exerçant en même temps une double juridiction sur deux catégories d'affaires, les unes exclusivement de leur compétence, moyennant toutefois l'intervention obligée des comtes dans certains cas, les autres pour lesquelles ils partageaient cette compétence avec les échevins. Rappelons qu'à la première catégorie des causes ainsi distribuées appartenaient les jugements des *pusfais* ou méfaits, d'où découlait l'exercice de la justice criminelle ; l'application des amendes les unes, les *sommes*, fixées par la loi, les autres, les *eswards*, laissées par celle-ci à l'appréciation du juge ; le choix des *enquestours* chargés des informations, et le jugement des *awards* ou *eswards des adjournés ;* sans oublier les décisions à prendre touchant les choses *besongnables pour la ville,* sorte d'affaires qui, pour la plupart, étaient vraisemblablement administratives et gouvernementales plutôt que judiciaires. A la seconde catégorie, celle des causes que pouvaient juger les Treizes concurremment avec les échevins, appartenaient des questions d'ordre civil et d'intérêt privé. Ces questions, jugées par les Treizes soit aux journées en leur chambre soit aux adjournés, étaient généralement fondées sur des états de possession formulés, comme nous l'avons dit, dans les *tenours* mises en discussion, et, quand il y avait lieu, renvoyées à l'examen de rapporteurs spéciaux, les *pardezours* (§ 35). Ces tenours exprimaient, on se le rappelle, les modes de tenure ; et, en cas de litige, la nature de celle-ci décidait de la juridiction qui devait en connaître. Les échevins retenaient les affaires caractérisées par la tenure d'an et jour ou davantage impliquant saisine parfaite, tandis qu'ils partageaient avec les Treizes le jugement de celles où il s'agissait seulement de tenure moindre que d'an et jour, c'est-à-dire de saisine imparfaite ; le choix entre les deux juridictions étant laissé, dans ce cas, aux intéressés (§ 33).

Nous avons dit aussi quelques mots des différences qui distinguaient l'un de l'autre les deux modes de procéder consacrés par les Treizes au jugement des affaires tombant sous leur double juridiction, les *journées* en la chambre et les audiences des *adjournés :* les premières, les journées en la chambre, tenues par six au moins d'entre eux, quand elles ne l'étaient pas par le corps tout entier, pour les affaires surtout, à ce qu'il semble, dont la connaissance leur appartenait exclusivement ; les secondes, les audiences des adjournés, qui pouvaient être tenues par un moindre nombre et même par un seul d'entre eux, où se jugeaient plutôt, mais non exclusivement cependant, les affaires d'ordre civil sur lesquelles ils partageaient la juridiction avec les échevins (§ 34). A ces indications, nous en avons joint quelques autres encore sur certains points de la procédure usitée chez les Treizes, suivant la nature des affaires qui leur étaient soumises, et touchant l'introduction de ces affaires devant eux, en mentionnant quelques particularités de leur développement, de leur conduite (§ 35) et de leur jugement enfin (§ 36). Nous avons ajouté qu'un justiciable qui se sentait foulé, comme on disait, par un jugement des Treizes pouvait en porter plainte au maître échevin qui en jugeait ; d'où découlait en faveur de celui-ci une sorte de juridiction d'appel sur certaines causes jugées par les Treizes (§ 16).

Un dernier mot pour rappeler que les Treizes avaient le droit de convoquer le grand Conseil, lequel s'assemblait au palais, dans leur chambre, et que, dans ce cas, les Treizes présents ne devaient pas quitter la chambre tant que durait la séance du Conseil à laquelle ils devaient prendre part ; l'obligation d'y assister ainsi incombait à tous ceux d'entre eux qui se trouvaient là, dès le moment même où le Conseil était appelé[1]. Les Treizes déféraient habituellement à ce Conseil, quelquefois dit Conseil des Treizes, toute sorte d'affaires, d'après leur importance probablement, y compris des affaires judiciaires soit d'ordre civil, soit d'ordre criminel (§ 38).

CHAPITRE IV

LES ORGANES ACCESSOIRES DE LA JUSTICE

§ 38. Le grand Conseil. — § 39. Les trois maires. — § 40. Les comtes jurés. — § 41. Les eswardours. — § 42. Les pardezours. — § 43. Les plaidiours. — § 44. Les sergents. — § 45. Les amans. — § 46. Résumé du chapitre IV.

§ 38.

Il nous reste à parler de ce qu'on peut appeler les organes accessoires de la justice : le Conseil, les maires, les comtes jurés, les eswardours, les pardezours, les plaidiours, les sergents, les amans.

Le *Conseil* ou *grand Conseil*, composé de membres des paraiges, doit être signalé en première ligne pour le rôle qu'il jouait incidemment avec les Treizes dans l'exercice de la juridiction. On ne connaît qu'imparfaitement l'origine, la composition et le mode d'action du Conseil. La première mention qu'on trouve de lui date de 1288 (1289, n. s.). Elle nous est fournie par un atour où sa composition est déterminée pour un cas particulier[2]. Dans cette circonstance, le « concel de toute la citeit de Mes » est dit comprendre 140 membres, savoir 20 de chacun des 5 premiers paraiges et 40 de la Communauté, laquelle

---

1. Nous citons plus loin (§ 38) un texte relatif à cette proscription.
2. *Hist. de Metz*, preuves, t. III, p. 233.

n'était pas encore à cette époque, comme elle l'est devenue depuis, le paraige du Commun (§ 2). Le Conseil semble, d'après cela, n'avoir contenu en principe qu'une partie des membres des paraiges. Ainsi s'expliquerait la distinction des assemblées dites simultanément, jusqu'au xv° siècle encore, soit des *paraiges,* soit du *conseil;* les premières étant, ce semble, réunies sur une convocation du maître échevin, dans certains cas où les dernières étaient convoquées par les Treizes [1]. Originairement, le Conseil, d'après certains indices, n'aurait eu, au xiii° siècle notamment, qu'un rôle intermittent et accidentel, sous le gouvernement naissant des paraiges dont il était une émanation [2]. Il se pourrait qu'à une certaine époque il fût après cela devenu permanent ou au moins annuel, car il renouvelait chaque année, est-il dit, le serment de conseiller loyalement au profit et honneur de la cité. Ce serment paraît être autre chose que celui prescrit, par une ordonnance de 1487, aux Treizes individuellement et à ceux, est-il ajouté, qui sont appelés « pour conseil », de conseiller bonnement, de tenir le conseil secret et de faire à la Justice, ou bien au Conseil — dont ils sont ainsi expressément distingués — si la Justice ne veut pas les entendre, les « remontrances nécessaires au bien de la cité ».

Nous ne sommes, on le voit, informés que d'une manière très insuffisante de ce qui regarde l'origine et la constitution du Conseil. Nous ne savons guère mieux ce qui concerne son action et sa procédure. Pour ce qui est de sa mise en jeu, nous voyons dans un texte de l'accord des Treizes [3] que ceux-ci pouvaient, quand il y avait lieu, et à la requête parfois de l'un quelconque d'entre eux, faire hucher (mander) le Conseil et

---

[1]. *Chronique de Ph. de Vigneulles* dans Huguenin, *Les chroniques de Metz,* p. 115, col. 1.

[2]. Nous avons donné ailleurs les indications relatives à ce qu'ont pu être à Metz, avant cette époque et depuis la fin du xii° siècle, les Conseils publics de la cité, avec ce qu'on sait de leur formation sous le régime des paraiges. (*Le patriciat dans la cité de Metz,* §§ 61-64. — *Mémoires de la Société nationale des antiquaires de France,* t. XXXIV, 1873.)

[3]. Cet accord est intitulé : « Lez Tresos ont adcordeiz toutes loz articles sy après nommées. » — Bibl. nat. à Paris, mss. f. fr. n° 18905, f° 82 r°.

que ce huchement était exécuté sur l'ordre du maître de leur chambre par le maître sergent : « On doit, est-il dit, huchier le conceille... à la request duqueilz des Trezes que le reqiereras... ; (et)... que tous ceulx des Trezes que seront en la chambre, quant li maistre des Trezes hucheret le mastre sergent pour faire huchier le conceille, quelconquez d'iceulx en ysseroit et ne demouroit... perderoit xii d. on il n'avroit point de puissance por la jornée. Et doit-on faire escrire tout ce que par le conceille seroit porterfuer à la request duqueilz Treize qui le requieront[1]. » Le *portéfuer* (la décision) du conseil pouvait être, ce semble, remis en question, mais par l'accord de tous les Treizes seulement : « Que nulz des Trezes ung ou plusseurs ne puissent remettre en jus ce que porteirfuer seroit par le dit conceille, se par l'escordt de tuitz leur compagnons Treses n'estoit, sur la poinne de l'escordt[2]. » On lit un peu plus loin, dans le même document, que les Treizes ne pouvaient semondre, c'est-à-dire convoquer le Conseil que deux fois par semaine, le lundi et le vendredi, à moins qu'il ne survînt quelque grosse affaire touchant les intérêts de la ville[3]. Le maître échevin pouvait également, paraît-il, réunir en certains cas le Conseil, qui lui-même, on a quelque raison de le croire, s'assemblait aussi parfois spontanément. C'est au moins ce que donnent à penser certains passages de nos chroniques, celui-ci par exemple emprunté par Huguenin à la chronique de Praillon pour l'an 1483, et que nous avons eu déjà occasion de citer précédemment : « Les seigneurs du conseil de la cité, ce véant, se mirent ensemble et feirent ordonneir... etc. » (§ 10, note).

Le conseil avait, à une certaine époque au moins, d'après ce qui vient d'être dit, des séances à peu près régulières et à jours fixes, sur la convocation des Treizes, ce qu'on pourrait appeler des séances ordinaires et, en cas d'urgence, des séances extraordinaires. Il s'assemblait au palais, dans la chambre des

---

1. Bibl. nat. mss. f. fr. n° 18905, f° 83 v° et 84 r°.
2. *Ibid.*, f° 84 r°.
3. *Ibid.*, f° 86 v°.

Treizes. Il participait à la confection et à la promulgation des atours, dans le protocole desquels il figure souvent à partir de la fin du XIIIe siècle. Il rendait aussi des ordonnances conformément aux décisions qu'il avait prises[1].

Le Conseil n'était pas, comme on l'a supposé quelquefois, présidé par le maître échevin, quoique celui-ci pût assister à ses séances dans une situation particulière, mais non absolument prépondérante, et prendre part en certains cas à ses délibérations, en répondant comme les autres, est-il dit, à *la demande*. Nous avons eu occasion de nous expliquer précédemment à ce sujet et de signaler notamment le droit qu'avait le premier magistrat de la cité assistant au Conseil, d'y réserver son opinion quand il le jugeait à propos, et l'obligation où il était de quitter la chambre quand il y était question d'une cause criminelle (§ 17).

La compétence du Conseil était, à ce qu'il semble, à peu près universelle, tant pour les choses d'intérêt public et général que pour celles d'intérêt privé dont il pouvait être saisi par les Treizes. Ces officiers, en effet, le mettaient en action non seulement dans toute sorte d'affaires concernant le gouvernement et l'administration de la cité qui étaient de leur propre compétence — elles étaient fort nombreuses, nous l'avons vu (§ 31) — mais encore tout particulièrement, en certains cas, dans les causes judiciaires civiles ou criminelles. Le Conseil était ainsi à la disposition des Treizes, qui pouvaient recourir à lui pour les questions importantes et dans les cas embarrassants. On comprend que ce Conseil, le grand Conseil de la cité, soit en conséquence appelé quelquefois le *Conseil des Treizes*. En diverses circonstances pourtant, le Conseil agissait indépendamment de ces derniers et même quelquefois contre eux. Nous le rappellerons tout à l'heure.

---

1. Au Conseil il appartenait même de prendre des décisions pour modifier en certains cas les atours ; témoin ce passage de la chronique de Praillon reproduit par Huguenin, où il est dit, à propos d'un abus de pouvoir des Treizes, « que s'il sembloit à la justice (les Treizes) que la coustume ne fust mie bonne, ilz le debvoient remonstreir premier au Conseil pour y remédier, sans ce que d'eulx meismes ilz ne deussent ainsy faire ne useir, comme ilz ont fait. » (Huguenin, *Les chroniques de Metz*, p. 464.)

Nous venons de dire que les Treizes apportaient au Conseil toute sorte d'affaires de gouvernement et d'administration dont la connaissance et la décision étaient dans leurs attributions. Il est permis de penser que c'est de là que procéderait, comme de son principe, l'usage où ils étaient de convoquer le Conseil pour le consulter. La remise qu'on les voit lui faire, en outre, de causes intéressant les particuliers, les causes judiciaires d'ordre civil aussi bien que d'ordre criminel, s'en serait suivie comme une conséquence de l'habitude prise de recourir à son jugement. Quoi qu'il en soit de cette question d'origine, le renvoi par les Treizes des affaires judiciaires comme des autres au Conseil est parfaitement certain. Ce que nous avons dit à ce sujet en parlant du maître échevin ne laisse aucun doute à cet égard (§ 17). Les causes judiciaires, celles d'ordre civil aussi bien que celles d'ordre criminel, étaient donc, tout comme les questions d'intérêt public, des affaires dont le Conseil pouvait être saisi par les Treizes. Son jugement était, de même que ceux des Treizes, écrit ou, comme on disait, *mis en table* pour être exécuté. Il résulterait, ce semble, d'un texte cité un peu plus haut, que ce jugement pouvait dans certains cas au moins être réformé par les Treizes. Nous avons mention du fait, avec indication que le caractère en est général ; mais il y fallait l'acquiescement unanime des Treizes.

Nous avons montré dans les lignes qui précèdent, comme nous nous proposions de le faire, en quoi consistait le concours donné par le Conseil aux Treizes dans l'administration de la justice. Les Treizes réunissaient le Conseil pour cet objet et le saisissaient des affaires qu'ils trouvaient bon de faire juger par lui. Cette situation à certains égards subordonnée du Conseil de la cité par rapport aux Treizes s'accorde difficilement avec l'autorité que ce même Conseil paraît avoir dans certains cas sur eux et dont nous avons dit deux mots en passant.

Cette autorité est incontestable ; nous avons cité des textes de nos chroniques qui ne permettent aucun doute sur ce point. Dans l'un d'eux (§ 10, note) que nous rappelions tout à l'heure, on voit le grand Conseil intervenir dans un conflit entre le maître échevin et les Treizes, à propos d'un accusé tiré des mains de ceux-ci par le premier. Les Treizes, alléguant que ce dont il s'agissait était un cas criminel pour lequel eux seuls et non le maître échevin étaient compétents, avaient suspendu leurs audiences et fermé leur chambre; sur quoi les seigneurs du Conseil leur font ordonner de reprendre l'administration de la justice; ce qui a lieu, et l'incident n'a pas, ce semble, d'autre suite. Les Treizes ne se rendaient pourtant pas toujours aussi facilement à de pareilles injonctions. Dans une circonstance analogue, pour des faits que relate un autre passage de nos chroniques déjà cité aussi (§ 5, note), on voit les Treizes suspendre également leurs séances parce que le maître échevin avait empiété sur leurs prérogatives en procédant à une exécution judiciaire, ce qui n'était pas, disaient-ils, de sa compétence, mais de la leur. Cette fois, l'intervention du grand Conseil provoque une négociation qui semble assez laborieuse, mais qui cependant aboutit finalement, quoiqu'avec plus de peine, au même résultat. Peut-être le droit violé des Treizes était-il plus certain et comportait-il mieux un débat dans ce dernier cas que dans l'autre. C'est ce que nous ne saurions affirmer.

L'action du grand Conseil est, on le voit, quelquefois spontanée et comme émanant d'une autorité propre. D'autres fois elle dépend des Treizes qui le convoquent, et le saisissent des affaires à traiter. La décision du Conseil est parfois subordonnée à l'acquiescement des Treizes qui peuvent l'annuler; d'autres fois sa volonté s'impose malgré eux et même contre eux.

Ces particularités s'expliquent difficilement. Elles sont certaines néanmoins et méritent, en tout cas, d'être signalées avec les autres singularités qu'on peut relever dans le régime de la justice à Metz.

§ 39.

Les *maires* ne jugeaient pas, mais ils donnaient l'autorité du ban, dont seuls ils disposaient, aux jugements du maître échevin et des échevins, en constituant à cet effet le plaid banni, *placitum bannale et legale* (§ 7). Les trois maires à Metz n'étaient autres que les trois *villici* qui avaient remplacé vers 1130 le *villicus* unique des temps antérieurs. Ce *villicus* se rattachait comme les échevins au régime des institutions carolingiennes; nous avons longuement parlé ailleurs de cet office [1]. Les trois *villici* ou maires étaient dans le principe des officiers impériaux, comme l'était le *villicus*, devenus successivement épiscopaux, puis municipaux. Investis du ban, ils avaient pris le caractère épiscopal quand les évêques avaient été saisis de ce droit de ban [2] comme de quelques autres droits du souverain [3]. Dans cette condition, les trois maires étaient élus annuellement, est-il dit, par la « fauté [4] des hommes de Saint-Étienne », au commencement du xiiie siècle. En 1250 on les trouve nommés annuellement par le maître échevin, les échevins et les Treizes dans chacun des cinq premiers paraiges et dans le Commun successivement, suivant un ordre de roulement déterminé par un atour qui porte cette date. Ces dispositions prises d'abord pour six années seulement sont renouvelées par un second atour en 1256 [5], et restent en vigueur jusqu'au milieu du xvie siècle. Chacun des trois maires avait un doyen, sorte de lieutenant qui pouvait le suppléer dans certaines circonstances.

1. *L'Ordonnance des maïours*, in-8° de 122 p. Paris, 1878. (Extrait de la *Nouvelle Revue historique du droit français et étranger*, 1878.)

2. Voir sur le ban, un texte de 1133 cité précédemment (§ 5 à la fin de la seconde note).

3. « Nulz n'a ban ne destroit en Mes, se messire li Evesque non, ou de lui nez tient. Messire li Evesque le tient de l'Empereur. » (Record des *Droits de l'Empereur et de l'Évêque à Metz*, au commencement du xiiie siècle. — *Hist. de Metz*, preuves, t. VI, p. 306.)

4. Fauté, féauté, *fidelitas* ; allégeance fondée sur la fidélité des subordonnés. Dans le cas présent l'expression pourrait désigner l'ensemble des hommes liés ainsi à l'Église de Metz dont saint Étienne était le patron. Le mot fauté est resté d'un usage très répandu dans les diverses parties de l'ancienne Lorraine. Vers la fin du xiiie siècle et jusque dans les temps modernes, on y qualifiait ainsi une Justice locale et spéciale, en possession du droit de statuer sur des questions de propriété, touchant la limitation des héritages et la conservation des chemins.

5. *Hist. de Metz*, preuves, t. III, p. 198 et 211.

Parmi les actes qui, dès l'origine, étaient de la compétence plus ou moins exclusive des maires, on peut signaler les levées de deniers, la perception des amendes, les prises de gages, les saisies, confiscations, et prises de corps ; la garde des prisonniers et des pannies ; et enfin la répression des tumultes, des battants et mêlées, répression à laquelle s'associaient, suivant la Lettre de commune paix, le maître échevin et les wardours de la paix. Les maires accomplissaient de plus, avec le concours des échevins, les actes qui devaient être faits en plaid banni : la vérification annuelle des muids, mesures de capacité ; la vesture et la prise de ban, qui intéressaient la tenure de la propriété ; le vendage ; l'estault, saisie et vente mobilière ; la porofferte, offre réelle de paiement par un débiteur à son créancier ; le crant qui était une promesse, un engagement solennel ; le témoignage (§ 27) ; et surtout, en première ligne, les actes concernant l'exercice de la juridiction (§ 7), la semonce « en leu de ban » (§ 20), le plaid des échevins (§ 21), celui du maître échevin (§ 9) et les plaids annaux tenus par lui (§ 8).

Le ban était, on le voit, le principe du pouvoir des maires. C'était le droit de contraindre d'où découlait, avec celui de garantir les obligations et de les faire observer, celui aussi de donner le caractère de l'autorité à nombre d'actes de gouvernement, d'administration et de justice dont nous venons d'énumérer quelques-uns, au plaid notamment. De là le plaid banni, forme obligatoire des plaids des échevins et du maître échevin (§ 7).

Le ban n'était pas nécessaire, nous le rappellerons, à la justice des Treizes qui empruntaient leur action coercitive et leur juridiction à d'autres principes (§ 31). On voit cependant, jusque dans les derniers temps, les maires exercer leur autorité auprès des Treizes, sous le titre de *maire de l'enclostre*, de *la clostre* ou du cloitre, siège primitif de la justice des Treizes (§ 20).

Le maire de l'enclostre était celui qui accidentellement se rendait, accompagné d'un échevin, aux adjournés devant les Treizes pour semondre ou adjourner les intimés qui, dans certaines circonstances, y étaient appelés pour être là sommés de comparaître « en leu de ban », c'est-à-dire en plaid banni devant les échevins. Nous avons expliqué précédemment ce mode d'adjournement (§ 20). Dans ce cas, l'action du maire ne regardait pas les Treizes ¦mais l'intimé adjourné, c'est-à-dire mandé devant eux sous la sanction des procédés sommaires de contrainte qui leur étaient propres, pour y recevoir du maire la sommation de comparaître « en leu de ban » devant les échevins. Le maire venait ainsi au cloître non pas donner, mais plutôt demander en quelque sorte aux Treizes un pouvoir qui lui faisait défaut. La dénomination de maire de l'enclostre avait pu se rapporter plus anciennement aussi à un rôle différent de cet officier, à une époque où, jusqu'à la fin du xiiie siècle, on voit le maître échevin siéger avec les Treizes le vendredi, comme il est dit ailleurs qu'il le faisait avec les wardours de la paix. Nous avons précédemment signalé ces faits (§ 4). Un atour de 1295[1] mentionne encore « lou venredi où li maistre eschevins et li Treize tenoient lai clostre ». Le même atour rappelle en même temps, comme l'un des termes d'une alternative, avec « la clostre » siège des Treizes, le plaid qui était l'audience « en leu de ban » devant maire et échevins.

Nous ferons observer en passant que le cloître a cessé de servir aux audiences de justice au commencement du xive siècle, date de la construction du palais pour cet objet, mais que la dénomination de « la clostre » ou du cloître pour désigner la justice des Treizes, qui jusque-là s'y rendait, s'est conservée par tradition longtemps encore ultérieurement, quoiqu'elle ne correspondît plus à la réalité.

Ce que nous avons rapporté du rôle réciproque des maires et des échevins semble impliquer l'incompatibilité de ces fonctions distinctes. Un atour de 1256, dont nous avons parlé précédemment, dit en effet qu'un échevin du palais ne peut être maire. On trouve cependant auparavant et ultérieurement des exemples de l'association de ces deux qualités dans la per-

---

1. *Hist. de Metz*, preuves, t. III, p. 242.

sonne d'un seul et même individu, notamment pour les temps anciens dans un titre de 1214[1], et pour les époques plus récentes dans nos chroniques, où sous la date entre autres de 1401 est mentionnée la mort de Lowy Paillat, maire et échevin du palais, est-il dit (§ 19, note). L'interdiction de 1256 avait trouvé les choses ordonnées différemment et n'empêcha pas, on le voit, le retour des faits qu'elle avait condamnés[2].

§ 40.

Les *comtes* ou *comtes jurés*, dits *l'ancienne justice*, dont nous avons eu déjà occasion de parler, assistaient les Treizes dans l'exercice de la juridiction. Seuls membres de la classe populaire qui fussent admis parmi les magistrats de la cité, les comtes ou ancienne justice, auraient été originairement, disait-on, les assesseurs d'un officier, le comte voué, investi jusqu'au commencement du XIIIe siècle de la juridiction criminelle[3]. Ils étaient devenus, on ne sait trop comment, ceux en quelque sorte des Treizes, qu'on prétendait du reste avoir succédé à l'ancien comte dans la jouissance de certains droits et attributions. Quoi qu'il en soit, à l'époque où nous nous sommes placés, les Treizes, en possession à Metz de la justice criminelle, ne pouvaient l'exercer qu'avec le concours ou en la présence au moins des comtes jurés des paroisses.

---

1. 1214. « D[nus] Garsirius Brisepain, civis Metensis, in placito bannali et legali... d[no] Ottone *villico de Porta Salie et scabino palatii*, d[no] quoque Simone Malaboche etiam palatii scabino... aliisque viris honestis presentibus... (Arch. départ. de Metz, f. Chapitre de Metz, carton 1.)

2. L'atour de 1256 interdisait aussi de nommer maire un Treize pendant son année d'exercice. Nous ignorons si l'interdiction tomba en désuétude pour les Treizes comme pour les échevins ; nous savons seulement qu'à la disparition des maires, après 1552, ce sont les Treizes qui recueillent l'héritage de quelques-unes de leurs attributions (§ 55).

3. Le comte de Dagsbourg et de Metz, voué des francs hommes du palais de Metz, avait « sa justice en Mets, pour jugier de cas de crimes », et faisait élire « les contes que sollent estre eschevins mineurs, juges criminels des contes de Mets ». (*Les droits du voué de Mets monsieur le conte Dabor ainé fils du conte de Mets.* — Copies du XVIe s. Bibl. nat. Paris, Coll. Lorr., vol. 229 et 324. — *Mémoires d'aucunes antiquitez de Metz*, XVIe s. Brit. mus. Londres, Harleian, 4400.)

Vers le commencement du xivᵉ siècle, l'élection de ces comtes est l'occasion de revendications contradictoires qui nous révèlent quelques points de leur condition antérieure et de celle dans laquelle ils restent fixés, dès lors, jusqu'à la fin du régime d'autonomie de la cité de Metz au xviᵉ siècle. Ces revendications sont au nombre de celles qui se manifestent dans une sédition populaire un instant triomphante en 1327, réprimée ensuite rigoureusement dans la même année. Pendant le court succès de la sédition, qui avait provoqué la sortie de la ville d'une partie notable des gens des paraiges, deux atours à quelques jours de distance, les 6 et 16 février 1326 (1327, n. s.), décident que les 25 comtes élus chaque année dans les paroisses seront nommés directement par les paroissiens et pris parmi eux « hommes du commun » ainsi, est-il dit, que les anciens l'ont établi, et non plus « liieiz à autrui ; et doivent estre quittez de toutes les xeurteis dont on les tenoit pour lesdites conteiz, soit par escris, soit sans escris ». Un troisième atour du 27 juin, postérieur à la répression de la sédition et à la rentrée des « fuersyssus », portait que la Cité se gouvernerait et justicierait comme anciennement : « les comteis, était-il dit, revenront en la main de ciauls qui les donnoient » pour être délivrés à leur choix[1]. « Par ainsi, disent nos chroniques, que cilz des paroisches esliront chascun an en chascune paroische quaitre des plus suffisans et cil qui la comté debvera donner, la doit donner à ung de ceulx quaitre et à aultre non[2]. »

Tel était le mode d'élection des comtes au commencement du xivᵉ siècle. Il remontait beaucoup plus haut assurément quoiqu'il soit dit alors que les anciens en avaient disposé autrement ; et il devait durer longtemps encore, car on le reconnaît dans ce que Philippe de Vigneulles rapporte, au commencement du xviᵉ siècle, de ces comtes dont il dit : « Aulcuns de noz seigneurs ont la puissance de les faire, les ungs en

---

1. Ces trois atours sont donnés dans l'*Hist. de Metz*, preuves, t. IV, p. 38, 39, 41.
2. *Chronique de Praillon* dans Huguenin, *Les chroniques de Metz*, p. 67-68.

une paroiche les aultres en une aultre[1] » On ne sait trop d'où pouvait venir ce régime singulier. Il était fondé, déclarait-on dans les paraiges, sur un droit qu'ils prétendaient tenir du dernier des grands comtes de Metz, lequel leur en aurait fait la cession, c'est-à-dire le leur aurait, disaient-ils, vendu. Dans ces termes, vers le commencement du xive siècle, les comtes jurés, au nombre de 25[2], étaient depuis plus ou moins longtemps nommés chaque année à la chandeleur par certains membres des paraiges parmi les candidats, hommes du commun, élus dans les paroisses, au nombre de quatre pour chacune d'elles. Ils devaient être de la nation de Metz ou au moins habitants de la ville depuis vingt ans. Ils n'étaient reçus qu'à cette condition par les Treizes, entre les mains desquels ils prêtaient serment.

Les comtes jurés avaient pour principale attribution d'assister les Treizes, avec lesquels ils siégeaient tous les jours, dans l'administration de la justice et dans les exécutions criminelles. Les Treizes en effet ne pouvaient sans eux, comme nous venons de le dire, prononcer aucune sentence criminelle, ni l'exécuter. Ils ne devaient, est-il dit d'une manière générale, porterfuer nulle plainte mise par eux en enquête, sinon en leur présence, ni même prendre « nulles vérités desdites plaintes que par escripture, et qu'il y ait ung conte ou dous au leu ». Ce qu'on appelait à Metz la Justice, au xve siècle et au xvie, c'était le corps des Treizes uni à celui des comtes. Cette assistance donnée aux Treizes par les comtes dans l'administration de la justice n'allait pas d'ailleurs pour eux sans un certain caractère d'infériorité. Leur situation, à cet égard,

---

1. *Chronique de Phil. de Vigneulles* dans Huguenin, *Les chroniques de Metz*, p. 8.

2. Ce nombre a naturellement varié avec celui des paroisses qui est généralement allé en diminuant; plusieurs paroisses ayant été à différentes époques supprimées pour diverses raisons, comme Saint-Hilaire-le-Petit ou aux Xailleus supprimée en 1453 à l'occasion du transport dans la ville de l'abbaye de Saint-Symphorien, ruinée au dehors de son enceinte par la guerre de 1444. En 1534 et en 1537, il n'y avait plus que seize paroisses et quatorze comtes seulement, celle de Saint-Ferroy n'en nommant pas, est-il dit, et celles de Saint-Etienne-le-Dépanné et de Saint-Maximin n'en nommant qu'un seul pour elles deux.

paraît définie assez clairement par les termes du serment que, d'après un vieux record, ils prêtaient lors de leur installation, de se tenir près des Treizes et de les *suivre* aux jugements[1]. Il semble, d'après cela, que leur rôle, obligatoire du reste, consistait en un simple acquiescement à ce que les Treizes décidaient.

Les comtes avaient dû cependant avoir auparavant un rôle moins effacé, auquel paraît correspondre la dénomination qui leur était appliquée d'*ancienne justice*, et dont il reste quelques traces. On les voit, en effet, concourir encore à la promulgation des atours avec le maître échevin et les Treizes et participer avec ceux-ci à la rédaction ou à l'adoption au moins de l'*accord* arrêté pour l'année (§ 32). D'ancienneté, les comtes avaient caractère, comme les Treizes, pour quérir trêves; pour fournir, mais avec moindre compétence que ceux-ci, témoignage authentique; pour lever des sommes judiciairement dues; ils présentaient requête pour les plaignants; ils prenaient part à l'administration; ils figuraient dans les cérémonies.

Les comtes avaient, quoiqu'au second plan, une vie propre avec des attributions spéciales de diverses sortes que, malgré l'effacement de leur rôle judiciaire avant sa suppression en 1552, ils avaient longtemps conservées dans le régime de la police urbaine. Ils avaient, au palais, une chambre attitrée pour s'y réunir, et nommaient dans leur sein des officiers — un maître[2], un changeur, des enquesteurs — comme le faisaient de leur côté les Treizes. Jusqu'au commencement du XVIe siècle les comtes, au début de leur année, juraient l'observation d'un règlement dont Philippe de Vigneulles nous a conservé les dispositions essentielles[3], où il semble permis de reconnaître un vieux

---

1. « Le serment des... comtes... — Qu'ils demoreront de coste les Trezes et les ensuyeront ez jugemens. » (Copie faite par Paul Ferry d'après un vieux livre en parchemin de la bibliothèque de M. Praillon. — *Obs. sécul.* xiiie s., n° 217. — *Hist. de Metz*, preuves, t. VI, p. 529, l. 4.)

2. Il résulte d'un atour de 1244 qu'à cette date il y avait à Metz deux maîtres des comtes. (*Hist. de Metz*, preuves, t. III, p. 196.)

3. *Chronique de Phil. de Vigneulles* dans Huguenin, *Les chroniques de Metz*, p. 7.

record comme ceux que nous possédons sur les devoirs du maître échevin, des échevins, des maires, et pour l'accord des Treizes. Ce document parle de l'élection annuelle et du serment des comtes, et il mentionne quelques-unes de leurs obligations, comme de se réunir à la semonce, c'est-à-dire au mandement des Treizes ou à celui de leur maître ; de garder le secret de leurs délibérations sous peine de 100 sols et de la perte de leur pouvoir pour le reste de l'année ; de prendre à la majorité des voix leurs décisions sur les demandes, c'est-à-dire sur les questions qui leur étaient proposées, avec la défense de jouer ces décisions comme le faisaient les Treizes[1]. Il ajoute l'interdiction entre eux des injures et des démentis, la défense de tout recours pour leur police intérieure à aucune autre justice que celle de leur maître : prescriptions entraînant, en cas de violation, des amendes dont les gages étaient levés, ainsi que leur montant sans doute, par leur sergent et reçus par leur changeur.

Tout ce que nous savons des comtes jurés montre, dans le régime de l'institution, les restes en quelque sorte d'un organisme vieilli et graduellement amoindri.

§ 41.

L'institution des *eswardours* est étroitement liée au régime de la justice des Treizes, et quoiqu'elle ait peu duré et disparu depuis longtemps à l'époque où nous nous plaçons, on ne saurait se dispenser d'en dire quelques mots quand on parle de ceux-ci. Dès le milieu du xiii° siècle et jusqu'au commencement du xiv° (1254-1324), on trouve la mention de *prud'hommes* dont nous avons eu occasion de parler à propos des *eswards des adjournés* (§ 34) et qui paraissent avoir exercé auprès des Treizes un office de surveillance et de contrôle —

---

[1]. Nous croyons que tel est le sens de l'interdiction faite aux comtes de jouer aux dés, rapprochée de l'injonction de prendre leurs décisions à la majorité des voix ; et que cette interprétation s'explique en quelque sorte par l'usage contraire où étaient les Treizes de jouer ainsi es décisions à prendre en leurs journées (§ 36).

pour eswarder, est-il dit — analogue à celui qui est plus tard dévolu aux *eswardours*. Ces prud'hommes sont au nombre de 20 en 1254; on les retrouve en 1283, puis au xive siècle, de 1303 à 1308 et de 1312 à 1324. Moins nombreux d'abord que par la suite, ce sont en 1312 les *Treize prud'hommes delès la justice;* élevés au nombre XXVI en 1324, puis abolis en 1325 en vertu d'un traité conclu avec Henri Dauphin, évêque de Metz, qui les condamnait comme un obstacle à l'intégrité de la juridiction des Treizes. A la dénomination près qui n'est pas encore trouvée, ces prud'hommes sont déjà des eswardours; mais ce n'est que soixante ans après leur suppression de 1325, que ceux-ci, à proprement parler, apparaissent en 1385, sous le titre de *Treize eswardours jurés*, institués alors pour surveiller les Treizes et les suppléer au besoin dans ce qu'ils pourraient omettre de leurs devoirs.

Les *eswardours* proprement dits sont créés au nombre de treize par un atour du 4 février 1384 (1385, n. s.)[1]. Leur rôle est fixé par cet atour, confirmé ensuite par deux autres de 1396 et 1397[2]. De même que les Treizes, les eswardours faisaient exécuter les jugements du maître échevin et ceux des échevins. Pour ce qui est de leur intervention dans l'exercice de la juridiction par les Treizes, les eswardours recevaient les plaintes des justiciables qui croyaient avoir à se plaindre de ces derniers comme se trouvant foulés, disait-on, par suite soit de retards dans l'expédition des affaires, soit d'abus et excès dans les gagements ou prises de gages, et dans les levées de tailles. La plainte aux eswardours devait être déposée dans un délai de trois ou de huit jours, selon le cas, à partir du fait qui la motivait. Reconnue sans fondement, cette plainte entraînait, aux dépens de celui qui l'avait indûment faite, une amende de 5 sols, ou le paiement de la moitié de la taxe de la tenour, si celle-ci était déjà vantée (§ 35), c'est-à-dire présentée et reçue.

1. *Hist. de Metz*, preuves, t. IV, p. 362.
2. *Ibid.*, t. IV, p. 473 et p. 485.

On ne saurait douter que ce ne fût à ces eswardours que se rapporte l'*awarderie* ou *eswarderie* dont il est question dans deux atours de 1391 (1392, n. s.) et 1402 (1403, n. s.)[1] que nous avons mentionnés à propos des adjournés[2] : le premier signalant cet office comme permanent et renouvelé tous les deux ans, le second en interdisant l'exercice, comme celui des septeries, au maître échevin. Les eswardours, suivant l'atour de leur institution que nous avons eu déjà occasion de citer précédemment (§ 31, note) sous la date de 1384 (1385, n. s.), devaient être nommés dans les paraiges. Ils ont varié en nombre, de 13 à 26 (§ 2). Leur durée ne paraît pas avoir dépassé beaucoup le commencement du xve siècle. La rébellion de 1405 les avait remplacés par 21 prud'hommes de la classe populaire, élus avec les comtes dans les paroisses, comme les eswardours l'étaient auparavant avec les Treizes dans les paraiges. Les 21 prud'hommes élus ainsi devaient être du Conseil. Ils devaient prendre part au gouvernement et à l'administration, à la gestion des finances surtout et, de plus, mais dans une moindre mesure, ce semble, à l'administration de la justice. Il était dit dans l'atour de 1405 qu'en certains cas l'amende était à l'esward ou appréciation de la Justice (les Treizes), des comtes et des prud'hommes élus. Ces prud'hommes avec les trésoriers et les comtes devaient encore lever les sommes dont la perception aurait été négligée par les Treizes.

La magistrature populaire des 21 prud'hommes élus dans les paroisses fut balayée dès 1406, avec tout ce qu'avait enfanté la rébellion de 1405. Les eswardours qu'ils avaient, jusqu'à un certain point, remplacés ne semblent pas avoir été rétablis alors, et nous n'en trouvons plus de traces ultérieurement, notamment dans un atour de 1415 sur certaines négligences dans l'administration de la justice, où le rappel de leur rôle eût été tout naturel.

---

1. *Hist. de Metz*, preuves, t. IV, p. 410 et p. 530.
2. Nous avons à cette occasion montré qu'il ne fallait pas confondre avec ces eswardours pourvus de l'office permanent d'eswarderie, et créés en 1384-1385, les *VII des eswards* appelés à des fonctions accidentelles, suivant un atour de 1324, et qui ont dû cesser en 1325. Nous nous sommes expliqué précédemment à ce sujet (§ 31 note).

Le doyen de Saint-Thiébaut, qui a écrit sa chronique au milieu du xv° siècle, dit que les eswardours n'ont duré que jusqu'à la rébellion de 1405, et Philippe de Vigneulles, qui a composé la sienne cinquante ans plus tard, ne parle des eswardours que par ouï-dire, à ce qu'il semble, et rappelle l'atour de 1384 (1385, n. s.), qui les avait institués, comme une loi tombée depuis longtemps en désuétude : « Les XIII eswardours étaient, comme je entends, dit-il, cette justice allant après les XIII jurés... mais d'icelle atour... il me semble que à présent on n'en use plus, et est du tout abatue[1]. »

§ 42.

Les *pardezours* (par-dessus) étaient des rapporteurs chargés de l'instruction en quelque sorte des affaires et, jusqu'à un certain point, par l'appréciation préalable qu'ils en faisaient ainsi, les maîtres du jugement qui devait les terminer. Ils étaient pris en dehors du corps de juges appelé à prononcer sur les causes qui leur étaient remises. Les pardezours signalés dès la première moitié du xiii° siècle[2] ont pu avoir d'abord un caractère plus ou moins officieux et plus ou moins libre, quant au mode de leur institution et quant à leur manière de procéder. Nous les avons mentionnés précédemment dans leur condition définitive, à propos des démonements jugés par le maître échevin (§§ 14 et 25) et des tenours jugées par les Treizes (§ 35).

Dans la procédure du démonement le pardezour était pris soit par l'accord des parties — c'était la règle — soit, à défaut de cet accord, par ordonnance de l'échevin de la cause (§ 25). On a de nombreux exemples de la mise au pardezour des démonements apportés au maître échevin et des diverses parti-

---

1. Ces passages de la chronique de Phil. de Vigneulles sont rapportés avec quelques variantes par Huguenin dans ses *Chroniques de Metz*, p. 115.
2. On trouve en 1227 un pardezour nommé par le maître échevin et les Treizes jurés de la paix « comme justice de la Cité », pour prononcer entre deux arbitres. Le pardezour est, dans ce cas, une sorte de tiers arbitre.

cularités de cette procédure. Ce qu'on trouve à ce sujet dans l'atour de 1397, dit de Thiébaut Bataille [1], rend parfaitement compte du rôle des pardezours en cette circonstance, dans les plaids ordinaires devant le maître échevin. Aux plaids annaux on apportait au maître échevin les démonements qui se trouvaient prêts à lui être remis, et on lui présentait, est-il dit, « cédules pour avoir pardezour [2] (§ 8) ».

Devant le maître échevin, outre les démonements, toute sorte d'affaires s'offraient à l'intervention des pardezours, le maître échevin pouvant mettre au pardezour toute cause déférée à son jugement [3]. Il prenait pardezour, est-il dit, « pour chose mise on savoir [4] », pour le rapport d'une tenour non jugée ou mal jugée par les Treizes [5], etc.

Devant les Treizes, le rôle des pardezours était analogue à ce qu'il était devant le maître échevin. Il consistait également à faire une sorte d'instruction et un rapport sur les affaires « mises au pardezour », c'est-à-dire renvoyées à son examen et à son appréciation (§ 35). Devant les Treizes, est-il dit, pardezour est pris pour savoir les tenours et en faire le rapport.

---

1. *Hist. de Metz*, preuves, t. IV, p. 478.

2. Cette formule semble exprimer l'idée d'une demande de pardezour faite au maître échevin; demande qui serait en contradiction avec ce qui est dit ailleurs des démonements, où l'on voit plus ou moins formellement le pardezour présenté et non demandé au maître échevin (§§ 14, 25). Nous nous sommes expliqué à ce sujet (§ 14).

3. Voici un exemple de ces mises au pardezour par le maître échevin : — 1341. « De la mise qui estoit sur Symons Marcoult par le maistre eschevins au pardezour don descort... de... (etc.)... pour les démonements assavoir... (etc.) » (Coll. du Bon de Salis, mss. n° 119, paquet V, liasse supplémentaire.)

4. C'est ce dont il est question dans une ordonnance du 20 février 1320 (1321, n. s.) où il est dit : « que se alcune chose estoit misse on savoir où li maistre eschevin eust mis ung pardesseure par jugement; li pardesseur doit apourter son enqueste à la celle où li eschevin seroient semonus; et doit mettre celle enqueste et ceu qu'il ait trouvoit en la main du maistre eschevin; et le maistre eschevin les doit faire lire tout à l'euro, et on doit demander le plus droit à ceZ peires... » Ce document se trouve dans les preuves de l'*Histoire de Metz* (t. III, p. 336), où les Bénédictins donnent en outre trois jugements du maître échevin sur rapport de pardezour, aux dates de 1330 (t. IV, p. 65), de 1459 (t. V, p. 610) et de 1478 (t. VI, p. 213).

5. Par exemple, dans le cas auquel se rapporte le document suivant touchant une tenour non jugée : — 1330. « ...Li dixieres (devant les Treizes) raportat bien qu'ils en alaissent devant le maistre eschevins sans enchuit.... dont vous en êtes prix pour pardezour par le maistre eschevin pour les démonements à savoir. » (*Hist. de Metz*, preuves, t. IV, p. 66, l. 4.)

Pardezour est mis par les Treizes et par l'accord des parties ou bien par le crant des parties qui en ont fait sur lui la mise. D'où, la locution « rapport de mise devant les Treizes ». Le crant des parties était l'engagement solennel pris par elles d'accepter ce qui serait rapporté par le pardezour et leur consentement à ce que les Treizes le leur fissent tenir. Le pardezour prenait ainsi le caractère d'un véritable arbitre. Quant aux simples mises au pardezour, les conclusions présentées par celui-ci dans son rapport étaient ordinairement le jugement même de l'affaire quand elles avaient été adoptées par les Treizes.

On ne sait ni quand ni comment a commencé ce mode de procédure. On en possède de nombreux exemples à partir du XIII° siècle, dans des pièces rédigées d'une manière uniforme[1], où sont mentionnés successivement la nature de l'affaire, la désignation du pardezour, le rapport fait par lui, les noms des Treizes qui l'ont entendu avant de juger la cause, et qui possèdent chacun, est-il dit souvent, une copie du jugement accompagné de ce rapport[2]. Un de ces documents, que nous avons sous les yeux, relate même en plus la délégation de l'exécution à l'un des Treizes et son accomplissement, comme il suit : « Th. W. est pris pour Treize por escèvir lou resport, et il acevont lou resport. »

Nous avons dit que les pardezours, dont on ne connaît pas l'origine, avaient pu commencer dans les termes d'une libre intervention à titre officieux dans les procès. Pour ce qui est des conditions exigées, par la suite, de ceux à qui ce rôle était confié, ils devaient être convenables et suffisants, est-il dit, c'est-à-dire capables ; ils devaient surtout appartenir aux pa-

---

1. Nous pouvons en citer, d'après divers recueils et collections, sous les dates de 1277, 1278, 1280, 1282, 1283, 1305, 1313, 1316, 1317, 1320, 1327, 1330, 1331, 1341, 1342, 1360, 1392, etc., sans parler de ceux d'époques plus récentes.

2. Voici les termes de cette formule : « Dou descort qui estoit de N... et de N... si en prirent li Trezes N... à perdezour... et kant N... ot bien enquis, il resportait par davant les Trezes ke...(etc.)... Cist rapors fut fait le... (etc.)...N. N. N. (etc.) (noms des Trezes présents). Un chascun ait i. teil parchemin ». Quelquefois le rapport commence ainsi : « De la mise qui estoit sur N... par les Trezes, de...(etc)... »

raiges. Telles étaient les conditions imposées aux pardezours admis devant les Treizes, comme on va le voir, et il en était probablement de même de ceux aussi appelés devant le maître échevin. Ils devaient également être pris dans les paraiges ; ce qu'on pourrait déjà supposer rien que d'après le caractère général des institutions du temps, si l'on n'avait de plus sur ce point le témoignage formel de l'atour de 1405, dit de la Rébellion, où il était prescrit de les prendre dorénavant dans la Commune, « comme on soulait faire des paraiges, est-il dit, pour être chargés des tenours et porter tous cas au maître échevin ». Outre les conditions générales d'aptitude exigées des pardezours, certaines prescriptions avaient été successivement imposées à l'exercice de leurs fonctions.

Le premier acte de réglementation que nous trouvions en ce qui concerne les pardezours est un atour de 1314, ayant pour objet de réformer quelques abus qui s'étaient introduits dans la pratique de l'institution. Suivant cet atour[1], sept commis dits les VII prud'hommes des pardezours devaient être élus annuellement dans les paraiges et chargés de demander aux Treizes de leur délivrer toutes les tenours apportées devant eux. Les VII prenaient alors pour chaque tenour, dans les paraiges également, 20 individus qualifiés convenables et suffisants, non apparentés aux parties engagées dans le débat, parmi lesquels ils faisaient tirer au sort par les Treizes le pardezour de l'affaire. Ces dispositions étaient prescrites, cela est dit expressément, à l'égard des pardezours pris par les Treizes eux-mêmes pour faire rapport devant eux. Elles ne pouvaient évidemment pas s'appliquer aux pardezours pris par l'accord des parties, comme la chose avait lieu pour les démonements à présenter au maître échevin (§§ 14, 25). Quant aux pardezours nommés pour ces démonements par l'ordonnance de l'échevin de la cause, faute d'accord entre les parties, ceux-là auraient pu aussi être tirés au sort entre vingt

---

1. *Hist. de Metz*, preuves, t. III, p. 310.

noms présentés par les VII ; mais il n'est pas dit qu'il en ait été disposé ainsi[1].

Un autre atour, de 1358, relatif à l'accomplissement par les pardezours des devoirs qui leur incombaient, aurait pu concerner également les pardezours chargés d'un rapport devant le maître échevin comme ceux chargés de rapports devant les Treizes ; mais ceux-ci seuls y sont nommés. L'atour de 1358[2] ordonne que les pardezours fassent sous peine de 10 sols d'amende leur rapport dans les 15 jours, avec faculté d'obtenir des Treizes 8 jours de sursis en cas de nécessité affirmée sous le sceau du serment. Si paix était faite de la tenour, c'est-à-dire du différend, avant le dépôt du rapport, cette paix supprimait suivant le même atour le rapport, mais non le paiement de la taxe fixée par les Treizes pour la tenour (§ 47).

Un atour de 1415[3] interdit à tout pardezour chargé d'un rapport de le « mettre jus » (l'abandonner), sous prétexte de son entrée dans un office public, à moins que ce ne soit celui de maître échevin ; en raison vraisemblablement de la dignité de cette charge, sinon peut-être à cause du rôle personnel qu'elle impliquait pour le titulaire, dans le jugement de certaines causes sur rapport de pardezour. Les considérants de ce dernier atour mentionnent comme motif de ces prescriptions le dommage qui pouvait résulter de ces démissions de pardezours pour les parties en litige, obligées par là de recommencer leur procédure « comme aussy reffaire de nouvel lour monstrences ». Il est à ce sujet question, dans l'atour de 1415, de la difficulté, signalée ainsi dès le commencement du xvᵉ siècle, de trouver des pardezours capables au sein des paraiges déjà fort réduits en nombre ; « veu que pour le présent, dit l'atour,

---

1. D'accord avec ces observations, nous en mentionnerons une encore qui a son importance, c'est que parmi les nombreuses pièces que nous possédons de procédures pour démonements, aucune ne contient d'indice que la désignation du pardezour ait pu y être soumise aux prescriptions de l'atour de 1314, lesquelles étaient encore en vigueur, comme on va le voir, à la fin du xvᵉ siècle.
2. *Hist. de Metz*, preuves, t. IV, p. 176.
3. *Ibid.*, t. IV, p. 709.

il y ait asseis poc de gens de lignaiges qui... puissent avoir la charge d'estre chargiez des tenours ». Cet atour de 1415 montre que, à l'exception du maître échevin, tout officier, un Treize probablement comme un autre, pouvait accidentellement et par exception être pardezour, si la mise de l'affaire avait été faite sur lui avant son entrée en charge.

Les pardezours n'en étaient pas moins pris en principe hors du corps des Treizes. Un texte que nous citerons tout à l'heure, montre qu'il en était ainsi d'ancienneté. Ils étaient en effet, aux termes de l'atour de 1314, désignés par le sort sur une liste de 20 noms que n'aurait évidemment pas pu fournir le collège des Treizes même au complet, condition qu'il ne remplissait pas toujours. Cette observation suffirait, à défaut du texte en question, qui d'ailleurs est péremptoire, pour écarter une hypothèse qui a été émise, suivant laquelle les Treizes auraient dû prendre parmi eux les pardezours.

On a eu aussi l'idée que les 20 élus, choisis suivant l'atour de 1314 par les VII prud'hommes pour fournir le pardezour, formaient un corps jusqu'à un certain point permanent d'où l'on tirait pendant un temps déterminé tous ceux qu'on voulait charger de mise et de rapport. Il n'en est rien. En réalité, 20 noms étaient spécialement choisis dans chaque affaire pour le tirage au sort du pardezour. Une preuve décisive nous en est incidemment fournie par cet atour même de 1314 où il est dit que si l'un des VII prud'hommes avait lui-même dans son année un procès, il ne participerait pas avec ses 6 compagnons à la désignation des 20 hommes parmi lesquels serait pris le pardezour de sa tenour. Les 20 hommes étant d'après cela spécialement désignés ainsi pour cette tenour, il devait en être vraisemblablement de même pour toute autre.

Les dispositions de l'atour de 1314, touchant le mode d'institution des pardezours, subsistaient encore à la fin du xv⁰ siècle, en principe au moins, malgré quelques modifications motivées par la difficulté, signalée dès le commencement de ce siècle, de trouver dans les paraiges le nombre primitivement requis de candidats susceptibles d'exercer ces fonctions. Du nombre de 20 noms proposés originairement pour cet objet au tirage au sort, on était descendu à celui de 12, réduit encore à 7 par une ordonnance de 1494. C'est ce que nous voyons par un passage de nos chroniques[1], contenant en même temps l'indication formelle que de tout temps il y avait eu en quelque sorte incompatibilité entre les fonctions de pardezour et celles de Treize (§ 30) et de trésorier (§ 47, note). Telle était la règle, et l'on ne trouve guère de fait qui la contredise, celui par exemple d'un pardezour figurant en même temps parmi les Treizes, sinon peut-être par exception, comme dans le cas signalé par l'atour de 1415, où un pardezour aurait été élu Treize avant le dépôt de son rapport[2].

§ 43.

Les *plaidiours* étaient des praticiens qui, aux plaids devant le maître échevin ou devant les échevins et devant les Treizes, prêtaient le secours de leur expérience et de leur parole, comme les avocats de nos jours, à ceux qui se trouvaient engagés dans un débat judiciaire. Leur situation était autre que celle de

---

1. « Au mois de septembre (1494) pourtant qu'il y avait si peu de gens en paraiges de la Cité que on ne povait plus trouver douze hommes de paraige qui ne fussent trèsc, ou trésoriers, pour estre chargiés et pardessours de teneurs, comme on avoit fait de tout temps passé, il fut fait une ordonnance que dès lors en avant, au lieu de douze on n'en douroit que sept par escript. » (*Chroniques d'Aubrion et de Phil. de Vigneulles* dans Huguenin, *Les Chroniques de Metz*, p. 601-602.)

2. Parmi les titres signalés dans une des notes qui précèdent, comme relatant des jugements des Treizes sur rapport de pardezour, il en est dix dont nous avons le texte sous les yeux, imprimés les uns dans les preuves de l'*Histoire de Metz* sous les dates de 1277, 1282, 1327, 1360 et les autres dans un recueil de *Documents* publiés en 1885 par M Bonnardot, dans la *Nouvelle Revue historique du droit français et étranger*, sous celles de 1305, 1313, 1316, 1317, 1320, 1312. Dans le nombre, un seul titre de 1282 mentionne comme pardezour l'un des Treizes qui sont énumérés à la fin de la pièce. Deux autres, ceux de 1277 et 1320, si l'on n'y regardait pas de près, pourraient sembler dans le même cas, parce que le pardezour y est mentionné aussi à la fin de la pièce, — mais à la suite des Treizes et non parmi eux — comme possédant ainsi que ceux-ci une copie du rapport et du jugement. Quant au titre de 1282, la singularité qu'on y relève d'un pardezour figurant parmi les Treizes ne peut être qu'une exception, celle, par exemple, d'un pardezour nommé Treize avant le dépôt de son rapport ; cas signalé dans l'atour de 1415, comme il est dit ci-dessus.

l'individu investi des pouvoirs conférés par la *layée en plaid*, procuration donnée par-devant maire et échevin, c'est-à-dire en plaid (§ 27). Les plaidiours étaient des officieux qui vendaient leurs services à quiconque les réclamait. Ils appartenaient à la classe des *clercs* et *escrivains* qui gravitaient naturellement autour des gens de justice.

Ils paraissent avoir, sous quelques réserves, exercé leur profession à peu près librement jusqu'à un atour de 1392[1] qui, en les soumettant à des règles et à une discipline, révèle certains abus qu'il se propose ainsi de corriger. Les plaidiours sont astreints par cet atour à se faire écrire, c'est-à-dire enregistrer comme tels au papier, est-il dit, des Treizes et des eswardours, et à prêter devant eux le serment, renouvelé, ce semble, chaque année le lendemain de la Chandeleur, d'exercer leur office loyalement. Il leur est défendu de lire ou parler pour les deux parties dans une même cause et de se mettre au service de ceux qui étaient chargés de mises de tenours, ou de démonements : situation dans laquelle on pouvait surprendre « les vérités et les enquestes dou fait et des querelles » dans toute sorte d'affaires, et en abuser si l'on voulait au détriment des intéressés.

L'atour de 1392 ne se proposait pas pour unique résultat de réprimer des excès. Son préambule indique dans ces termes son principal objet : « Comme... plusours de notre citey et dou pays entour, y est-il dit, s'aient dollut de ce qu'ils ne poioient avoir... pour lour argent plaidiours qui voleist dire pour eaulz par-devant les Trezes ou ailleurs en jugement, etc. » Il s'agissait de constituer un corps de défenseurs, qui faisait défaut, en y enrôlant « les clercs ou escrivains qui se mettaient en avant de parler pour aultruy en jugement ». Ceux-ci étaient, il est vrai, atteints par là dans l'indépendance et la liberté d'action dont ils jouissaient précédemment, mais ils obtenaient l'avantage d'un privilège pour l'exercice de leur profession, privilège auquel il n'y avait qu'une exception, spécifiée dans

---

1. *Hist. de Metz*, preuves, t. VI, p. 421.

l'atour, en faveur des particuliers toujours libres de porter la parole en justice pour leurs proches parents. On peut donc, malgré cette réserve, considérer l'atour de 1392 comme constituant dans les termes d'une situation privilégiée le corps des plaidiours. Un second atour, de 1443[1], montre les abus et excès auxquels, à l'abri de ce privilège, les plaidiours purent se laisser graduellement entraîner. Il leur est défendu, par ce nouvel atour, de se faire attribuer par aucun mode d'acquisition, association, donation, etc., la jouissance de droits qui ne devraient pas leur appartenir ; ce sous peine de confiscation et de 20 livres de *somme* à payer en outre, avec amende au *reward* de la justice (§ 33).

En justice, les plaidiours accompagnaient leur client qui devait les laisser parler pour lui. En cas de noise, cris ou tumulte, ils étaient frappés d'une amende de 10 sols qui était le double de celle imposée dans le même cas à tout autre. A la *celle* devant le maitre échevin, au plaid devant les échevins, et en débat de tenour devant les Treizes, chacune des deux parties devait au début de l'affaire affirmer sous le sceau du serment qu'elle croyait avoir bon droit contre son adversaire[2]. Ce serment devait être prêté, est-il dit, par l'intéressé ou, à sa place, par celui qui était au plaid pour lui, par son plaidiour vraisemblablement, lequel pouvait aussi demander droit pour son client (§ 23). Dans la procédure pour entrer en démonement quand les échevins avaient décidé que les parties devaient prendre un ami qui les accordât pour la production des titres destinés à constituer le démonement, le plaidiour de chacune devait répondre : « Ma partie m'en prend. » Nous avons expliqué précédemment cet incident (§ 25).

Au cours des débats, le plaidiour ne devait parler que deux fois dans une même affaire et il ne pouvait prendre pour son client que trois *escheus* comme le prescrivait l'atour de 1352 (§ 26), ou un seul dans les cas où l'on ne devait pas en avoir

---

1. *Hist. de Metz*, preuves, t. V, p. 430.
2. Atour de 1397. — *Hist. de Metz*, preuves, t. IV, p. 483.

davantage, pour une réclamation par exemple d'argent, marchandise ou denrée, sans écrit. Outre les prises d'escheus que pouvait faire le plaidiour, il lui appartenait aussi de demander pour son client, quand il y avait lieu, la *solne*, excuse légale en cas de non-comparution (§ 26).

§ 44.

Les *sergents* des Treizes ou de la justice, comme on disait à Metz, occupent le dernier rang de la hiérarchie judiciaire, mais ne sauraient être négligés, en raison de leurs nombreuses attributions et de la persistante prolongation de leur existence après la cessation même de la justice municipale. Les sergents étaient en deux mots des agents d'exécution dont le nom indique la condition subalterne. On n'a aucune donnée sur leur origine. On les voit mentionnés vers le xive siècle avec les valets des Treizes, du groupe desquels ils pourraient bien être sortis. Valet et sergent étaient en principe des termes à peu près équivalents qu'on trouve rapprochés et parfois employés l'un pour l'autre, notamment dans un atour de 1411 [1]. Le rapprochement de ces deux termes se rencontre également, mais avec une nuance qui les distingue, dans une de nos chroniques où il est dit que l'évêque Raoul de Coucy quitte Metz en 1387, sans rien donner aux *varlets* des Treizes ni aux *sergents*[2]. Les sergents s'acquittent à Metz de certains emplois qui semblent avoir appartenu exclusivement dans le principe aux maires et à leurs doyens, et même aux Treizes qu'ils y secondent d'abord et qu'ils y remplacent ensuite plus ou

---

1. « ....Que lo *sergens* des Trezes que cert les Sept de la guerre... n'ait.. de sallaire pour son office desdits Sept de la guerre que soxante sols... cheseant. Item que l'autre *verlet* que cert les dis Sept de la guerre... n'ait de cy en avant de sallaire pour son office et pour servir les dis Sept que les cniet livres... qu'il ait cheseant... Item que le *vallat* des trezoriers... n'ait ad cause de l'office des trésoriers dont il est *sergent* que... les cinquante et cinq sols... com li paiet cheseant,... et les soxante sols com li donnet... pour ces commandemens de toute l'annee et pour faire paier les tenours... » (Atour de 1411, 26 mars. — *Hist. de Metz*, preuves, t. IV, p. 671.)

2. Huguenin, *Les Chroniques de Metz*, p. 118.

moins complètement. Tels sont les adjournements par exemple, les actes d'exécution, les saisies, les prises de gages, etc.

On possède quelques atours, ordonnances et règlements où il est question des sergents et de l'exercice de leur office ; mais ces documents sont très peu nombreux et ne contiennent généralement que d'une manière incidente des dispositions relatives à cet objet. Nous en citerons sous les dates de 1385, 1397, 1405, 1411, 1504, 1516, 1518, 1533, 1534. D'autres sont postérieurs à 1552. Les renseignements les plus abondants que nous ayons sur les sergents, sont les passages de nos chroniques où ils sont montrés en action[1]. C'est à cette source que nous avons emprunté presque tout ce que nous avons à en dire ici. On y voit leur emploi prendre graduellement de l'importance et arriver même à être finalement considéré et recherché.

Les sergents étaient, à ce qu'il semble, vers la fin du xvᵉ siècle, au nombre de 13 ou 14 à peu près. Ils avaient à leur tête un maître sergent, dont on ne discerne pas très nettement les attributions spéciales. On sait cependant que c'était lui notamment qui, sur l'ordre du maître des Treizes, huchait c'est-à-dire convoquait solennellement le Conseil. Il est dit aussi qu'un de ses privilèges était le droit d'être, chaque année, gratifié de la robe et du chaperon que portait le maître échevin à son installation. Les sergenteries ou offices de sergents se donnaient dans le principe, et à vie probablement ; mais, en raison de la recherche dont elles étaient devenues l'objet, elles avaient fini par se vendre, et même assez cher. Les titulaires en obtenaient, dans ce cas, jusqu'à 100 et 120 livres, à l'époque où une ordonnance de 1518 interdit ce trafic. Le droit des titulaires sur leur charge était tel que la confiscation de l'office était devenue l'une des pénalités dont ils pouvaient être frappés pour une infraction grave à leurs devoirs.

---

1. A ne consulter que la compilation qu'en a donnée Huguenin dans ses *Chroniques de Metz*, 1838, on peut y faire une ample moisson de renseignements sur le sujet en question, comme sur beaucoup d'autres du même genre.

D'après un règlement du xvie siècle, les sergents devaient avoir au moins 25 ans. Avec les bas officiers de la cité, ils prêtaient entre les mains des Treizes, le lendemain de la création de ceux-ci, un serment renouvelé, ce semble, tous les ans. Pour toute faute professionnelle ou délit de droit commun, ils étaient soumis à une pénalité dont un des termes pouvait être, nous venons de le dire, la confiscation de leur office. Ils portaient comme attribut distinctif, une verge d'argent, « la blanche verge », et avaient pour costume une robe de livrée aux couleurs de la ville, noire et blanche, qu'ils recevaient tous les ans, à la Toussaint. Dans les circonstances qui le comportaient, ils revêtaient un habit de deuil tout noir. Ils figuraient dans l'appareil des cérémonies publiques. Les sergents avaient pour salaire le produit de certaines taxes, dont étaient frappés les actes accomplis par eux. Ces taxes, remaniées en divers temps, sont fixées dans des tarifs dont nous possédons des spécimens. A ce salaire se joignaient quelques profits, comme celui que nous avons mentionné à propos du maître sergent.

Malgré la qualification expresse de sergents des Treizes, ces agents devaient leur concours et leurs services aux magistrats et officiers de toute sorte de la cité ; aux Treizes d'abord, qu'ils accompagnaient et secondaient dans tous les actes d'exécution appartenant à ces officiers ; aux comtes, aux eswardours, au maître échevin, aux échevins mêmes, aux Sept de la guerre, aux commis des paraiges délégués pour diverses fonctions et, en général, à tous les seigneurs de la cité dans l'accomplissement des actes de la vie publique.

Les sergents devaient à leurs risques et périls et sous une stricte responsabilité, sur leur corps et sur leur bien, est-il dit, *sergenter*, c'est-à-dire accomplir leurs divers devoirs sur l'ordre de qui de droit, au dehors comme au dedans de la ville. Ils devaient prêter main-forte partout où cela était nécessaire, participer à la garde de la ville, soit aux portes, soit aux murailles, accompagner le guet, veiller à la police sous toutes les formes; rendre témoignage des actes de violence, des querelles, coups, blessures, de quoi ils étaient crus en justice ; exécuter toute sorte de commissions, levées de deniers, recouvrement du produit des estaults, etc.

Ils avaient surtout, et c'est ce qui nous intéresse ici en première ligne, un rôle essentiel dans le régime de la justice. Ils assistaient aux plaids du maître échevin et des échevins, aux journées des Treizes et aux adjournés. Ils étaient présents à l'administration de la torture, aux exécutions criminelles de toute sorte, et faisaient enterrer les corps des suppliciés. Ils pratiquaient les saisies, les prises de gages, les arrestations, soit de débiteurs, soit de criminels, fussent-ils membres du clergé : on en a des exemples. Ils menaient en prison et en faisaient sortir ; ils conduisaient hors de la ville les bannis ; ils gardaient les prisonniers et les logis mis en séquestre ; ils surveillaient les lieux d'asile, pour empêcher ceux qui y étaient à refuge d'en sortir. Ils faisaient de plus les adjournements, les ventes judiciaires, les conduits, les huchements publics, les commandements, les significations d'exploits.

La plupart de ces indications sont empruntées aux passages de nos chroniques, où se montrent dans leurs rôles divers les sergents. Nous n'avions pas dépassé, on le voit, la vérité en annonçant au commencement de cet article le grand nombre de leurs attributions. Le fait, que nous avons signalé aussi de la prolongation de leur existence, ressortira de ce que nous aurons à en dire un peu plus loin, en parlant de ce que deviennent à Metz les institutions judiciaires après 1552 (§ 55).

§ 45.

Les *amans*, dont nous ne pouvons nous dispenser de parler ici, n'étaient pas des magistrats proprement dits. C'étaient aux XVe et XVIe siècles des officiers chargés de rédiger, de conserver et de produire en justice, en leur donnant le caractère de l'authenticité, les actes qui réglaient les intérêts d'ordre civil des particuliers, sous les formes le plus ordinairement de *crants* ou promesses, d'obligations et de contrats. Nous avons vu les amans intervenir ainsi, après les jugements de *sauveté* du maître échevin, pour en consigner les résultats dans des écrits rédigés à cet effet (§ 12) : procédure usitée tout spécialement dans les jugements concernant les affaires des mineurs, la mise hors de mainburnie par exemple (§ 12). Nous les avons signalés comme recevant en dépôt l'*accord des Treizes*, ainsi qu'ils auraient pu le faire de contrats quelconques (§ 32). Un certain nombre d'amans figuraient ordinairement parmi les Treizes nommés chaque année. Nous avons dit que c'étaient eux qui fournissaient à la compagnie ses *accordours* et ses *révélours*, et que dans les cas où ces officiers avaient à juger, comme c'était leur office, les différends survenus entre deux compagnons, ils se faisaient conseiller par ceux de la compagnie qui se trouvaient aussi être amans (§ 30).

Les actes d'amans, sans avoir besoin de témoins ni de sceaux publics ou privés, sans être même signés ni par eux, ni par les parties intéressées, avaient le caractère de l'authenticité et faisaient foi en justice par le seul fait d'avoir été reçus ou rédigés par ces officiers, conservés dans leurs arches et produits par eux, quand il y avait lieu. La teneur de ces actes était très simple. Ils contenaient l'énonciation succincte du fait, commençaient uniformément par ces mots : *Connue chose soit à tous que*.... etc., et se terminaient par le nom de l'aman qui les avait reçus ou écrits, et par celui de l'arche de paroisse où l'original était conservé.

L'institution des amans procède d'une réforme de l'évêque Bertram, introduite à Metz à la fin du xii° siècle, du consentement unanime, est-il dit, du clergé et du peuple, pour la suppression du duel dans le débat des causes civiles, et son remplacement par l'autorité absolue donnée à l'acte écrit, pourvu qu'il eût été déposé et gardé dans une arche publique; faute de quoi, l'obligation prétendue pouvait toujours être reniée sous le sceau du serment par le défendeur. Le titre écrit garanti par son dépôt et sa conservation en arche faisait foi au contraire malgré toute opposition, et permettait d'user de contrainte contre celui qu'il obligeait.

La charte donnée à cet effet par Bertram, en 1197[1], confirmée par Philippe, roi des Romains en 1198, instituait dans chaque paroisse de la ville une arche fermée par deux serrures dont les clefs étaient entre les mains de deux prud'hommes élus par les paroissiens. Cette arche était originairement dans l'église même. Ses deux gardiens ou *wardours* reçoivent, dans le courant du XIIIe siècle, la qualification d'*amans* (*amanuenses*) qui paraît correspondre au rôle de rédacteurs des actes, au lieu de celui de simples gardiens qui leur est seul donné dans la charte de 1197 de l'évêque Bertram. Quelques atours de 1260, 1297, 1304, 1306, 1361, 1394, 1401, 1423 et 1530[2] nous font connaître, dans ses points essentiels, le régime de cette institution et les modifications qui y ont été successivement apportées. En signalant, dans un ordre méthodique, comme nous allons le faire, ces particularités, nous joignons à leur énonciation les dates de ceux de ces atours où nous les trouvons relatées, sans prétendre qu'elles aient toujours commencé à ces dates mêmes. Elles ont pu, au contraire, les précéder souvent et durer ensuite plus ou moins longtemps. Leur chronologie dans ces termes est donc purement approximative.

1. Cette charte est perdue depuis longtemps ; mais nous en possédons une traduction française faite vers 1515 sur un vidimus, portant cette date, de l'original appartenant alors aux archives de la ville. Nous en avons en outre une interprétation libre en français du XIIIe ou XIVe siècle, où avaient été supprimés certains détails de procédure tombés alors en désuétude, qu'on retrouve dans la traduction du XVIe siècle. — L'interprétation du XIIIe figure au Grand cartulaire de la Cité exécuté au XIVe siècle et a été imprimée par les Bénédictins dans les preuves de leur *Histoire de Metz*, t. III, p. 164. La traduction du XVIe siècle, ajoutée à cette époque à la fin de ce Grand cartulaire (f° 103) conservé aujourd'hui à la bibliothèque de Metz, mss. n° 751, est inédite.

2. Ces atours sont imprimés dans les preuves de l'*Histoire de Metz*, à la seule exception de celui de 1297 qui est inédit et qui se trouve dans un manuscrit de la Bibliothèque nationale, f. fr. n° 5396, f° 62, r° et v°. Ce même manuscrit en contient encore deux autres sous les dates de 1367 et de 1400, également inédits ce semble, mais qui pourraient n'être autre chose que ceux de 1361 et 1423 sous des dates inexactes.

Sous ces réserves, nous dirons que les amans étaient nommés à vie (1297, 1304), qu'ils ne pouvaient ni se démettre, ni vendre, donner ou engager leur office (1297, 1304); qu'ils devaient être âgés d'au moins 30 ans (1297, 1361), être nés en légitime mariage (1304, 1306) et de la nation de Metz (1297, 1304); et qu'ils devaient être estimés, est-il dit, notables (1197) ou prud'hommes convenables (1297); qu'enfin les deux amans d'une paroisse ne pouvaient être ni frères, ni père et fils ensemble (1260). Ajoutons qu'ils devaient demeurer dans le district de la paroisse (1260, 1297, 1304, 1306), ce à quoi les Treizes pouvaient les contraindre, sinon ils les obligeaient à rendre, comme on disait, leur clef (1260). Ils devaient de plus, dans le principe, être originaires de la paroisse (1306), à moins qu'au moment de l'élection aucun de ceux qui l'habitaient ne se présentât pour prendre l'office; auquel cas on pouvait prendre ailleurs un candidat, obligé dès lors de venir demeurer dans la paroisse dont il devenait ainsi aman (1306). Dans un atour de 1304 enfin, il est dit que les amans devront savoir lire et écrire.

Ils existaient alors depuis plus d'un siècle. Est-il admissible que, dès leur origine même, ils n'aient pas été soumis à cette obligation? La prescription de 1304 pourrait n'être autre chose qu'un rappel à la règle ou au moins à l'usage, pour obvier à quelque abus; elle ne saurait être à cette date une innovation marquant pour les amans le passage de la simple condition de gardiens ou *wardours* à celle de rédacteurs, avec la qualification d'amans, *amanuenses*. Ce titre d'aman, il est vrai, ne leur est pas donné, nous l'avons fait observer, à leur première institution, mais au XIII° siècle seulement. Il leur est, en tout cas, attribué déjà dans les atours de 1260 et de 1297, antérieurs à celui de 1304 [1].

Les amans étaient élus par les paroissiens dès l'origine (1197,

---

1. Un grand nombre d'actes d'amans se terminent par cette indication : « N... l'oscrit. » Une étude spéciale de cette particularité pourrait éclairer les questions que nous avons mentionnées, touchant le caractère personnel des amans.

1297) ; plus tard, par les paroissiens chefs d'hôtel, c'est-à-dire par ceux seulement ayant la qualité de principal habitant de chaque maison (1304, 1361). Les paroissiens étaient pour cela réunis dans l'église (1297, 1361), où ils prêtaient, devant le maître échevin et les Treizes, un serment relatif aux conditions de l'élection (1304,1361). A cet effet, la vacance de l'office était à bref délai notifiée publiquement dans la paroisse à la mort d'un aman, et journée était indiquée pour le remplacer (1304, 1361). Au jour dit, l'élection était faite par accord (1297, 1304), c'est-à-dire à l'unanimité ; sinon, en cas de dissentiment, la nomination était disputée par les candidats. On ne pouvait être nommé avec 5, 10, 15, ni même 20 voix, est-il dit (1297). Il fallait 30 voix au moins pour être élu et, par une disposition singulière, tous ceux qui atteignaient ou dépassaient ce nombre étaient mis également sur la même ligne et jouaient ensemble au plus de points à trois dés, la possession de l'office en question, en présence du maître échevin et des Treizes (1304, 1306). Ce mélange du sort au libre choix des électeurs avait pour objet de déjouer les brigues. Elles avaient cependant trouvé encore moyen de se produire au profit d'un candidat qui enlevait par intrigue les voix de tous les électeurs sans en laisser à d'autres, à une époque où l'élection par accord n'était plus admise. L'atour de 1361 y obvie en prescrivant que celui qui aura reçu 30 suffrages renoncera à en prendre davantage et devra prier à haute voix les paroissiens de reporter sur d'autres leur suffrage, afin que tous les candidats admissibles aient leurs 30 témoignages comme on disait (1361). Le suffrage de l'électeur n'était plus, en effet, qu'un témoignage de capacité et de confiance ne décidant rien, et propre seulement à établir l'aptitude du candidat à concourir par le sort à l'élection. En même temps qu'on empêchait celui-ci d'accaparer toutes les voix, les électeurs étaient contraints de donner la leur, et, s'ils s'abstenaient, obligés de jurer au moins qu'ils ne le faisaient par esprit ni de haine, ni de lucre (1361).

Le nouvel aman faisait à la ville sûreté de 400 livres (1304,

1306), c'est-à-dire versait cette somme, déposée dans une huge fermée à 8 serrures dont le maître échevin et les 5 premiers paraiges avaient chacun une clef et le Commun deux (1304). On ne pouvait disposer de cet argent, pour les besoins de la ville, dans des circonstances qui ne sont pas indiquées mais qu'on peut assez pressentir, que par l'accord du maître échevin, des Treizes et des prud'hommes (1304). Le nouvel aman recevait sa clef de son ancien, c'est-à-dire de celui auquel il venait s'associer dans l'amandellerie de la paroisse, et prêtait entre ses mains un serment relatif à l'exercice de la charge (1297, 1304). Il ne pouvait être saisi autrement de l'office et notamment prendre sa clef, comme on disait, par autorité seulement des Treizes, ni d'autre justice, sous peine d'amende de 100 livres avec destruction de l'héritage et bannissement pour 60 ans, frappant celui qui aurait donné ainsi l'amandellerie aussi bien que celui qui l'aurait prise (1304). Le principe de l'élection était considéré comme essentiel. Même avec l'introduction des chances d'un tirage au sort, il semblait encore dans une certaine mesure être respecté.

Vers la fin du XIV° siècle ou au commencement du XV°, de graves modifications paraissent avoir été apportées au régime de l'institution des amans. Elles nous sont révélées par les dispositions d'un atour du 12 janvier 1422 (1423, n. s.). A cette époque, une charge d'aman devenue vacante était considérée comme appartenant à la ville, qui la mettait en vente au prix de 100 livres au moins[1]. Si les offres n'atteignaient pas ce prix, rapport en était fait à la Justice et au Conseil par les Treizes, les trésoriers (§ 47, note 1) et les commis du Conseil chargés de l'opération, et un chiffre nouveau était proposé avec l'annonce du jour de la remise en vente de l'office. Un autre changement non moins grave aux anciennes coutumes est qu'alors les membres seuls des paraiges sont admis à

---

1. On a dans les preuves de l'*Histoire de Metz* plusieurs exemples de ventes de ce genre sous les dates de 1372 (pour 205 livres), de 1408 (pour 140 livres), de 1483 et de 1527 (pour 100 livres). Leur produit allait, on le voit, en diminuant.

prendre l'office, tandis qu'autrefois il suffisait pour cela d'être de la nation de Metz. En même temps, la limite inférieure de l'âge requis est abaissée de 30 ans à 20 ans et l'obligation d'habiter simplement la ville est substituée à celle d'habiter le district de la paroisse. Une condition nouvelle, imposée alors aux amans, est de ne pas exercer la profession de plaidiour et de l'abandonner par conséquent s'ils y étaient engagés lors de leur nomination (§ 43).

Telle était la condition des amans vers la fin du xv° siècle et au commencement du xvi°, à l'époque où nous nous sommes placés pour étudier les institutions messines. Nous rappellerons à cette occasion ce que nous avons dit précédemment des dates auxquelles nous sont révélés d'une manière souvent indirecte, par les documents, les changements apportés aux conditions originaires de l'institution. Nous devons le faire notamment pour ce qui regarde deux points essentiels de ce régime dans les derniers temps : le choix exclusif des amans dans le corps des paraiges et l'abandon de l'obligation de résidence de ces officiers dans la paroisse dont ils portaient l'amandellerie.

L'attribution exclusive des charges d'amans aux membres des paraiges ne saurait être de beaucoup antérieure au xv° siècle, et a pu être préparée par l'exercice d'un certain droit, précédemment accordé à ces privilégiés, d'intervenir dans la transmission des offices d'amans en certains cas. Ainsi, dans un atour de 1385 pour les eswardours, il est dit « con ne puist vandre... nulle amanderie se ce n'estoit par l'accord dou plux des paraiges », ce qui n'est pas encore le droit pour les membres des paraiges d'en être exclusivement investis, car il est ajouté « et que nuls n'en puist nulles avoir ne porteir fors que gens des linaiges de la citeit et qu'il soit de la nation de la citeit de part peire ou de part meire ». L'ancienne et jadis unique condition d'être de la nation de Metz, pour devenir aman, est encore énoncée ici, mais en même temps la disposition des paraiges à s'emparer des offices apparaît dans la mention des *linaiges de la citeit*. L'usurpation sera effectuée le jour, maintenant prochain, où l'on aura simultanément cessé de parler de la nécessité d'être de la nation de Metz pour avoir le droit d'être aman ; c'est ce qui a lieu dans l'atour de 1422 (1423 n. s.). Ce changement, on le voit, avait pu venir graduellement. Il avait été préparé de loin.

Il en est vraisemblablement de même de l'abandon par les amans de la résidence dans la circonscription de la paroisse. Il est dit quelque part qu'une ordonnance de 1466 dispensait les amans de cette résidence [1]. Sans être certain, le fait est admissible. Il avait pu, en tous cas, être graduellement préparé, comme nous venons de le dire, par des dispenses accordées individuellement, dont nous avons un exemple dès l'année 1372[2], et par une désuétude progressive qui paraît accusée ainsi que d'autres abus, touchant le même sujet, par un article du grand atour de 1405 dit de la Rébellion, dont on connaît le caractère de revendication contre toute innovation effectuée au profit des paraiges. Il y est dit : « Avons aussi ordonné que dès or en avant on face les amantz par la relacion des paroissiens, ainsi qu'il a esté anciennement accoustumé, et en payant la somme accoustumée en nostre cité, et voulons que y-ceulx amantz demeurent... ès paroisses de là où ils sont amantz...[3] »

Nous aurons complété ce que nous avons à dire des amans quand nous aurons ajouté que nous possédons encore pour ce qui les concerne deux documents importants : l'*Accord* passé entre eux touchant l'accomplissement de leurs devoirs professionnels et, sous le titre de *Style de l'amandellerie*, un recueil de formules des actes divers qu'ils pouvaient avoir à dresser, suivant les circonstances.

---

1. Cette ordonnance de 1466 est signalée par Klipffel dans *Les Paraiges messins*, 1863, p. 90, mais sans indication de source ; nous n'en connaissons aucune autre mention.
2. *Hist. de Metz*, preuves, t. IV, p. 278.
3. *Ibid.*, t. IV, p. 568.

L'*Accord*[1] comprend 27 articles, relatifs aux principaux devoirs des amans, à l'obligation, en première ligne, de ne prendre d'engagements et de n'en recevoir que de personnes présentes, en état de liberté, en possession de leur entendement, et bien informées de ce dont il s'agit. L'accord contient ensuite quelques dispositions relatives au secret des intérêts, à la régularité, à la conservation, à la production en plaid des actes et à leur remise lors de la transmission des charges. Il y est question aussi de leur rédaction en général, et dans quelques cas particuliers comme les gagières, les devises ou testaments. L'accord mentionne également l'interdiction de consacrer la reconnaissance des dettes de jeu, les précautions à prendre avec les gens qui ne parlent que l'allemand ou *tiache* (*deutsche*), enfin l'élection annuelle des 2 maîtres des amans, et le paiement de 10 livres dues aux compagnons par celui d'entre eux qui prendrait l'office de maître échevin, ou par chacun à son entrée en charge, pour son *past,* s'il ne préfère s'acquitter plutôt en fournissant trois mets accompagnés, est-il dit, de bon vin. Le même jour il devait donner sa robe au valet.

Le *Style de l'amandellerie* est, comme son nom l'indique, un recueil de formules dont nous trouvons la copie dans un manuscrit des XV⁰ ou XVI⁰ siècles de la Bibliothèque nationale à Paris[2]. Ce recueil contient des modèles d'actes commençant uniformément par ces mots : « Connue chose soit à tous que.... etc. », particularité qui caractérise les actes d'amans depuis leur origine, au début du XIII⁰ siècle, jusqu'à la fin, au XVIII⁰. Ces modèles au nombre de 118, concernent 1° le régime

---

1. Nous connaissons trois copies différentes de l'*Accord* des amans : l'une, manuscrite, à la Bibliothèque nationale à Paris, mss. f. fr. n° 5396, f° 67, 68 ; les deux autres imprimés, 1° par D. Calmet dans son *Histoire de Lorraine*, 2° éd., t. III, préliminaires, col. 235-240, 2° par Huguenin dans ses *Chroniques de Metz*, p. 25-26, d'après la chronique de Phil. de Vigneulles. — La copie manuscrite contient 26 articles, celle de Dom Calmet 27, celle de Huguenin 24. La copie de Dom Calmet est la plus complète, mais son texte est très mauvais. Elle pourrait être améliorée en la rapprochant de celle de Huguenin qui la reproduit plus correctement, sauf omission des articles 23, 24, 27, et de celle de la Bibliothèque nationale à laquelle manquent les articles 23 et 24, mais où l'article 17 est divisé de manière à en former deux distincts.

2. Bibl. nat. à Paris, mss. f. fr. n° 5396, f°s 98 à 122.

de la famille, 2° celui de la propriété, 3° les faits divers de la vie civile dans la cité de Metz. A la première catégorie appartiennent les actes qui regardent le mariage, la condition des femmes, des enfants, le douaire, la mainburnie, les successions, les devises ou testaments, les parsons ou partages. Dans la seconde catégorie, on trouve des actes relatifs à la possession et à la jouissance des héritages ou immeubles, bois, eaux, terres, maisons; à la culture et au louage de ces biens, à tiers meud, à moitié; au trescens, à la mise en neuve terre, à l'accensement, au chaiptel, à la dîme, au travail, aux amendements, aux bêtes, aux récoltes, aux biens mobiliers. Dans la troisième catégorie se rangent les reconnaissances, les crants ou engagements pour toute sorte d'objets; les actes relatifs aux prises de ban qui garantissent la transmission de la propriété, aux dons, ventes, acquets, rachats, échanges, aux plégeries ou garanties, aux gagières[1], aux relèvements, aux arbitrages, aux dettes de toute nature, aux obligations des maires, agents principaux du domaine seigneurial, etc.

Ces indications, jointes à celles qui précèdent, donnent une idée de la manière dont fonctionnaient à Metz les amans, vers le commencement du XVI° siècle, indépendamment des notaires d'institution apostolique et impériale, *auctoritate apostolicâ et imperiali constituti,* qui d'ancienneté y existaient simultanément avec les attributions qui partout leur sont propres.

§ 46.

Nous n'avons que peu de chose à dire pour résumer maintenant le chapitre où nous avons groupé quelques notions sur certains organes accessoires de la justice, associés de diverses manières à l'action de ses principaux officiers, le maître échevin, les échevins et les Treizes. Ces organes accessoires sont le

---

1. La gagière était à Metz un mode de tenure de la propriété foncière qui, par une fiction légale, changeait le caractère de celle-ci et lui conférait certains avantages spécialement attachés à la propriété mobilière.

Conseil ou grand Conseil, les *trois maires*, les *comtes jurés* des paroisses, les *eswardours*, les *pardezours*, les *plaidiours*, les *sergents* et les *amans*. Rappelons les traits essentiels qui caractérisent chacun d'eux dans le rôle spécial où nous avons à le considérer ici.

Le *Conseil* ou grand Conseil (§ 38) était dit quelquefois aussi le Conseil des Treizes, ceux-ci le mettant dans certains cas en action, pour le saisir de toute sorte d'affaires, d'affaires judiciaires entre autres. L'origine et le fonctionnement du Conseil sont peu connus; on sait cependant qu'il était exclusivement composé de membres des paraiges. Nous n'avons guère à en dire autre chose ici que la part prise incidemment par lui, sur la convocation des Treizes, au jugement de certaines causes civiles et criminelles, de la compétence de ces derniers. On a, en même temps, des exemples d'une action dirigée, en diverses circonstances, par le Conseil contre les Treizes eux-mêmes, pour réformer des décisions prises par eux et au besoin les contraindre à se soumettre, en cas de résistance de leur part.

Les *trois maires* (§ 39) étaient seuls investis à Metz du droit de ban, originairement délégué par l'empereur à l'évêque et par l'évêque à ces officiers. A eux seuls il appartenait de constituer, sous l'autorité de ce ban, le plaid banni, *placitum bannale et legale*, indispensable à l'exercice de la juridiction du maître échevin et des échevins, et de plus à l'accomplissement de certains actes d'autorité qui ne pouvaient être exécutés qu'en plaid banni, c'est-à-dire par un maire accompagné d'un échevin; ce qui était strictement suffisant dans ce cas pour constituer le plaid banni (§ 27).

Les *comtes jurés* des paroisses (§ 40) dits l'ancienne justice, seule magistrature laissée à la classe populaire, avaient un rôle d'assistance très effacé, mais consacré par la tradition, auprès des Treizes qui, sans eux, ne pouvaient pas exercer la juridiction, rendre notamment ni exécuter les jugements criminels. Le concours que les comtes sont dits donner à l'*accord* annuel des Treizes (§ 32) semble impliquer que, originairement au moins, ils pouvaient participer à un plus grand nombre sinon à la totalité de leurs actes. On a quelques indices aussi d'un rôle qui leur aurait été particulièrement réservé dans l'exercice de certaines attributions spéciales d'administration, où pourrait se trouver le principe de celui qu'ils avaient pris dans le régime de la police urbaine d'ordre inférieur à Metz.

Les *eswardours* (§ 41), qui ont peu duré et dont il n'est plus question, ce semble, après 1405, méritent cependant d'être mentionnés au moins, à cause de la singularité de leur office. Nommés comme les Treizes au sein des paraiges et presque dans les mêmes conditions qu'eux, ils avaient pour fonction de surveiller ces officiers, de recevoir les plaintes qui pouvaient être formulées contre eux, de les contraindre à remplir leur devoir en cas de négligence de leur part, et de les suppléer au besoin dans leurs manquements. L'importunité de leur rôle, peut-être son inanité ou bien la réforme définitive des abus combattus par eux, pourraient également avoir été des motifs suffisants de leur disparition. En fait, la rébellion de 1405 les supprime et, après elle, ils ne semblent pas avoir été rétablis.

Les *pardezours* (§ 42) étaient des espèces de commissaires chargés de l'instruction et du rapport des affaires soumises à la juridiction des échevins et du maître échevin, aussi bien qu'à celle des Treizes. Ils étaient constitués, est-il dit, pour savoir les tenours et les rapporter. Le renvoi qui leur en était fait, se nommait une *mise*, la *mise au pardezour*. Leur principal emploi était de préparer les rôles de démonement, pour les grandes affaires déférées sous cette forme au jugement du maître échevin (§§ 14, 25). Dans certains cas, les parties s'engageant à se soumettre à la décision du pardezour, le rôle de celui-ci devenait un véritable arbitrage (§ 42).

Les *plaidiours* (§ 43), comme leur nom l'indique, étaient des avocats officieux chargés par les parties en litige de débattre leurs intérêts devant le maître échevin, devant les échevins également, et devant les Treizes. Leur rôle, entièrement libre, ce semble, originairement, avait été réglé en 1392 par un atour qui, en leur imposant certaines obligations, avait constitué en leur faveur un véritable privilège pour l'exercice de leur profession.

Les *sergents* (§ 44), à un degré inférieur de la hiérarchie judiciaire, étaient des hommes d'action chargés surtout de la police et des actes d'exécution sous toutes les formes.

Les *amans* (§ 45) n'étaient pas, à proprement parler, des magistrats ; c'étaient originairement les gardiens à vie ou wardours des arches établies en 1197 par l'évêque Bertram, dans chaque paroisse, pour servir de dépôt aux actes d'intérêt privé. Ils étaient les délégués des paroissiens, qui les élisaient librement à la seule condition de prendre des hommes de la nation de Metz, et de la paroisse dans la circonscription de laquelle ils devaient comme amans résider. Tels sont les traits essentiels de la condition des amans aux XIIIe et XIVe siècles. Ajoutons que la ville, profitant du fait des compétitions dont leurs charges devinrent l'objet, avait fini par en faire à son profit la vente à ceux qui y étaient élus. Vers le XVe siècle, les gens des paraiges s'étaient emparés du privilège d'en être exclusivement investis, et l'on en était même venu à dispenser les titulaires de la résidence sur la paroisse de leur amandellerie. On arrive ainsi au XVIe siècle et à l'année 1552, où commence, pour les amandelleries comme pour toutes les autres institutions messines, la période de modifications et de transformations qui doit aboutir à leur suppression.

En définitive, il ressort de ce qui vient d'être dit que, parmi les organes accessoires de la justice, deux seulement avaient un rôle absolument indispensable, les *maires* et les *comtes jurés* : les maires sans le ban desquels les échevins et le maître échevin lui-même ne pouvaient pas juger ; les comtes jurés dont la présence permettait seule aux Treizes de procéder à un jugement ou à une exécution, en matière criminelle au moins. Le *grand Conseil* était appelé par les Treizes pour juger des causes qu'ils auraient pu, ce semble, vider également sans lui. Dans certains cas, cependant, rien ne pouvait le suppléer ou le remplacer, suivant toute apparence, pour actionner et contraindre les Treizes eux-mêmes, dans des termes qui dénotent d'ailleurs un acte plutôt de gouvernement que de juridiction proprement dite. Les *pardezours* remplissaient un rôle de pure procédure qui n'avait rien en lui-même d'absolument essentiel. Les *eswardours* étaient un rouage supplémentaire imposé à la justice des Treizes qui ont pu de bonne heure s'en voir débarrassés. Les *plaidiours* et les *sergents* étaient pour l'administration de la justice des aides d'une incontestable utilité, mais rien de plus. Quant aux *amans*, leur part dans l'ordre des faits judiciaires ne différait guère de celle qui, de nos jours, y appartient aux notaires, avec un rôle essentiel mais de caractère accessoire cependant, en certains cas.

CHAPITRE V

LES PRODUITS DE LA JUSTICE

§ 47. Amendes, confiscations, taxes. — § 48. Leur attribution à l'évêque, puis à la ville. — § 49. Part faite aux Treizes et autres officiers. — § 50. Résumé du chapitre V.

§ 47.

Les fruits ou produits de la justice sont le résultat des amendes et confiscations et de certaines perceptions qui s'y étaient jointes, devenues assez importantes grâce aux progrès de la science fiscale, vers l'époque où nous nous plaçons[1]. La

---

[1]. Ces considérations sont incontestablement, par un certain côté, de notre sujet, mais elles appartiennent surtout à un autre que nous ne voulons pas aborder maintenant, celui des finances de la Cité, alimentées par diverses sources de revenus dont les principales étaient, avec les produits de la justice, ceux des impôts ou *tailles* applicables aux *coustanges* de la ville (autour de 1232, v. s.) et certaines re-

jouissance de ces produits ou revenus avait toujours été considérée, et l'était encore généralement alors, comme une partie essentielle du droit de justice. Cette appréciation procédait d'un courant d'idées ancien, qui avait dominé cet ordre de faits quelques siècles auparavant, dans un temps où la justice, la justice criminelle même, se résumait presque tout entière dans l'application de peines pécuniaires ou amendes et de compositions ou indemnités. Le produit de ces amendes appartenait au souverain ou au personnage investi de son autorité qui abandonnait, comme le faisait son supérieur lui-même, une part de ce produit, le tiers généralement, à ses officiers, aux voués notamment. Ces officiers joignaient à ces profits des émoluments de moindre importance établis à diverses époques et ordinairement stipulés en sommes fixes[1] que la dépréciation naturelle du numéraire avait réduites pour la plupart, au bout d'un certain temps, à une valeur presque insignifiante.

cottes domaniales. Sans pousser plus loin ces explications sur les éléments constitutifs du régime financier de la ville de Metz, il nous semble opportun de dire deux mots des institutions qui présidaient au gouvernement de ces intérêts. Ce que nous en savons n'est pas antérieur au xiii° siècle Le maniement des deniers publics était, d'après un atour de février 1232 (1233 n. s.), confié alors à celui, est-il dit, « cui toute li ville y metrait par commun consoil et par cloche sonant » (*Hist. de Metz*, t. III, pr., p. 188). Suivant un autre atour du 27 décembre 1244, il passe à deux prud'hommes élus chaque année dans les octaves de la Chandeleur (*Ibid.*, p. 196). En 1284, on décide que le trésor de la ville sera déposé à l'hôpital, dans une *huge* fermée par cinq clefs dont le maître échevin et les quatre maîtres de l'hôpital auront chacun une (*Ibid.*, p. 229). En 1304, il est dit que le trésor sera gardé à la cathédrale dans une *huge* à huit clefs dont le maître échevin et les élus des cinq premiers paraiges auront chacun une et ceux du Commun deux. De là viennent les *VII trésoriers* ou *VII du trésor*, élus annuellement depuis lors dans les paraiges et dont l'institution se fixe en 1305 (*Ibid.*, p. 269 et 273). Ils sont chargés de la garde des deniers publics dont le maniement est en même temps remis à un *changeur* ou *receveur* mentionné en 1305 et 1313 (1314 n. s.) [*Ibid.*, p. 273 et 305], et qui, aux termes d'un atour de 1326, doit être nommé annuellement dans chacun des paraiges successivement (*Ibid.*, t. IV, p. 36). Plus tard le changeur est rendu permanent. Ces institutions se maintiennent sans grands changements, pendant les xiv°, xv° et xvi° siècles. Ce sont ces VII trésoriers que nous avons vus chargés en 1358 de la taxe des tenours (§ 35), et qui en 1423 participent à la mise à prix des offices des amans (§ 45). Ils étaient, nous l'avons dit aussi, dispensés des fonctions de pardozour (§ 42).

1. Telles étaient notamment les 10 livres que, jusqu'en 1429, la ville donnait annuellement aux Treizes, et celles qu'elle donnait de même aux amans : allocations supprimées alors, disent nos chroniques, en même temps que le présent de poissons offert chaque année également au princier et aux abbés qui élisaient le maître échevin. (*Chronique de Praillon*, dans Huguenin, *Les Chroniques de Metz*, p. 156.)

A Metz, au commencement du xvi⁰ siècle, la part du souverain, la plus grosse part dans les fruits de la justice, appartenait depuis trois siècles à peu près à la Cité elle-même. Les officiers qui se partageaient le reste et qui jouissaient en même temps des émoluments fixés par la coutume étaient le maître échevin, les maires, les échevins, les Treizes et les sergents.

Les perceptions judiciaires étaient, comme nous venons de le dire, les amendes, les confiscations et certains droits fiscaux, parmi lesquels nous mentionnerons surtout, comme un des plus importants, la taxe des tenours dont il a été précédemment question (§ 35) et, avec un caractère tout différent, les taxes de certains actes d'exécution abandonnées finalement aux sergents.

Les amendes étaient de deux sortes, les unes fixes dites les *sommes*, déterminées par les atours et ordonnances qui comportaient l'application d'une pénalité de ce genre, les autres arbitraires en quelque sorte dites les *rewards* ou *eswards* (§ 33), dont l'estimation était laissée au reward ou esward, c'est-à-dire à l'appréciation de la justice, à la décision des juges. Cette double pénalité était souvent, comme on le voit dans nombre d'atours, appliquée simultanément à un même fait criminel ou délictueux. Dans la catégorie des sommes se rangent les amendes fixes dont la loi ou l'usage frappaient les officiers et magistrats eux-mêmes pour manquements dans l'accomplissement de leurs devoirs. Telles sont certaines amendes édictées contre le maître échevin, les échevins et les maires dès le commencement du xiii⁰ siècle, comme il est dit dans la Lettre de commune paix qui est de cette époque, et plus tard également dans les records ultérieurs, dans les atours et les ordonnances.

Les confiscations étaient plus rares. Nous en citerons un exemple, que nous avons eu à mentionner tout à l'heure, en parlant des plaidiours, et qui est édicté dans un atour de 1443 (§ 43).

La taxe des tenours était une imposition frappant les affaires d'intérêt privé, consignées dans les tenours qui étaient déférées à la justice. Cette taxe était proportionnelle à l'importance de l'affaire, c'est-à-dire à la valeur de l'objet qu'elle concernait (§ 35). Elle était de 100 sols pour 100 livres, soit le sol pour livre ou le vingtième, cinq pour cent de la valeur en litige, aux termes d'un atour de 1314. Suivant cet atour, la taxe était établie par les *Treizes* eux-mêmes, à reward des *VII des pardezours* (§ 42), c'est-à-dire sous réserve de leur appréciation, ou bien, est-il dit dans un autre atour de 1358, par les *trésoriers* (§ 47, note 1) [1].

Nous n'avons aucune observation à faire sur la taxe des actes accomplis par les sergents (§ 44).

§ 48.

Le produit de ces diverses perceptions, amendes, confiscations et taxes des tenours, était partagé entre la ville pour les deux tiers et les Treizes pour le troisième tiers. C'étaient là, précisément, les proportions du partage des amendes entre l'évêque et le voué comte de Dagsbourg au commencement du XIII° siècle, comme on le voit par le record des droits de l'empereur et de l'évêque à Metz, qui est de cette époque. Suivant celui de la Commune paix de Metz, auquel on peut attacher la date de 1214, ce partage légèrement modifié, quant aux attributions, assignait les deux tiers des amendes à l'évêque et au comte associés pour cet objet, et le troisième tiers à la ville [2]. Trente ans plus tard tout était à la ville, qui en abandonnait un tiers aux Treizes jurés de la paix — ainsi

1. Atours de 1314 et de 1358. — *Hist. de Metz*, preuves, t. III, p. 310, et t. IV, p. 176.

2. Ce mode de partage est étrange. Il peut être bon de le rapprocher d'un partage analogue de certaines amendes, à une époque où les produits de la justice étaient à Metz tout entiers à la ville, qui en retenait les deux tiers et en abandonnait un tiers aux Treizes : en 1392, dans les amendes touchant la police de la Moselle et de ses digues, la ville en retient les deux tiers pour elle et les Treizes, et abandonne le troisième tiers aux Maîtres de la rivière chargés de les appliquer. (Atour de 1392. — *Hist. de Metz*, preuves, t. IV, p. 423.)

est-il dit dans un atour de 1244 — aux Treizes incontestablement, suivant la teneur de cet atour (§ 30) ; ce qui rappelle le partage initial en vertu duquel, au commencement du xiiie siècle, l'évêque en possession des amendes en abandonnait le tiers au comte voué.

Dans les termes de cette succession de faits, s'offre incidemment à nous une question dont la solution est restée jusqu'à présent, on peut s'en étonner, couverte d'un voile impénétrable, celle concernant la date et les circonstances du transport de ces droits fiscaux et d'autres droits qui les accompagnent, des évêques à la Cité. Le fait de ce transport est certain. Il a été effectué, comme on le voit par ce qui vient d'être dit, entre les premières années du xiiie siècle et 1244. Ajoutons que, dans cette évolution, le mode de partage que nous avons indiqué pour l'année 1214 est, en quelque sorte, un terme moyen entre les deux termes extrêmes de la dévolution exclusive à l'évêque et à son voué d'abord, et de la possession complète par la Cité et ses officiers ensuite ; ce qui semble donner à ce changement le caractère, non pas d'un d'un fait brusquement accompli de cession ou de prise de possession, mais d'une modification graduelle, comme nous avons eu déjà occasion d'en signaler ailleurs dans les évolutions qui, au xiiie siècle, font succéder dans Metz à la domination des évêques l'indépendance de la Cité et son gouvernement par les paraiges[1]. Si les choses se sont également passées ainsi pour la substitution de la Cité à l'évêque dans la jouissance des droits fiscaux de justice et sans doute aussi dans l'exercice de la juridiction à Metz, on peut s'expliquer par les conditions spéciales de cette marche graduelle et en quelque sorte insensible, l'effacement historique du fait dans nos annales, et l'impossibilité où l'on est partant de lui assigner une date précise.

---

1. *Le Patriciat dans la cité de Metz*, 1873. — Mémoires de la Société nationale des Antiquaires de France, t. XXXIV.

§ 49.

Après l'atour de 1244, qui règle le partage des amendes entre la Cité et les Treizes, savoir des *amendes* dites du *cloistre* pour paix brisée, que les Treizes et les comtes levaient dans la ville, ainsi que de toutes amendes en général, nous avons quelques autres atours encore qui se rapportent également à ce sujet : en 1284, pour la reddition de compte de ces perceptions par les Treizes ; en 1314, pour le fait de ces mêmes perceptions et de leur partage ; en 1358, pour le partage spécial des taxes de tenours entre la ville pour les deux tiers et les Treizes pour un tiers ; en 1366, pour un partage semblable des amendes des métiers ; en 1373 (1374, n. s.), pour le même partage des amendes entre la Cité et les Treizes, avec cette mention que les amendes de 30 sols ou moindres appartiendront entièrement à ces officiers.

Le partage des amendes et des taxes de tenours ne profitait qu'aux Treizes seulement, lesquels bénéficiaient en outre des amendes qu'ils s'imposaient entre eux, suivant leur accord (§ 32). Les autres officiers de justice, les maires, les échevins, et le maître échevin lui-même [1], recevaient comme émoluments des sommes fixes, indépendamment de certaines perceptions en nature, notamment sur les métiers, auxquelles les Treizes participaient d'ailleurs aussi. Nous nous bornerons à rappeler ce que nous avons dit précédemment de ces émoluments assignés aux échevins par exemple : 5 sols dus pour la perte du droit par la partie condamnée dans un procès civil ; 12 deniers aux plaids annaux et autant pour les actes d'émancipation ; 4 deniers dans les causes de tutelle, avec défense de rien percevoir de plus que leur dû ; 6 deniers pour la prise de ban et autant aux maires [2]. A ces derniers revenaient encore 5 sols pour l'es-

---

[1]. Le maître échevin, suivant le record des droits de l'empereur et de l'évêque à Metz, entrait, au commencement du xiii° siècle, dans le partage des sommes perçues pour les *champs de bataille* (duels judiciaires).

[2]. Les *restures* aussi, se faisant en plaid banni, entraînaient le paiement d'un droit

tault, 4 deniers de chaque mutier pour la vérification des muids. Il ne semble pas qu'avec cela les maires reçussent rien pour les actes relatifs à l'exercice de la juridiction, semonces et tenue des plaids « en leu de ban ». Au moins, les documents n'en parlent-ils pas. Le record des droits de l'empereur et de l'évêque à Metz leur assigne une part de 10 deniers sur les 7 sols et demi, et autant sur les 32 sols et demi, payés pour le champ de bataille ou duel judiciaire ; mais c'est là une procédure dont l'usage ne s'est guère prolongé[1]. La lettre de Commune paix leur accorde une part de 3 sols dans les amendes de 10 sols.

Ces sommes sont minimes. Elles n'étaient pas sans valeur au commencement du XIIIᵉ siècle ; mais ultérieurement, par suite de l'avilissement général de la monnaie, elles ont pu venir à peu près à rien et leur perception est parfois tombée en désuétude par l'abandon volontaire des ayants droit. Nous avons cité un exemple de cet abandon (§ 28). Nous les donnons ici au taux fixé dans des documents généralement assez anciens. On pourrait naturellement penser que ces taxes ont pu être relevées ultérieurement, si on n'avait la preuve pour quelques-unes au moins qu'il n'en est rien, et qu'elles ont été souvent, comme nous venons de le dire, simplement abandonnées. Nous possédons en outre un atour de 1411 sur les gages des officiers de la cité, qui ne contredit pas ces appréciations. Il concerne, il est vrai, surtout les officiers d'ordre inférieur, mais il mentionne encore pour les prises de ban, les 14 deniers dont nous avons dit tout à l'heure que 6 allaient à l'échevin et 6 au maire, les deux deniers restants apparte-

au profit du maire et de l'échevin qui y avaient procédé. On n'est malheureusement informé que très imparfaitement de ce qui concerne les vestures, dont l'usage a cessé à Metz de très bonne heure, pendant la 2ᵉ moitié du XIIIᵉ siècle. Pour ce qui est des droits perçus à leur occasion, on sait seulement que, vers le commencement du XIIIᵉ siècle, ces droits ont pu être payés en vin, *bannalia vini sextaria*; plus tard, ils l'étaient en deniers, sans qu'on ait aucune indication sur leur taux. (*Étude sur le régime ancien de la propriété. La vesture et la prise de ban à Metz*, in-8°, 1881, §§ 10 et 28. — Nouvelle Revue historique du droit français et étranger, 1889.)

1. Suivant les termes de la charte de l'évêque Bertram pour l'institution des amans et la conservation dans leurs arches des titres écrits (1197), cette innovation avait pour principal objet la suppression du duel judiciaire dans la procédure civile (§ 45).

nant au clerc. Rien n'avait donc encore été changé à cet égard au xv⁰ siècle.

Le contraste est frappant entre les modestes émoluments du maître échevin, des échevins et des maires, et les riches revenus assurés aux Treizes par l'attribution qui leur était faite du tiers des amendes et surtout du tiers des taxes des tenours, montant à 5 pour 100 de la valeur des objets en litige (§ 47). On s'explique facilement, en présence de cette situation, la promulgation d'un atour, publié le 24 février 1466 (1467, n. s.), pour admettre le maître échevin à partager avec les Treizes les profits qu'ils tiraient de la justice : « Considérans, y est-il dit, les charges et despans qu'il convient (au maître échevin) supporter et payer, à cause de son office... Ordonnons... que les maistres eschevins, que d'or en avant seront, seront tenus d'aller chascung ans, entre noël et la chandelleur, par devant les Trezes de la justice, pour demander amyablement audit Trezes qu'il puit prandre et avoir avec eulx part et portion, tel comme l'ung d'eulx averait et poulrait avoir, à la fin de leur année, des sommes et amendes qu'il averont ensemble à partir et en leur part. Et voullons que les Trezes qui pour l'année seront soient tenus de luy donner telle partz et porcion comme l'ung d'eulx pourait avoir à la fin de sa Trezerie... Et se à l'advenir il y avoit eschevin ne Treze ne aultres des paraiges de notre citez de Metz qu'il ne fissent et tinssent tout en la manière dessus dicte, vng chacun d'eulx perderoit xx libvres de messain de somme à justice pour chascune fois qu'il y mesprandrait, et ce leur doubleroit on les sommes, et non joyeroit mye... [1]. » Le commencement de cet atour ordonnait qu'à l'avenir, en raison de l'abondance croissante des affaires, le maître échevin pût siéger tous les jours

---

1. Nous avons cité un peu longuement cet atour parce qu'il est inédit. Il ne se trouve pas non plus au Grand cartulaire de la Cité, manuscrit du xiv⁰ siècle avec quelques additions ultérieures, conservé à la bibliothèque publique de Metz, mss. n° 751, f. hist. n° 1. — Le texte de l'atour en question est donné par un manuscrit de la Bibliothèque nationale à Paris, f. fr. n° 5396, f⁰ 47, r⁰.

« lui sixième de ses pairs échevins[1] ». Ceux-ci ne recevant aucun dédommagement pour le surcroît de service qui devait leur incomber de ce fait, on pouvait craindre qu'ils ne fissent quelque opposition à cette réforme, dont ils devaient supporter la charge sans aucune compensation. C'est pour cela, sans doute, que ces officiers sont expressément nommés avec les Treizes, à propos de la lourde pénalité imposée à ceux qui ne se conformeraient pas à ces dispositions.

§ 50.

Pour résumer en quelques lignes les indications qui précèdent touchant les fruits ou produits de la justice, nous rappellerons que, outre les amendes, les unes fixes les *sommes*, les autres arbitraires les *eswards*, ils comprennent les confiscations et diverses taxes fiscales, la *taxe des tenours* notamment (§ 47). En principe, ces produits de la justice devaient appartenir au souverain qui en abandonnait une certaine part à ses officiers. A Metz, ils avaient de bonne heure passé des mains de l'empereur à celles de l'évêque, qui en laissait le tiers au voué, et pendant la première moitié du xiii° siècle, de l'évêque à la Cité, le tiers en étant alors attribué aux Treizes (§ 48). Ceux-ci en 1467 sont, par un atour, obligés d'admettre le maître échevin à prendre une part dans la distribution de ces profits devenus considérables et dont ils avaient le privilège de jouir seuls jusque-là[2]. Quant aux autres officiers de justice, les échevins, les maires et les suppôts d'ordre inférieur, ils ont

---

1. *Lui sixième d'échevins* signifierait grammaticalement : Lui, maître échevin, avec 5 échevins, plutôt que avec 6 échevins. Nous croyons cependant que la locution doit s'interpréter ici de cette dernière manière, car le nombre de 6 assesseurs est en maint endroit prescrit pour constituer le plaid du maître échevin.

2. Il ne faut pas perdre de vue que les offices des Treizes étant annuels, et les membres des paraiges qui se les partageaient peu nombreux, à la fin surtout, ceux-ci pouvaient y passer tous à leur tour. Cette situation permettait, en définitive, à chacun de participer ainsi à peu près également, ou au moins à proportion des services rendus par lui, à la distribution des profits spécialement inhérents à l'exercice de ces offices.

aussi, dans tous les temps, quelque part dans les produits de la justice ; mais cette part semble avoir toujours été de minime importance et être restée telle jusqu'à la fin (§ 49).

On ne s'étonnera pas de nous voir, dans ce travail sur la justice à Metz, nous arrêter ainsi à des considérations fiscales. C'est là, pour le régime des choses judiciaires, un point de vue capital pendant tout le moyen âge. Les produits de la justice y sont considérés comme ayant en ce qui la concerne une importance du premier ordre. La justice est, dans les sociétés d'alors, non seulement un attribut essentiel de l'autorité ; c'est encore et surtout une source de profits, une branche sérieuse de revenus pour le souverain qui l'exerce, ou pour celui qui le représente.

CHAPITRE VI

LA JUSTICE A METZ APRÈS 1552

§ 51. Situation nouvelle : organes anciens et organes nouveaux du mécanisme judiciaire. — § 52. Le maître échevin. — § 53. Les échevins. — § 54. Les Treizes. — § 55. Le grand Conseil, les trois maires, les comtes jurés, les eswardours, les pardezours, les plaidiours, les sergents, les amans. — § 56. Le roi, les États ou Trois Ordres, le gouverneur, le président royal, le parlement, le bailliage. — § 57. Résumé du chapitre VI.

§ 51.

Arrivés à la date de 1552, nous pourrions nous arrêter, dans une étude consacrée aux institutions judiciaires en vigueur à Metz pendant la période d'autonomie de la Cité. Il nous semble utile cependant d'ajouter à l'examen que nous avons fait de ces institutions, jusqu'à ce point, quelques indications encore sur leurs destinées ultérieures et sur leur fin. Au milieu du XVIᵉ siècle tout change à Metz, disions-nous en commençant ce travail, quand l'autorité du roi se substitue à celle des paraiges. Tout change alors, non seulement par la suppression de beaucoup de choses anciennement existantes et l'introduction à leur place de choses tout à fait nouvelles, mais par les modifications profondes que subit en outre ce qui peut subsister encore du passé.

Parmi les choses anciennes qui disparaissent alors, il faut mentionner avant tout les paraiges, dont les membres d'ailleurs fort réduits en nombre se dispersent à ce moment; parmi celles qui apparaissent nous signalerons la petite bourgeoisie qui politiquement n'était rien à Metz avant 1552, et qui, profitant des circonstances, tâche de s'y assurer à ce moment une influence et une situation depuis longtemps convoitées pour lesquelles elle se trouve prête, et tend à s'y substituer autant que possible aux paraiges dans le gouvernement de la cité. Bien au-dessus se pose, dans les conditions de l'innovation la plus grave, la royauté qui est le principal agent de cette révolution, et qui dès lors domine tout à Metz. Visant à s'emparer du rôle antérieurement rempli par les paraiges, la bourgeoisie ne réussit que pour une faible part à s'en saisir, presque aussitôt enfermée dans les cadres d'une institution nouvelle, absolument étrangère jusqu'alors au régime de la Cité et empruntée à celui qui existait dans le royaume de France auquel Metz se trouve maintenant rattaché. Cette nouveauté est une assemblée des États ou Trois Ordres, clergé, noblesse et tiers État, où la bourgeoisie messine prend place mais au dernier rang.

Dès le premier jour, le roi est représenté à Metz par un gouverneur militaire commandant à une garnison nombreuse; et presque en même temps est introduit dans la ville un président royal qui dispute bientôt aux magistrats de la cité leurs prérogatives et attributions judiciaires. Le président prépare ainsi graduellement la place à un parlement qui, en 1633, s'empare absolument de la juridiction supérieure, et auprès duquel un bailliage installé en 1641 prend la juridiction d'ordre inférieur. Il n'y a plus dès lors dans la vieille cité aucun rôle judiciaire pour ses anciens officiers et magistrats.

Disons succinctement comment la justice locale arrive à Metz à ce terme extrême de son existence. Nous signalerons les faits qui, pendant cette période de sa décadence, concernent chacun de ses organes l'un après l'autre : les organes anciens d'abord, le maître échevin, les échevins, les Treizes, le grand Conseil, les trois maires, les comtes jurés, les eswardours, les pardezours, les plaidiours, les sergents, les amans ; les organes nouveaux ensuite qui sont, avec le roi et procédant de son autorité, les États ou Trois Ordres, le gouverneur, le président royal, le parlement, le bailliage.

§ 52.

Le *maître échevin* se présente à nous tout d'abord. On se rappelle qu'il était dans les derniers temps élu annuellement au sein des paraiges, et installé ensuite par les dignitaires ecclésiastiques, le princier de la cathédrale et les abbés bénédictins, auxquels l'évêque Bertram avait, à la fin du xii° siècle, attribué son élection. Au xvi° siècle, après une brève et infructueuse tentative de l'évêque Robert de Lénoncourt, lequel à la faveur du désordre qui suit le siège entreprend en 1553 de restaurer et d'étendre même l'ancienne autorité des prélats dans Metz, l'institution du maître échevin et des autres magistrats est, au nom du roi, enlevée par le gouverneur Vieilleville aux derniers représentants des paraiges. Cette prise de possession a pour confirmation ou plutôt pour complément, une cession que le roi se fait faire en 1557, par les anciens électeurs ecclésiastiques, de leurs droits. Depuis lors, l'élection du maître échevin reste, comme celle des autres officiers de la Cité, entre les mains des gouverneurs. En fait, d'après un document de la seconde moitié du xvi° siècle [1], le

---

1. *Estat des Authoritez..... de Metz*, manuscrit provenant de la collection Emmery, aujourd'hui à la bibliothèque de la ville de Metz, mss. n° 972, fonds hist., n° 222.

peuple réuni dans les paroisses aurait nommé alors annuellement ceux qu'il croyait les plus capables pour ces emplois, et le résultat de ses choix aurait été présenté au gouverneur qui, après avis donné par le maître échevin en exercice, par le président royal et son procureur général, aurait suivant ces indications créé les magistrats, s'il le jugeait à propos, au nom du roi. Le nouveau maître échevin, est-il dit dans le même document, faisait alors frapper des pièces de monnaie, des jetons, à ses armes pour plus de 20 écus, à distribuer dans la ville et à jeter au populaire devant le palais, le jour de son installation[1]. Nous ajouterons que cette élection des magistrats a lieu dès lors plus ou moins régulièrement et à des époques variables dans le cours de chaque année, sous cette réserve que, à partir de 1574, elle est quelquefois omise, et que les titulaires sont alors continués pendant une ou, parfois même, plusieurs années consécutives[2]. Les listes des magistrats que nous possédons pour la fin du XVIe siècle et le commencement du XVIIe siècle permettent de constater que, à chaque renouvellement des magistrats, le maître échevin sortant passait, comme Treize, en tête de la liste de ces officiers pour l'année qui allait commencer.

Sous ce régime nouveau, les attributions judiciaires du maître échevin consistent exclusivement, ce semble, à passer

---

1. M. Ch. Robert a publié sur ces jetons une curieuse monographie dont l'intérêt s'étend à l'histoire même de la cité de Metz, pendant la fin du XVIe, au XVIIe et au XVIIIe siècle. (*Recherches sur les monnaies et jetons des maîtres échevins*, etc. In-4°. Metz, 1853.)

2 En pareil cas, cette prorogation a lieu à la fois pour le maître échevin, pour les Treizes et pour les conseillers échevins nommés en même temps que lui. Il en est ainsi des officiers de 1574 continués jusqu'en 1576; de 1581 jusqu'en 1583; d'août 1583 jusqu'en décembre 1585; de décembre 1585 jusqu'en août 1588; d'août 1588 jusqu'en août 1592; d'août 1592 jusqu'en décembre 1600; de décembre 1600 jusqu'en février 1602; de février à novembre 1602; de novembre 1602 à février 1604; de février 1604 à mars 1605; de mars 1605 à avril 1606; d'avril 1606 à avril 1607; d'avril 1607 a mai 1608; de mai 1608 à septembre 1609; de septembre 1609 à novembre 1610; de novembre 1610 à janvier 1614; de janvier 1614 à juin 1615; de juin 1615 à mai 1618; de mai 1618 à janvier 1619; de janvier 1619 à juillet 1620; de juillet 1620 à septembre 1622; de septembre 1622 à septembre 1624; de septembre 1624 à janvier 1626, etc. — Jusqu'en janvier 1583, le renouvellement des magistrats avait eu lieu régulièrement dans les mois de juillet ou d'août. Il n'en est plus ainsi ultérieurement, comme on le voit.

les sauvetés intéressant les mineurs (§ 12) et à juger les appels interjetés des jugements prononcés en première instance par les Treizes. Le maître échevin est assisté dans ce rôle par les échevins annuels qui forment son Conseil. Le maître échevin trouve bientôt dans le président royal un adversaire qui lui dispute ce caractère de juge supérieur. Plus tard, il perd tout à fait ce rôle que prend, sans contestation possible, le parlement institué en 1633.

Le maître échevin avait jusque-là, outre ses fonctions judiciaires, des attributions administratives, comme membre de ce qu'on appelait depuis 1552 le grand Conseil, présidé par lui et composé des Treizes et des conseillers échevins[1]. Après 1633, il ne lui reste plus guère que ces attributions, avec le rôle d'un simple officier d'ordre administratif. Il est même, par édit du 12 décembre 1640, remplacé dans cette charge par un *maire royal* institué alors avec *10 échevins*. Ce maire cependant obtient bientôt par faveur spéciale le droit de reprendre, sans changement au reste dans ses attributions, le titre de maître échevin qui était cher aux Messins, et qui peut ainsi subsister chez eux jusqu'en 1789. Eu égard aux choses d'autrefois, ce n'était plus qu'un nom. L'office avait cependant conservé, non sans graves altérations, un dernier trait de sa condition passée, le régime électif auquel il avait toujours été soumis et que représentait encore jusqu'à un certain point, en regard de la condition des offices levés moyennant finance, la nomination du titulaire par le roi ou au nom du roi, dans les termes que nous avons indiqués. En 1692 un édit royal, qui transforme en charges héréditaires tous les offices des hôtels de ville du royaume, enlève au maître échevin de Metz ce dernier lambeau de son passé historique. Les Messins rachètent, en 1702, la liberté aliénée des offices de leur hôtel de ville. Un nouvel édit rétablit en 1706 les charges héréditai-

---

1. Ainsi constitué, le grand Conseil est, après 1552 — nous le montrerons tout à l'heure (§ 55), — tout autre chose que celui qui existait auparavant (§ 38) ; il n'a plus de commun avec celui-ci que le nom.

res, et en 1748 seulement la ville recouvre par arrêt du Conseil du roi son droit antérieur, qui peut ainsi atteindre le terme extrême de 1789, où tout passe en France sous le même niveau. Telle est la fin du maître-échevinat à Metz.

§ 53.

Les *échevins* subissent, après 1552, de profonds changements dans leur condition comme dans leurs attributions. Désormais, simples conseillers du maître échevin, ils se recrutent, non plus dans l'Ordre des paraiges qui ont cessé d'exister, mais dans la classe de la bourgeoisie. De plus, au lieu d'être comme antérieurement créés à vie, ils sont renouvelés chaque année ou tout au plus prorogés parfois d'une année à l'autre (§ 52, note) et nommés en nombre variable, avec le maître échevin et les Treizes, par le gouverneur ou son lieutenant, représentant le roi. L'organisation de ce régime nouveau de l'échevinat messin ne se fait pas attendre, quoi qu'on en ait dit, après la Révolution de 1552. Dès 1553, le cardinal de Lénoncourt, qui à ce moment tranchait du souverain à Metz, fait nommer le maître échevin, Jean Soultain, et les Treizes, qui étaient en principe renouvelables annuellement. Les échevins, nommés antérieurement à vie, pouvaient, il est vrai, être censés subsister toujours à ce moment; et il n'en aurait créé alors aucun, si l'on en croyait Meurisse et les Bénédictins. Il se serait contenté de donner au maître échevin pour conseillers, suivant ces derniers, quatre chanoines de la cathédrale, disent-ils[1] d'après une chronique des Célestins, et suivant Meurisse[2], trois dignitaires du chapitre, le princier, l'archidiacre de Sarrebourg et l'official. En réalité, le cardinal nomme alors comme conseillers du maître échevin, dit Paul Ferry[3], 4 dignitaires

---

1. *Hist. de Metz*, t. III, p. 59.
2. *Hist. des Évêques de Metz*, p. 625.
3. Paul Ferry cite comme membres de ce Conseil institué en avril 1553 par le cardinal de Lénoncourt : « M⁺ le princier de la grande Église ; sieur Nicolas de Lescues

ecclésiastiques et 10 bourgeois. Suivant la même autorité, on trouve ensuite le Conseil composé de 5 dignitaires ecclésiastiques avec 12 bourgeois pour 1554, et après cela, de 12 conseillers échevins exclusivement nommés parmi les bourgeois par le maître échevin en 1555 et de même en 1556. Les noms de ces derniers se trouvent, avec ceux du maître échevin Michel Praillon et des Treizes de cette année, sur une pièce datée du 8 janvier 1556 (1557, n. s)[1]. Les conseillers échevins sont, par la suite, créés annuellement par le gouverneur en même temps que le maître échevin et les Treizes. Nous avons des listes complètes de ces officiers de 1557 à 1618, où les conseillers échevins paraissent généralement empruntés pour une bonne part à la liste des Treizes de l'année précédente. Jusqu'en 1576, les échevins membres du Conseil sont inscrits sur ces listes au nombre de 12 à 16. Après 1576, le nombre en est un peu plus élevé et monte aux chiffres de 17, 18, 20, deux fois même jusqu'à celui de 24, en 1604 et 1615[2].

Les échevins sont dits alors conseillers échevins ou plus ordinairement conseillers, et plus brièvement encore dans leur ensemble, le Conseil. Leur fonction à peu près unique est maintenant de servir d'assesseurs au maître échevin. Avant 1552, les échevins figuraient déjà dans le Conseil du premier magistrat et ils y étaient mêlés à d'autres éléments, comme on l'a vu (§ 5); mais ils avaient alors en outre une juridiction propre qu'ils exerçaient, comme le maître échevin la

(Lescuyer), chanoine de la grande Église ; messr mtre Jean Bidart, chanoine et official de la petite cour de Metz; mtre Pierre de Laitre, official de la grande cour de Metz; mtre Hugues (des Louves), licencié en droit; Mathelin Lefeure, l'escrivain; Jean Martin qu'on dit d'Inguenheim; Claude Drouin, l'escrivain; Jean Carrehen, le marchand; François Joffrois, le marchand; Louyot Estienne, le marchand; François Thomassin, le marchand; Jean Fabelle, maître de la monnaie; mtre Daniel, le marchand. » (*Observations séculaires*, XVI, 362. — Mss. de la ville de Metz, f. hist., nos 106-108.)

1. Ratification par les magistrats de Metz du transport fait au roi, par le cardinal de Lorraine et l'évêque Beauquère, de leurs droits en la cité de Metz. (Meurisse, *Histoire des Évêques de Metz*, p. 629.)

2 *Création de la Justice à Metz depuis l'an mil V cent et cinquante-sept, jusque l'an mil V cent quatre-vingt-douze* (avec une continuation jusqu'en 1618). — Bibl. de Metz, mss. f. hist., no 38.

sienne, en plaid banni, dans des plaids spéciaux tenus sous le ban d'un maire ; juridiction qui, dans le cadre de ses attributions purement civiles, était définitive et sans appel (§ 19). Il ne reste plus rien maintenant de cette ancienne juridiction particulière des échevins, désormais réduits presque exclusivement au rôle, que nous venons d'indiquer, d'assesseurs du maître échevin dans l'exercice de sa juridiction spéciale, consistant à passer les *sauvetés* dans l'intérêt des mineurs et à connaître en appel des jugements rendus en première instance par les Treizes. Ultérieurement, les conseillers échevins perdent naturellement ce dernier reste de leurs anciennes attributions judiciaires, en même temps que le maître échevin perd les siennes, en 1633, et ils n'en ont plus comme lui que d'ordre administratif, dans lesquelles encore leur sont substitués, en 1640 ou 1648[1], les 10 échevins donnés pour assesseurs au maire royal institué en 1640, ainsi que nous l'avons dit (§ 52).

Ce rôle administratif, absolument étranger aux échevins avant 1552, était jusqu'à un certain point entré depuis lors dans leurs attributions, par leur association au maître échevin et aux Treizes pour former ainsi ce qu'on appelait alors le grand Conseil (§ 52), auquel il appartenait de décider de certaines questions de police et d'administration. Dans ces conseillers échevins postérieurs à 1552, il est impossible de rien retrouver des échevins des temps antérieurs. Ils ne se rattachent à ces derniers que faiblement et, ce semble, par leur seule dénomination. En réalité, l'ancien corps exclusivement judiciaire des échevins à vie, tirés individuellement des paraiges, disparaît avec ceux-ci en 1552.

---

1. Cette date de 1618 est empruntée à l'inventaire des archives de Metz dressé vers 1820 par M. Lemaire (t. I, p. 335). Elle y est donnée à propos des registres de délibérations du corps municipal allant de 1618 (25 mai) à 1789, et peut-être sans autre cause que la date initiale de ces registres ; car l'institution de ce corps municipal, composé d'un maire royal, dit un peu plus tard maître échevin, et de 10 échevins, dits conseillers échevins, et sa substitution aux anciens magistrats, avaient été effectuées en réalité par un édit du roi du 12 décembre 1640, vérifié avec modifications le 21 février 1641.

§ 54.

Les *Treizes*, contrairement à ce que nous avons dit du maître échevin et des échevins, voient d'abord s'agrandir leur situation à la suite de la révolution de 1552. Ils ne sortent plus, il est vrai, des paraiges et sont, comme le maître échevin et comme les échevins, nommés dans la bourgeoisie par le gouverneur ou par son lieutenant, avec plus ou moins de régularité quant à l'époque de leur création et quant à la durée de leurs fonctions qui, en principe, devaient être annuelles[1]; mais leur nombre de Treize est toujours invariablement rempli; et une preuve de l'importance qui leur est de plus en plus accordée est que, chaque année, le maître échevin sortant entre généralement, ainsi que nous l'avons dit, dans leur collège, où il prend place en tête de la liste (§ 52). Ajoutons que le pas semble même leur être donné sur le Conseil des échevins; car ils sont nommés avant eux sur les listes annuelles de création de la magistrature. C'est enfin, quant aux attributions surtout, que la condition des Treizes est alors véritablement amplifiée. Leur compétence, limitée jadis aux causes criminelles et aux causes civiles d'importance secondaire, embrasse maintenant la juridiction de première instance tout entière, au civil comme au criminel. Ils jugent toujours au reste soit en *pleine chambre*, soit en audiences des *adjournés* tenues par deux d'entre eux à titre de commissaires (§ 34); et il n'est plus question de la participation des comtes à l'exercice de leurs prérogatives. Ils sont malheureusement bientôt obligés de céder devant les empiétements du président royal, en se soumettant à siéger avec lui pour le jugement des affaires criminelles et pour celui des causes intéressant les indigènes messins; causes qui étaient en principe étrangères à la compétence de cet officier. C'est par ce moyen entre autres que le président royal bat en brè-

1. Voir les indications données ci-dessus à ce sujet, à propos de l'élection du maître échevin (§ 52, note 3).

che leurs attributions judiciaires, lesquelles cessent définitivement et passent aux officiers du bailliage royal en 1641, lors de la mise en activité de cette institution nouvelle, créée en 1634. Les Treizes disparaissent alors.

Jusque-là les Treizes exercent, comme autrefois mais sur une moindre échelle, outre leurs fonctions judiciaires, des fonctions administratives, associés pour cet objet au maître échevin et aux conseillers échevins au sein du grand Conseil, dont nous avons déjà dit deux mots, lequel avait dans ses attributions la décision de questions diverses de police et d'administration (§ 52). Il convient de rapprocher de ces attributions administratives des Treizes d'autres fonctions du même ordre dévolues également alors à ces officiers : trois d'entre eux remplissent quelques-unes de celles encore subsistantes des trois maires supprimés depuis 1552, pour les estaults par exemple, les prises de ban et la vérification annuelle des muids (§ 55). Les Treizes se partagent en outre avec les conseillers échevins certaines fonctions parfois confiées jadis aux membres des paraiges, les unes individuelles comme celle du changeur de la cité, les autres collectives et remises à des commissions qui émanaient de ces corps privilégiés : les trésoriers, les maîtres de la bullette[1], ceux de la maltôte, ceux de l'hôpital (Saint-Nicolas), ceux de l'hôpital Saint-Jacques, ceux des moulins, ceux des chemins et pavés, etc. Après la disparition des Treizes, ce qui reste de ces divers services va aux officiers et agents de l'Hôtel de Ville.

§ 55.

Nous venons de dire ce que deviennent à Metz, après 1552, les principaux officiers de l'ancien ordre judiciaire, le maître

---

1. La bullette était un droit perçu au profit de la ville sur les transactions, ventes, locations, etc. Le reçu de la bullette, écrit sur une queue de parchemin portant un petit sceau (la bullette), accompagne encore beaucoup de titres venus jusqu'à nous, consacrés à ces opérations.

échevin, les échevins et les Treizes. Il nous reste à fournir quelques explications du même genre sur ce que nous avons appelé les organes accessoires de la justice, le grand Conseil, les trois maires, les comtes jurés, les eswardours, les pardezours, les plaidiours, les sergents, les amans. Nous devons faire connaître leur destinée depuis 1552.

Le *grand Conseil*, autrefois composé des membres des paraiges, cesse d'exister en même temps que ces corps privilégiés. Après 1552, il est, sous le même nom, nous l'avons dit tout à l'heure, remplacé par une assemblée composée des magistrats en exercice, le maître échevin, les conseillers échevins et les Treizes[1], et change par conséquent chaque année avec eux. Il prend des résolutions et rend des ordonnances sur des sujets de toute sorte concernant les intérêts de la cité, sur le fait des monnaies notamment. A propos des jugements rendus par le président royal, au commencement du xvii° siècle, il est dit qu'en ses audiences il est assisté du maître échevin et d'une partie des membres du grand Conseil ; ce qui doit s'entendre de quelques-uns des Treizes et des conseillers échevins. Il n'y pas lieu, croyons-nous, de voir là une continuation du rôle judiciaire accidentellement dévolu jadis au grand Conseil, lorsqu'il était saisi par les Treizes de certaines affaires, comme nous l'avons montré (§ 38). En tout cas, la participation sous cette forme des membres du grand Conseil à l'administration de la justice après 1552, se serait arrêtée nécessairement en même temps que s'arrêtent les fonctions du président royal supprimé en 1633, lors de l'installation du parlement. Après cette date, le grand Conseil conserve pendant quelques années encore certaines attributions administratives ; mais, depuis 1640 ou 1641, il n'est plus composé que du maître échevin et de ses

---

[1]. La composition du grand Conseil est indiquée ainsi dans l'*Inventaire des archives de la ville de Metz* par M. Lemaire, qui avait sous les yeux les registres des délibérations et résultats de ce Conseil à la fin du xvi° siècle et au commencement du xvii°. Les attributions de ce grand Conseil passent, le 27 mai 1648, dit encore M. Lemaire, à l'administration municipale composée du maire et des 10 échevins institués par édit du 12 décembre 1640.

conseillers, les Treizes ayant été supprimés eux-mêmes vers cette époque par suite de l'installation du bailliage. Le conseil ne diffère plus beaucoup alors, en réalité, de ce qui doit le remplacer définitivement un peu plus tard, lorsque, en 1648 [1], ce qui reste de ses attributions passe à l'administration municipale, composée du maire et des 10 échevins institués par l'édit du 12 décembre 1640.

Les *trois maires* cessent d'exister après 1552. Il n'est plus alors question du bannissement des plaids qui était antérieurement leur principale fonction. Il n'y a plus de plaid banni [2]. Quant aux divers actes également accomplis jadis par les maires, ils disparaissent aussi pour la plupart, et dans ce qui en reste, savoir les estaults, les prises de ban et la vérification annuelle des muids [3], ces officiers sont suppléés par trois des Treizes en exercice qui en sont annuellement chargés, comme faisant fonction de maire, est-il dit quelquefois.

Les *comtes jurés* des paroisses disparaissent aussi au milieu du XVIᵉ siècle. Le rôle judiciaire, depuis longtemps fort amoindri, de ceux qui s'étaient appelés jadis l'*ancienne justice*, est

---

1. Peut-être y a-t-il quelques réserves à faire sur cette date de 1648, comme nous l'avons dit précédemment (§ 53, note dernᵉ).

2. Le plaid banni avait, nous l'avons dit, un rôle important non seulement dans l'exercice de la juridiction proprement dite par le maître échevin et par les échevins (§ 7), mais encore dans l'accomplissement de certains actes que cette formalité devait accompagner, la plupart d'ordre essentiellement judiciaire, la semonce, la layée en plaid, la requête, le témoignage, la reconnaissance de dette, le crant, la porofferte, l'estault, la vente à la staiche (§ 27), et quelques autres d'ordre plutôt administratif, l'antique vesture, la prise de ban, la vérification des muids (§§ 39, 49).

3. La vérification des muids se faisait en plaid banni, on a quelque raison de le croire, quoique les anciens records n'en disent rien. (*L'ordonnance des maiours*, §§ 50, 74; docum. I, 30; II, 14; III, 10.) Les Bénédictins, qui écrivaient à la fin du siècle dernier, ont encore été témoins d'une cérémonie annuelle accomplie à cette occasion, où s'était conservé, ce semble, un souvenir traditionnel quoique très altéré du fait. Avant le mesurage qu'on y faisait des muids, le maître des mutiers et tonneliers et sa suite étaient conduits par le premier sergent chez le maître échevin, qui était prié de *bénir les plaids* et d'y *mettre le ban*; ce qu'il faisait aussitôt, est-il dit (*Hist. de Metz*, t. II, p. 517). On ne saurait méconnaître dans les formes singulières de ce compte rendu un rappel évident de l'ancien plaid banni, dont une longue désuétude avait laissé se perdre non seulement le sens, mais jusqu'au nom lui-même. Le maître échevin tient ici la place du maire, remplacé déjà dans ce cas par un Treize depuis le milieu du XVIᵉ siècle. A la fin du XVIIIᵉ, il y avait longtemps qu'on ne connaissait plus ni maire ni Treize dans la vieille cité; et personne, à ce qu'il semble, n'y savait ce que c'était qu'un plaid banni.

tout à fait aboli. Ce qui peut subsister encore de leurs fonctions administratives passe à d'autres officiers d'ordre inférieur, les *bannerets* des paroisses, chargés des attributions les plus humbles de la police urbaine.

Les *eswardours* sont oubliés depuis longtemps au xvie siècle, comme nous l'avons dit (§ 41).

Les *pardezours*, dont le nom disparaît aussi après 1552, ne sont peut-être pas aussi étrangers qu'on pourrait le croire au mécanisme de la procédure alors en vigueur. Les pardezours, on se le rappelle, étaient auparavant des espèces de rapporteurs généralement pris en dehors des corps judiciaires qui exerçaient la juridiction, et chargés de faire en quelque sorte l'instruction des affaires d'ordre civil apportées devant le maître échevin comme devant les Treizes. Dans les ordonnances de justice de 1555 et 1564, imprimées en 1565, ainsi que dans un Style de procédure civile et criminelle de la fin du xvie siècle, conservé en manuscrit à la bibliothèque de Metz[1], il est parlé de commissaires chargés d'un office analogue, qui pourraient bien représenter les anciens pardezours. Il est dit de ces commissaires qu'ils font les enquêtes auxquelles assistent les parties; qu'ils examinent les témoins d'après les écritures fournies au procès, etc. On ne nous dit pas comment ces commissaires étaient nommés. Il serait intéressant de savoir s'ils étaient choisis, comme l'étaient antérieurement les pardezours, en dehors des corps judiciaires chargés du jugement des causes instruites et rapportées par eux (§ 42).

Les *plaidiours* d'autrefois doivent, après 1552, revivre ou se continuer dans les procureurs et avocats qui, sous diverses formes, sont de tous les régimes.

Les *sergents* dans leur position modeste sont à peine atteints, tout d'abord au moins, par la révolution de 1552, quoiqu'elle soit pour eux le point initial de changements qui doivent amener aussi à la longue leur disparition. Dans les premiers

---

1. *Recueil de pièces*. Bibliothèque de Metz, mss. f. hist. n° 38, p. 27-42.

temps, loin de souffrir de ces changements, les sergents en tirent presque avantage. L'arrivée aux affaires de la bourgeoisie, à laquelle ils appartenaient, relève leur situation en les rapprochant personnellement de la condition sociale des magistrats d'ordre supérieur. Quant à leurs fonctions, elles ne changent guère au fond. C'est toujours, comme par le passé, une certaine part dans la police générale et dans les actes d'exécution judiciaire. Leur rôle est indiqué avec détails à ce double point de vue, pour ce qui est notamment des tarifs de procédure dont une partie constitue leur émolument, dans les ordonnances de justice et police de 1555, 1562, 1564, 1592, 1599, 1603, 1607, 1629, dans les recueils de Style et dans des règlements sans date du même temps. L'institution du *bureau des pauvres*, en 1562, donne même aux sergents de nouvelles attributions. A ce service sont attachés douze d'entre eux, dont quatre, dits *les manches blanches*, d'une particularité de leur costume probablement, sont chargés de faire pour cet objet des quêtes spéciales.

La création du parlement devait être fatale aux sergents de la cité comme aux autres institutions locales. En 1633, un édit du roi crée à Metz *13 sergents royaux* pour faire, est-il dit, tous exploits, ajournements, significations et actes analogues dans le ressort du parlement de Metz. Cependant, en 1634, une décision du Conseil du roi maintient les *sergents de la cité* dans la prérogative de faire exclusivement les mêmes actes sous la juridiction de l'Hôtel de Ville. Mais le cadre de l'activité judiciaire des sergents de la cité se resserre naturellement avec celui de cette juridiction même, très entamée déjà par les entreprises du président royal jusqu'en 1633, et par l'autorité du parlement à partir de cette date ; supprimée enfin à l'installation du bailliage en 1641. Il n'y a plus dès lors de juridiction pour les magistrats et officiers municipaux à Metz, partant plus de rôle judiciaire pour les sergents de la cité. Il ne leur reste qu'un rôle de caractère purement administratif, dans la police urbaine et dans les attributions du bureau des pauvres.

Les *amans* peuvent croire d'abord que la révolution de 1552 respectera leur situation, et qu'elle en restaurera même jusqu'à un certain point l'état ancien, par la suppression du privilège qu'avaient graduellement usurpé les gens des paraiges, d'être seuls aptes à porter ces offices. Cependant quelques restrictions sont bientôt apportées à leurs anciens usages. L'ordonnance de 1564 leur prescrit d'appeler deux témoins et de les désigner dans leurs actes, sans les y faire signer cependant. Leurs privilèges sont ensuite, il est vrai, confirmés par les rois Henri IV en 1608 et Louis XIII en 1625 ; mais, nouvelles innovations, un arrêt du parlement du 18 juillet 1634 les oblige à faire signer en leurs actes les parties ainsi que les témoins. Quelques semaines plus tard, un sérieux assaut est donné à la vieille institution. Un édit royal du mois d'août 1634, qui supprime la juridiction des Treizes, du maître échevin et du conseil, crée dans le ressort du parlement 5 bailliages et 8 prévôtés, et en particulier à Metz un de ces bailliages avec 8 notaires royaux. Les remontrances des Trois Ordres suspendent jusqu'en 1641 la mise à exécution de cet édit. Cependant il faut à la fin se rendre. Les 8 charges de notaires notamment sont instituées. Le 12 avril 1642, la communauté des amans acquiert, au prix de 2,300 livres, ces 8 charges de notaires royaux et les met sur la tête de 8 d'entre eux qui s'obligent envers leurs confrères à signer les actes de ceux-ci, pour leur procurer l'authenticité. Dans ces conditions, les choses restent à peu près dans l'état antérieur, confirmé successivement par deux arrêts du parlement en 1654 et 1655, par un arrêt du Conseil en 1657, par une déclaration du roi en 1672 et un nouvel arrêt du Conseil en 1674. Les amans sont même déchargés par ce dernier arrêt des taxes imposées en 1672 par édit du roi sur tous les notaires et tabellions du royaume. Cependant, un nouveau coup parti du sein de leur communauté elle-même leur est porté par les 8 amans pourvus des charges de notaires royaux acquises en 1642. Ces 8 amans, ayant remboursé à leurs confrères la part de ceux-ci dans le paiement de la finance de ces charges, forment entre eux une communauté particulière et refusent aux autres d'apposer dorénavant leur signature à leurs actes. Après débats à ce sujet, le roi, par arrêt du Conseil du 23 mars 1728, fait droit à la prétention des titulaires des 8 charges de notaires et défend finalement aux amans de faire dorénavant aucune fonction du même genre, leur ordonnant de remettre aux 8 notaires royaux tous les papiers et minutes conservés dans leurs arches. Depuis lors, il n'est plus question à Metz des anciens amans.

§ 56.

On a vu ce qui pouvait après 1552 rester encore à Metz de l'ancien régime judiciaire de la cité, et comment disparaissent ensuite, l'un après l'autre, les débris encore subsistants de ces vieilles institutions. En abordant cette dernière partie de notre étude, nous avons dit quelques mots de ce qui les remplace après avoir concouru à leur complet anéantissement (§ 51). Il y a là tout un ensemble d'institutions et d'organes spéciaux appartenant à un régime nouveau. Quoique le tableau de ce régime ne soit pas expressément de notre sujet, nous croyons devoir ajouter, avant de finir, quelques mots encore à ce que nous en avons dit très succinctement tout à l'heure.

Après 1552, le roi prend à Metz l'autorité, à titre de *protecteur du Saint-Empire* d'abord, mais au fond déjà en maître dès le premier jour, et finalement en qualité de *souverain seigneur*, changement de formes qui ne met pas moins de 30 années et plus à s'accomplir. C'est vers 1585 seulement qu'il semble définitivement acquis.

Nous avons nommé l'assemblée des *États* ou *Trois Ordres*, en disant que cette institution, introduite à Metz dans la seconde moitié du xvi° siècle, était absolument étrangère au régime ancien de la Cité. A Metz, en effet, depuis le xiii° ou xiv° siècle, il n'y avait eu jusque-là qu'un État ayant politiquement autorité, le corps des paraiges où était rentré alors ce qui restait de l'ancienne Communauté urbaine (§ 2). Au-dessous de ce corps tout aristocratique des paraiges ainsi complété, la bourgeoisie était confondue, sans droits politiques, avec le populaire qui n'en avait pas davantage. Le clergé non plus n'en avait aucun ; ses membres ne jouissaient à Metz que de leurs droits civils, non sans restrictions d'ailleurs. Nous avons dit ce qu'étaient devenues les prérogatives de l'évêque ou de ses commissaires pour le renouvellement annuel des Treizes dont l'élection leur avait appartenu jadis (§ 30) et celles du princier de la cathédrale et des abbés qui créaient de même autrefois le maître échevin (§ 5). Dans l'assemblée des États ou Trois Ordres instituée après 1552, le clergé comprenait les dignitaires de la cathédrale et les abbés des grandes maisons bénédictines[1] ; la noblesse était composée de quelques membres des anciens paraiges, restés isolément dans la ville, et de gentilshommes originaires de France ou des pays voisins que diverses circonstances y avaient amenés et fixés ; le tiers État était représenté par les magistrats de la cité, sortis de la bourgeoisie, et c'est à l'un d'eux, au maître échevin, de condition noble parfois cependant, qu'appartenait la présidence des États avec le droit de les convoquer. Cette assemblée délibérait et prenait des résolutions sur les sujets d'importance, relatifs aux intérêts politiques et administratifs de la ville dans ses rapports notamment avec le souverain et ses officiers. Elle adressait au roi, quand il y avait lieu, des doléances et remontrances présentées dans des cahiers qui lui étaient renvoyés répondus, et dont nous possédons d'assez nombreux spécimens. Elle envoyait fréquemment enfin des députés en cour, pour y soutenir et y défendre devant le roi et en son Conseil, les intérêts de la Cité.

---

1. L'évêque, qui n'y figure pas, était alors politiquement étranger en quelque sorte à la Cité. Cette situation remontait loin, et l'échec du cardinal de Lénoncourt dans son entreprise de restauration de l'autorité épiscopale, après le siège de 1552, ne fit que l'accentuer davantage. Les actes de cession de 1556-1557 au roi par le cardinal de Lorraine et l'évêque Beauquère l'avaient absolument fixée.

Le roi, avons-nous dit, était représenté à Metz par un *gouverneur militaire*, personnage considérable qui exerçait l'autorité du souverain et créait en son nom les magistrats. Souvent absent lui-même, le gouverneur était remplacé alors dans toutes ses fonctions par un lieutenant qui était ou le commandant de la ville, ou celui de la citadelle, ou bien encore à leur défaut l'un des capitaines de la garnison. Presque en même temps est introduit à Metz un *président royal* de justice, dont l'action est renforcée, en 1592, par l'institution d'un *procureur général*. Le président royal et son procureur général durent jusqu'à la création du *parlement* en 1633 ; création bientôt suivie de celle du *bailliage*, institué en 1634, installé en 1641 seulement. Le président royal, son procureur général, le parlement et le bailliage sont les instruments mis successivement en jeu pour attaquer, détruire graduellement et supprimer finalement la juridiction des magistrats de la cité. Le président royal se pose à côté de ces magistrats en émule d'abord, puis en concurrent, pour saper leur autorité. Il ne s'occupe dans les commencements que des causes qui peuvent naitre entre sujets français d'origine ; plus tard il s'empare, mais avec le concours des Treizes toutefois, du jugement des causes mixtes dans lesquelles se trouvent en conflit des sujets français avec des habitants de la ville, et bientôt aussi des causes n'intéressant que ces derniers entre eux, ainsi que des affaires criminelles[1] ; de plus, au nom de l'autorité du roi, il prétend à la juridiction supérieure et sans appel qui n'appartenait précédemment

---

1. On saisit dès l'an 1555 les premiers pas du président royal dans cette voie. Une disposition des ordonnances de justice publiées à cette date invite ceux qui sont en différend à venir à l'audience tenue par le président en sa maison, les mardi, jeudi et samedi, pour y être, en la présence dudit président, du maitre échevin, de trois de son Conseil et de trois Treizes, avisé à les accorder amiablement, sans frais, dépenses, ni forme aucune de procès ; sauf à être renvoyés, s'ils ne peuvent s'accorder, à leur Justice pour leur être fait droit. Cette juridiction officieuse se change graduellement en juridiction obligatoire. Au commencement du xvii° siècle, on trouve des jugements rendus en l'audience du président royal assisté de quelques membres du grand Conseil, savoir de conseillers et de Treizes, ainsi que du maitre échevin qui, parfois, préside cette audience en l'absence du président royal. En 1616, celui-ci, avec les Treizes, juge souverainement un faux-monnayeur, cas appartenant à la justice criminelle.

qu'aux magistrats de la cité. Cette juridiction supérieure est ensuite réclamée hautement par les officiers du parlement, institué pour cet objet notamment, en 1633 ; ce qui ne laisse plus à la compétence des magistrats de la cité qu'une juridiction inférieure et de première instance, laquelle est saisie à son tour par les officiers du bailliage à son installation en 1641. Un dernier fait enfin, dans ce travail de modifications où s'effondrent les derniers restes des vieilles institutions messines : les notaires royaux créés en 1641 près le bailliage royal, remplacent définitivement les amans en 1728. Nous avons dit comment s'était effectué ce changement (§ 55).

§ 57.

En résumé, le chapitre précédent renferme un coup d'œil sur la situation faite à la ville de Metz après 1552. Il a pour sujet la substitution du gouvernement du roi à celui des paraiges ou, pour mieux dire, la transition de ce dernier à l'autre. Pour dégager de l'ensemble ce qui concerne spécialement la justice, objet particulier de la présente étude, nous dirons que c'est la suppression de l'antique justice échevinale et l'introduction d'institutions absolument nouvelles, dissimulées sous les noms anciens ; le remplacement d'un régime compliqué, il est vrai, mais solidement constitué, par un régime simplifié, mais inconsistant et ouvert à des entreprises savamment dirigées dans l'intérêt du roi, en vue de la désorganisation d'abord de ce régime même, et de sa complète destruction ensuite. Précisons : la suppression de la justice échevinale résulte de celle des maires et échevins ; les conseillers échevins depuis 1552 n'étant plus du tout à proprement parler des échevins. Dès lors plus de plaid banni, plus de justice échevinale, plus rien du régime ancien et fortement noué dans lequel paraissaient enchevêtrés et fonctionnaient cependant sans difficulté, malgré certaines anomalies, les organes divers fournis par la mairie, le maître-échevinat, l'échevinat, la treizerie et le

Conseil. Dans le régime nouveau, tout le système judiciaire se trouve réduit à deux termes, la juridiction supérieure ou d'appel exercée par un magistrat dit le maître échevin et son Conseil, et la juridiction inférieure ou de première instance remise à un corps de juges dits les Treizes ; tous ces magistrats, maître échevin, Conseil et Treizes renouvelés annuellement, et institués au nom du roi par le gouverneur qui le représente.

A côté de cette justice non plus autonome, il est vrai, mais encore indigène, apparaît une justice d'origine et de caractère étrangers à la Cité, celle du président royal, destinée à battre l'autre en brèche, en lui disputant sa compétence et en troublant la marche de son mécanisme par une immixtion incessante et sous toutes les formes dans son fonctionnement; œuvre de désorganisation qui aboutit finalement à la suppression à Metz de la justice indigène et à son remplacement par une justice purement royale, où le parlement exerce la juridiction supérieure et le bailliage la juridiction inférieure ou de première instance.

A ce tableau sont jointes, dans les pages qui précèdent, quelques explications sur la manière dont finissent les principaux organes de l'ancienne constitution messine, et sur le caractère de ceux, tout différents, mis en jeu dans le régime nouveau qui lui succède.

CONCLUSION

§ 58. Considérations sur le caractère et l'importance des institutions judiciaires à Metz.

§ 58.

Nous voudrions maintenant présenter, comme conclusion de notre travail, quelques considérations encore sur les faits que nous venons d'étudier, pour signaler dans certains traits et faire ressortir de certains rapprochements ce qu'on peut y saisir des singularités caractéristiques, ce nous semble, du régime auquel ces faits appartiennent, et marquer l'importance que peut avoir, pour l'histoire générale des institutions judiciaires, la connaissance de celles qui, en particulier, fonctionnaient dans la cité de Metz.

Rappelons d'abord la diversité d'origine et de caractère des principaux organes du régime judiciaire messin, et l'apparente confusion de leurs attributions, jusqu'à la distribution définitive qui s'en fait à la longue entre eux, pendant une période de tâtonnements dont la fin ne précède pas de beaucoup la dernière partie du XIIIe siècle (§ 4). Quand cette distribution est enfin fixée, les magistrats de Metz, maître échevin, échevins et Treizes, pour ne prendre que les principaux, se trouvent pour la plupart posséder, en même temps que leurs attributions judiciaires, des attributions toutes différentes d'ordre administratif et même gouvernemental. Telle est notamment la condition du maître échevin et celle des Treizes. Il n'en est pas de même des échevins, qui sont purement des officiers de justice. Les échevins ont de plus ce caractère essentiel d'être investis à vie de leur office, tandis que les autres magistratures messines sont temporaires et leurs titulaires renouvelés en général annuellement.

Le maître échevin, qui n'est le président ni du grand Conseil — auquel on n'en connaît pas, rappelons-le en passant [1] —, ni du corps des échevins, ni de celui des Treizes, exerce néanmoins, au sein de ces corps ou vis-à-vis d'eux, un rôle de supériorité digne d'attention. Au grand Conseil, où il siège dans certains cas, et où il est consulté à son tour, est-il dit, comme les autres membres de l'assemblée, il peut, quand il le juge à propos, refuser son avis si l'on ne s'engage pas préalablement à le suivre. A l'égard des échevins, le maître échevin

---

1. Ce qui concernerait la présidence du grand Conseil fait lacune dans nos informations (§ 38). A défaut d'un président permanent, peut-être en avait-il d'autres de caractère accidentel, tirés de son sein quand il se réunissait. Les plaids d'échevins étaient dans ce cas. Leur président était pour chaque plaid au choix du maire qui le bannissait (§ 31). Mais les maires n'avaient rien à faire avec le grand Conseil.

a ce privilège de juger, sous formes d'*advis*, les questions sur lesquelles ils n'ont pas pu se mettre unanimement d'accord (§ 15). A lui revient aussi le jugement, que lui seul peut rendre, des affaires déférées aux échevins, qui exigent la production et l'appréciation de titres et de pièces de procédure dont l'ensemble forme ce qu'on appelle un *démonement* (§§ 14, 25). En ce qui touche les Treizes, le maître échevin a le droit d'accueillir la plainte des justiciables qui se sentent foulés par leur décision; ce qui lui donne sur leurs jugements une sorte de juridiction d'appel. Il n'a pas le même droit sur les jugements rendus par les échevins qui exercent leur juridiction, comme lui la sienne, en dernier ressort (§ 16). Le maître échevin a enfin le privilège de fixer par ses décisions les questions de droit (§ 11). Il ne peut d'ailleurs, dans aucun cas, rien juger ni décider seul et sans l'assistance de six au moins des membres de son Conseil. Le Conseil du maître échevin est composé en principe des échevins qui étaient dits ses *pairs*; mais il comprend en outre un certain nombre de gens des paraiges, choisis et nommés par lui pour cet emploi (§ 5).

Le maître échevin et les échevins ne jugent qu'en *plaid banni*, c'est-à-dire sous l'autorité du *ban* qui est un droit de contrainte émanant du souverain ; droit exercé à Metz par les trois maires exclusivement (§ 39). Les Treizes, auxquels n'était pas accordé le secours du ban, jugent, ce semble, en vertu de droits appartenant en propre aux comtes, dits l'ancienne justice, lesquels n'ont plus guère d'autre emploi judiciaire que de donner pouvoir et autorité aux Treizes, en les assistant de leur présence (§ 40). Le pouvoir judiciaire des Treizes viendrait de là, on a lieu de le croire, sinon peut-être, pour une part au moins, de l'autorité des institutions de paix, auxquelles ils semblent se rattacher par leur origine (§ 30).

Dans ces conditions, les échevins jugent d'une manière définitive et sans appel (§ 19), mais leur procédure est étroitement resserrée dans les termes rigoureux de formules surannées (§§ 22, 23). Les Treizes au contraire ont une juridiction moins absolue et dans certains cas ne jugent pas sans recours possible à une plus haute autorité (§ 36), mais ils ont plus de liberté de mouvements et semblent affranchis de formules rigoureuses comme celles imposées aux échevins. De plus, ils jouissent du droit de fixer eux-mêmes, par l'*accord* annuel passé entre eux, leur mode d'action, c'est-à-dire leur procédure, et jusqu'à un certain point leur compétence (§ 32). Cet accord passé par les Treizes au début de leur année d'exercice, touchant l'accomplissement de leurs devoirs judiciaires et autres, est une singularité qui mérite de fixer l'attention. Rien d'analogue ne se rencontre dans l'échevinat : le record dit *De l'office dez eschevins du pallais de Mets* que nous avons signalé (§ 1) est tout autre chose.

Les échevins ne connaissent que de causes d'ordre civil personnelles et réelles (§ 19). Les Treizes aussi peuvent en juger, mais dans les cas seulement où l'objet en litige est dans des conditions de saisine imparfaite, c'est-à-dire de tenure moindre que de an et jour (§ 33). Les Treizes connaissent de plus de toutes causes de tort, d'injure et de violence, des délits et des crimes enfin (§ 33).

Une différence encore est à noter entre les échevins et les Treizes sur un point d'organisation qui intéresse la discipline et la procédure. Les échevins n'ont pas judiciairement de président permanent ; les Treizes en ont un, qui est le maître élu chaque mois par eux dans leur sein (§ 30). Les échevins aussi ont un maître dont on ne connaît pas très bien l'emploi, mais qui ne semble guère avoir eu de fonctions autres que d'ordre administratif, au sein du corps auquel il appartient (§ 19). Ce maître des échevins ne préside jamais à ce titre les plaids d'échevins ; le maître échevin, comme nous l'avons dit, ne les préside pas lui-même davantage ; les échevins lui fournissent seulement pour ses plaids particuliers des assesseurs. Au tribunal des échevins, le président du plaid est — sans caractère permanent — celui d'entre eux que, pour chaque affaire, le maire a désigné accidentellement et à son choix, au début du procès, en mettant dans sa bouche, comme on disait, le jugement ou le droit (§ 21). Chez les Treizes au contraire le maître, élu chaque mois pour remplir entre autres certaines fonctions administratives, paraît présider en outre la compagnie lorsqu'elle siège dans sa chambre en journée, pour vider notamment des questions judiciaires (§ 30). C'est le maître qui fait à chacun des Treizes à son tour la demande de son avis, n'eût-il qu'à donner un acquiescement, qui était obligatoire, à la décision prise par celui qui avait, comme on disait, gagné la journée, et qui avait été interrogé le premier. On comprend ce qu'aurait eu de contradictoire, pour la même personne, le rôle de celui-ci, consistant à recevoir la demande pour en décider, et celui du maître qui consistait à la présenter. Ainsi s'expliquerait cette singularité, dont on a sans cela quelque peine à se rendre compte, que le maître des Treizes, qui jouait aux dés la journée avec les autres, ne pouvait, s'il la gagnait, la conserver et devait, dans ce cas, repasser son droit à cet égard à l'autre Treize du paraige dont il était lui-même, ou à l'un de ceux du Commun s'il en était (§ 36).

Dans ces conditions, le débat judiciaire chez les Treizes, comme chez les échevins, consiste en demandes adressées sur la question en litige à chacun des juges successivement, pour les Treizes par une sorte de président permanent renouvelé mensuellement, le maître des Treizes (§ 30), pour les échevins par l'échevin de la cause qui, d'après la désignation du maire, a dans sa bouche le jugement (§§ 22, 23). Le maître échevin à son plaid procède de même à l'égard des membres présents de son Conseil, échevins et autres (§ 9). L'unanimité d'opinions, rappelons-le, est nécessaire dans ces divers corps de juges pour la validité du verdict. Le maître échevin l'obtient de son Conseil en modifiant, ce semble, si cela est nécessaire, sa composition, ce qu'il est libre de faire à son gré (§§ 9, 14). Chez les échevins, cette condition de rigueur est réalisée par la procédure de l'*advis*, qui transporte au maître échevin la décision de toute affaire sur le jugement de laquelle ils n'ont pas réussi à s'entendre (§ 24). Chez les Treizes le même résultat ressort en fait de l'obligation imposée par l'accord à tous les compagnons, de suivre l'opinion de celui d'entre eux qui a gagné la journée (§ 36).

Ces singulières institutions méritent assurément d'attirer l'attention, ne fût-ce que par leur originalité. Elles doivent tout particulièrement la fixer pour le rare ensemble de renseignements qu'elles contiennent sur un sujet d'étude dont la matière est loin d'être épuisée, les institutions judiciaires en général, du XIII° siècle au XVI°. Pour certains points de ce sujet, elles fournissent des indications dont l'importance n'échappera à personne. Rappelons seulement ici, comme exemple, ce que nous venons de dire de l'unanimité requise du corps des juges pour la validité du verdict. On ne sait pas grand'chose de ce qui regarde cet usage, lequel n'était pas exclusivement messin, et dont il ne subsiste plus guère de traces aujourd'hui que dans la procédure des jurys anglais. Le savant commentateur des *Établissements de saint Louis*, M. Viollet, répondait récemment à une question sur ce sujet, qu'il avait été amené à penser que l'obligation de l'unanimité avait été très anciennement la loi générale, non seulement de l'échevinat, mais encore de toutes les assemblées délibérantes[1] ; que cependant, pour ce qui regarde l'échevinat en particulier, il n'avait trouvé à cet égard que très peu de renseignements dans les documents qu'il avait pu consulter. Sur ce point précisément, les institutions de Metz, comme celles des assises de la chevalerie de Lorraine (§ 24, note), contiennent des détails précieux pour des temps qui remontent jusqu'au commencement du XIII° siècle[2].

Une observation s'offre encore à nous, dont la portée ne saurait être limitée à ce qui concerne spécialement la cité de Metz,

---

1. M. Viollet nous a renvoyé depuis lors à ce qu'il dit à ce propos dans son dernier ouvrage : *Histoire des institutions politiques et administratives de la France*, 1890, t. I, p. 280-287.

2. *Les Jugements à Metz au commencement du XIII° siècle.* — Revue de législation ancienne et moderne, française et étrangère, 1876.

mais doit nécessairement s'étendre du cas particulier des institutions messines à la généralité des institutions en vigueur à peu près partout à la même époque : c'est que l'organisation graduelle des éléments originairement disparates qui souvent concourent à la formation de ces institutions, donne l'idée d'un développement historique dans lequel ces éléments ont dû se faire leur place aux dépens les uns des autres (§ 4), avant d'arriver finalement à fonctionner d'une manière régulière, et comme si en réalité ils appartenaient, dans le principe, à un régime homogène. On voit par là ce que peut produire, dans l'enfantement des institutions sociales, le simple correctif des compromis entre des organes de caractère souvent contraire fortuitement rapprochés, au milieu desquels s'introduisent ainsi, par la force des choses, grâce au libre jeu de leurs ressorts naturels, des principes d'harmonie, de vie et de durée que l'industrie humaine, avec toutes ses habiletés et ses calculs, ne réussit pas toujours à obtenir dans les savantes combinaisons d'un ensemble conçu tout d'une pièce. Nous finirons sur cette dernière observation qui s'ajoute à bien d'autres — qu'on nous permette cette réflexion — pour condamner, une fois de plus, l'erreur de ceux qui prétendent impossible une amélioration, sinon en sacrifiant au préalable tout ce qui la gêne quelque peu ou bien ne semble pas concourir directement à la procurer, et qui n'hésitent pas à déclarer qu'on peut impunément, qu'on doit même tout renverser alors et tout changer pour assurer le progrès.

APPENDICE

I. L'Empereur. — II. L'Évêque. — III. Le Comte du palais. — IV. Le Comte. — V. Le Voué. — VI. Les trois Maires. — VII. Les trois Doyens. — VIII. Le Maître Échevin. — IX. Les Échevins. — X. Les Comtes Jurés. — XI. Les Wardours de la paix. — XII. Les Treizes. — XIII. La Cité. — XIV. La Communauté urbaine. — XV. Les Paraiges. — XVI. Les Mœurs. — XVII. Les Lois et usages. — XVIII. Le Champ de bataille. — XIX. La Pannie. — XX. Le Ban et destroit. — XXI. Le Palais. — XXII. Le Plaid banni. — XXIII. Les Plaids annaux. — XXIV. Le Plaid ordinaire. — XXV. La Clamour et la Semonce. — XXVI. Le Rapport. — XXVII. Le Témoignage. — XXVIII. Le Jugement. — XXIX. La Pénalité. — XXX. L'Exécution.

Dans le travail qui précède nous nous sommes proposé d'étudier les institutions judiciaires en vigueur à Metz pendant une période d'autonomie et de vie municipale où elles atteignent graduellement leur complet développement, entre la fin du XIIIe siècle et le milieu du XVIe. Au cours de cette étude nous avons, à plusieurs reprises, jeté un regard sur les temps antérieurs et signalé en passant le régime très différent alors de ces institutions (§ 4). Il nous semble opportun de revenir sur ces trop brèves indications et de donner, à ce sujet, quelques explications de plus. Tel est l'objet du présent appendice. Nous avons dit ce qu'était le régime judiciaire à Metz pendant la période de son histoire que nous venons de désigner. Nous voudrions, comme complément, montrer maintenant sur quelques points ses origines dans ce qui l'a précédé pendant une période antérieure, la période épiscopale, qui va du Xe siècle au XIVe. A cette époque l'évêque, en vertu de l'autorité qu'il tient par délégation de l'empereur, domine tout à Metz, avant de s'effacer graduellement lui-même jusqu'à disparaître à peu près complètement pendant la période subséquente. Auparavant la situation est tout autre. Nous dirons succinctement ce qu'on en sait et tâcherons de donner ainsi, autant que possible, une idée de ce que pouvait être alors à Metz le régime judiciaire dans ses organes et dans son mécanisme.

Les *sources d'information* sur ce double objet consistent en pièces détachées assez nombreuses et en quelques records. Les *pièces détachées* sont des titres et chartes de toute nature dont la série va des dernières années du x⁰ siècle aux premières du xiv⁰. Bon nombre de ces pièces sont imprimées dans les recueils historiques qui se trouvent partout, beaucoup sont inédites et appartiennent à quelques collections privées et aux dépôts publics, principalement aux archives départementales de Metz [notes Aug. P., *XX, 1V*][1], de Colmar et de Strasbourg [notes Aug. P., *YB*], ainsi qu'à la Bibliothèque nationale à Paris. Les *records*, au nombre de cinq, contiennent : A, les droits de l'Empereur, de l'évêque et de la Cité ; B, les droits de la vouerie de Montigny ; C, les droits du comte de Metz ; D, les droits du comte de Dagsbourg, (grand) voué de Metz ; E, l'établissement de la Commune paix de Metz [notes Aug. P., *JE, V, a*]. Ces records non datés appartiennent à la fin du xii⁰ siècle ou au commencement du xiii⁰. Trois d'entre eux, A, E, B, sont imprimés dans divers ouvrages relatifs à l'histoire de Metz (A, *H. de Metz*, t. VI, p. 306 ; E, id. t. III, p. 177 ; — B, Klipffel, *Metz cité ép.*, p. 388). Les deux autres, C, D, sont inédits, et se trouvent en copies anciennes à la Bibliothèque nationale, à Paris (Coll. lorr., vol. 320 et 229). En citant quand il y aura lieu ces divers documents, nous désignerons pour plus de brièveté, à la suite des emprunts que nous leur ferons, les titres et chartes par leur date seulement, les records par les lettres A, B, C, D, E, qui accompagnent la mention que nous venons d'en faire.

Les *organes* du régime judiciaire à Metz pendant la période épiscopale sont : l'Empereur, l'évêque, le comte du palais, le comte (comte voué et comte de Dagsbourg grand voué), le voué de Metz, les trois maires et les doyens, le maître échevin, les échevins, les comtes jurés, les wardours de la paix, les Treizes, la Cité et son peuple, la communauté urbaine, les paraiges. Le *mécanisme judiciaire* où se meuvent ces organes comprend divers traits touchant notamment les mœurs et l'état social, les lois et usages, le champ de bataille, la pannie, le ban et destroit, le palais, le plaid banni, les plaids annaux, le plaid ordinaire et sa procédure, la clamour avec l'adjournement et la semonce en leu de ban, le rapport en plaid, le témoignage avec le serment et les cojurateurs ; le jugement enfin, la pénalité et l'exécution.

I.

L'EMPEREUR. — Vers l'an 1200 l'Empereur est à Metz en possession des droits souverains de ban et destroit ou justice[2], et de monnaie, quoiqu'il ne les exerce pas habituellement. Lui absent, ils sont par délégation

---

1. Nous indiquons ainsi, au cours du présent appendice, des notes encore inédites mentionnant les sources d'où viennent les titres et chartes qui s'y trouvent cités avec l'accompagnement de leur date seulement pour aider à les retrouver au besoin.

2. *Bannum et districtum* (1216, *H. de Metz*, t. III, p. 179). Ban et destroit, ban et justice (v. 1200, Record A, préambule, et art. du Champ de bataille).

entre les mains de l'évêque ; mais l'Empereur les ressaisit lorsqu'il est présent dans la cité (A). Quand il y arrive, les clefs de la ville lui sont présentées à 3 lieues de ses portes ; la monnaie qu'il fait frapper y a cours depuis 8 jours avant sa venue jusqu'à 8 jours après son départ (A). Il y promulgue ses lois et ordonnances, témoin les articles additionnels que Frédéric II y ajoute à la lettre de Commune paix en 1214-1215 (E). Il y possède droit de gîte (A), et on lui doit les dépens des messagers porteurs de ses lettres pour l'évêque (A). En cas de vacance du siège par décès du titulaire, le palais, dit l'hôtel de l'évêque, est occupé par le voué du Neufchatel ou de Montigny, qui doit y recevoir l'Empereur s'il s'y présente (B). Au nom du souverain sont perçues par le comte les amendes pour faits relatifs à la police des grands chemins (C); le produit en est versé au fisc dans les villes dites, vers 1200, Chambres de l'Empereur, Arles-en-Provence, Francfort, Thionville, Cambrai (A, C).

II.

L'ÉVÊQUE. — L'évêque, comme il vient d'être dit, jouit par délégation à Metz des droits du souverain, celui-ci étant absent, de ceux notamment de monnaie, de ban et destroit ou justice. Comme conséquence et témoignage de la jouissance des droits de justice, il a les deux tiers des amendes et confiscations (A, B, C, D, E), le troisième tiers allant au comte ou voué. L'évêque a part aux profits de justice des champs de bataille ou duels judiciaires (A) ; il nomme les wardours de la paix et décide pour eux en cas de partage égal de leurs voix (E), prérogative dans laquelle le Chantre le supplée au besoin (E). En participation avec le comte ou voué, l'évêque est maître d'accorder ou d'interdire l'érection des « fortes maisons défendables » dans la ville (A, D). Il détient les clefs de la Cité (A), et y a son hôtel, le palais (B). Il y possède un ban-vin, privilège d'y vendre seul son vin à certains moments (A, C), et un franc-métier de sept solchiers investis du droit de fabriquer seuls à Metz les socs de charrue (A, B). Il prend enfin, dans les domaines de son église, le caractère de seigneur féodal avec quatre ministériaux, le sénéchal, le chamberlain, le maréchal et l'eschau (A, B). Il peut d'ailleurs déléguer, dans certains cas, l'exercice de ses droits à un mandataire qui est dit son « Commandement » (E).

On voit l'évêque au XIIe siècle confirmer certains statuts des citains, ceux par exemple concernant la dîme des legs pieux (1181) ; promulguer des règlements pour les changeurs (1190), pour les bouchers (1193) ; disposer du poids public de la laine (1190); décréter un peu plus tard le prélèvement du meilleur habit des morts pour les frais de construction des ponts (1223) ; de là la dénomination singulière de l'un d'eux, « le pont des

Morts », usitée encore aujourd'hui. Rappelons, en même temps, les institutions de Bertram pour la réforme du maître échevinat (1180), pour l'établissement des amans (1197), etc.; actes accomplis d'ailleurs par le prélat avec le concours du peuple de Metz ; *cleri... militum et civium communicato consilio* (1180) ; *Bertramus episcopus clero et populo congregato in unum statuit* (1209). Tout cela implique pour le prélat, dans Metz, un rôle gouvernemental et une action administrative qu'on ne saurait contester.

Le rôle judiciaire de l'évêque qui nous intéresse tout particulièrement ici n'est pas, quoique peu connu, moins certain à Metz. On recourt à sa juridiction : *sententiâ à nobis requisitâ* (v. 1190), *partes dicto nostro se subposuerunt* (1209), dit le prélat dans deux documents relatifs à des jugements où il intervient. L'évêque donne jour pour le plaid : *placitum, ab episcopo statuto die* (1075) ; *diem utrisque statuimus* (1133) ; *diem prefiximus ubi justiciam faceremus* (v. 1190) ; justice est rendue en sa présence : *in presentiâ episcopi* (v. 1150, v. 1190, v. 1200, 1204, 1250, 1285, 1293) ; *in presentiâ Bertranni episcopi... consilio clericorum et militum plurium* (v. 1190) ; *in presentiâ Bertranni episcopi, causa decisa* (v. 1200) ; *in presentiâ episcopi partes in jure constitutæ* (1204, 1207) ; par-devant l'évêque Jacques et les Treizes (1250) ; par-devant l'évêque Bouchard et les Treizes (1285) ; par-devant l'évêque Bouchard et les eswardours de la paix (1293) [notes Aug. P., *JE*, X, a, 68]. Ainsi sont effectuées, en présence de l'évêque, diverses procédures : mise faite à un rapporteur (1250) ; rapporteur pris par les parties (1285) ; rapport fait et mis en arche (1293) ; actes divers : *coràm episcopo et judicibus et scabinis, in placito bannali et legali, probatio et werpitio* (1204).

Nous n'essaierons pas de dissimuler le décousu de ces indications. Il est difficile assurément de se rendre exactement compte, d'après de semblables renseignements, du mode d'administration de la justice épiscopale à Metz, et de faire un tableau de son organisation avec l'exposition suivie des modifications par où elle a dû nécessairement passer, pendant une période de deux ou trois siècles où se distribuent les faits que nous venons de relater. On nous accordera cependant qu'ils ne sont pas sans signification, et qu'il y a lieu d'y reconnaître la participation au moins de l'évêque à l'exercice de la juridiction à Metz et, en une certaine mesure, sa prédominance dans cet ordre de faits aux xi° et xii° siècles et jusque vers la fin du xiii°. De nombreuses particularités ressortant de ce qui nous reste à dire du régime administratif et judiciaire de la Cité aux mêmes époques confirment, on le verra, ces appréciations sur la situation acquise alors dans Metz aux évêques, à ce sujet. Rapprochons-en cette considération qu'aux xv° et xvi° siècles, à une date où le rôle graduellement effacé de l'évêque était dans la ville à peu près nul, le plaid des échevins s'appelait encore à Metz « le plaid Monseigneur » (§ 7). Pour compléter, au point de vue judiciaire, la physionomie du personnage dès les temps antérieurs, il convient de signaler encore certains traits du rôle féodal des prélats dans les domaines de leur église. C'est d'une cour féodale qu'il s'agit certainement dans les textes suivants : *per sententiam comitum et nobilium hominum episcopi* (1212) ; « adjournéz devant lou signor Jacou… évesque de Mes en la présence de « N… N… N… (hommes de la cour l'évesque) à Vy (Vic), en la justice « l'avesque Jacou (Jacques de Lorraine) » (1253).

Le rôle judiciaire de l'évêque à Metz est incontestable. Nous en avons cité des exemples dont les derniers sont de la fin du XIIIe siècle. Ils deviennent cependant de plus en plus rares dans ces derniers temps, jusqu'au moment où ils s'arrêtent tout à fait. Au commencement du XIVe siècle, un atour significatif défend de plaider d'héritages (immeubles ou biens-fonds) autrement que devant la « laic justice », la justice laïque : c'est-à-dire celle des maires et échevins (1306). Au cours du XIIIe siècle, on observe donc à Metz un ralentissement progressif dans l'activité de la justice de forme épiscopale, si l'on peut s'exprimer ainsi, savoir de la justice où le prélat intervient directement. En même temps se prononce le relâchement des liens qui rattachent la ville à son évêque et à son clergé ; modifications par lesquelles la Cité tend à s'affranchir de l'autorité du premier et à établir sur le second sa propre domination.

III.

LE COMTE DU PALAIS. — Le comte du palais est signalé, à Metz, pendant les deux derniers tiers du Xe siècle, à côté du comte ordinaire. On relève les noms des comtes du palais dans les chartes de cette époque avec la qualification *comes palatii*.

Hamedeus (933, 936, 942, 945, 948) ; Thiebertus, ou Teutbertus, ou Theodbertus (950, 957, 958, 967) ; Imno (977) ; Thindebaldus, ou Zendebald, ou Zendebold (985, 987) [notes Aug. P., *S, a*]. Un diplôme de 958 porte à la fois le nom d'Odacar *comes*, le comte ordinaire, et celui de Teutbertus *comes palatii* (*H. de Metz*, t. III, p. 71), ce qui prouve l'existence simultanée des deux offices. Dans une autre charte de 936, Hamedeus *comes palatii* est en même temps qualifié *advocatus episcopi* (*H. de Metz*, t. III, p. 60), titre qui est donné souvent — nous y reviendrons tout à l'heure — au comte ordinaire. Le comte du palais à la cour des princes mérovingiens et carolingiens prenait part à l'exercice de la juridiction du palais. Il est permis de penser qu'il en était de même, dans le palais de Metz, sous les empereurs germaniques et chez nos évêques du Xe siècle qui tenaient, par délégation, l'exercice des droits du souverain. La disparition à Metz des comtes du palais, vers la fin de ce siècle, correspond vraisemblablement à quelque changement dans le régime judiciaire du palais où l'on voit figurer, au xi⁰ siècle (1033, 1056), les comtes ordinaires qui existaient d'ailleurs antérieurement déjà.

IV.

LE COMTE. — Le comte de Metz exerçait un office qui remontait loin. Nos chartes nous fournissent les noms de ceux qui l'ont occupé depuis le premier tiers à peu près du x⁰ siècle jusqu'à sa disparition au commencement du xiii⁰, savoir : Odacar (936, 952, 958); Folmar (v. 980, 1026); Godefridus (1033); Folmar (1055, 1056, 1057, 1058, 1059, 1063, 1065, 1070, 1073, 1075, 1090, 1093, 1094, 1095, 1106, 1111, 1114, 1115, 1121, v. 1122, 1125, 1126, 1127); Hugo (1127); Folmar (1130, 1133, v. 1135, 1135, 1137, 1140, 1141, 1142); Hugo (1149); Henricus (entre 1149 et 1163); Hugo (av. 1157, 1157, 1158, 1161, 1163, 1165, 1166, v. 1170, 1170, 1171, 1172, 1173, 1177); Albertus (1181, 1188, 1197, v. 1200, 1200, 1207, 1208, 1210); Theobaldus (1213, 1214, v. 1215, 1216, 1218, 1220); Gertrudis comitissa (1224) [notes Aug. P., S, a]. Quelques-unes de ces séries représentent probablement plusieurs personnages de même nom qui se succèdent dans l'office, celle par exemple de Folmar comes de 1055 à 1127.

Ces comtes portent quelquefois diverses qualifications supplémentaires qu'il est bon de faire connaître : *comes episcopi* (v. 980); *comes metensis* (1057, 1106, 1115, 1135, av. 1157, 1161, 1163, 1171, 1173, 1177, 1197, v. 1200, 1208, 1210, v. 1215, 1216); *comes urbis nostræ* (episcopi) (1075); *comes civitatis metensis* (1126, 1214); *comes civitatis* (1158); « comte de Metz » (trad.)(1177). Ils sont encore souvent qualifiés voué, *advocatus*; ainsi: *comes et advocatus episcopi* (1065); *comes, advocatus loci* (1121); *comes advocatus* (1125); *comes, advocatus ecclesiæ metensis* (v. 1170); *comes* (de Humburc) *advocatus noster* (episcopi) (1147); *comes, advocatus metensis* (v. 1122, 1130, 1166, 1172, v. 1200); *comes, advocatus civitatis metensis* (v. 1122); *comes* (de Daysbury) *metensium advocatus* (1157); *advocatus et comes metensis* (1172); *comes, major advocatus metensis* (1200, 1207); « grand voué » (v. 1200), « voué des francs-hommes du palais » (v. 1200), *metensis major advocatus* (1207). Ajoutons comme équivalent probable du titre d'*advocatus civitatis* au xii⁰ siècle, la locution *comes prefecturam urbis agens* (1111, 1127) [notes Aug. P., S, a].

Les comtes de Metz, pendant la deuxième moitié du xii⁰ siècle et au commencement du xiii⁰, sont dits quelquefois aussi comtes de Dagsbourg, la famille de ce nom ayant été mise alors en possession du comté tenu précédemment par l'ancienne famille de Lunéville. M. le Cᵗᵉ Mᶜᵉ de Pange, qui a fait sur cette question un travail encore inédit, établit qu'aucune parenté n'existait entre ces deux familles, et que le passage du comté de l'une à l'autre a eu lieu vers 1150. Nous trouvons dans nos chartes les mentions suivantes qui se rapportent à ces faits : *comes Hugo de Dagsburg metensium advocatus* (1157); *Hugo comes de Tagesburc et comes metensis* (1171, 1173); « Hugues de Dagsburg comte de Metz » (trad.) (1177) ; *Albertus comes de Dagsburg* (1188, 1197) ; *Albertus de Daborg comes metensis* (1197) ; *comes Albertus de Dasborg, major advocatus metensis* (1200); *comes Albertus de Dabor et advocatus metensis* (v. 1200) ; *Albertus comes metensis et dasburgensis* (v. 1200, 1208, 1210) ; « le comte de Dagsbourg, voué des francs-hommes du palais » (v. 1200) ; *Theobaldus dux Lotharingiæ et marchio, comes metensis et dagsburgensis* (v. 1215, 1216) [notes Aug. P., *S*, *a*].

Le transport du comté de Metz aux Dagsbourg, vers 1150, paraît avoir consisté en une inféodation épiscopale ; car à l'extinction de cette famille en 1225, c'est à titre de fief vacant que l'évêque de Metz le ressaisit, comme on le voit par les documents du temps qui nous sont parvenus [1]. Le caractère de vouerie, dont l'association à l'office du comte n'était pas nouvelle à Metz, s'était accentué ce semble dans cette condition à la fin du xii° siècle entre les mains des Dagsbourg, qu'on voit prendre le titre de *grand voué*, pour se distinguer vraisemblablement d'un autre officier qui existait alors sous une dénomination analogue, le voué de la ville de Metz, *advocatus (olim judex) civitatis*. C'est dans ces termes et comme fief épiscopal que le comté de Metz parvient à la dernière héritière des Dagsbourg, Gertrude, morte sans hoirs en 1225. Elle avait épousé Thiébaut duc de Lorraine qui, durant le mariage, avait exercé les droits de sa femme. A la mort de Thiébaut, Gertrude lui ayant survécu les avait ressaisis grâce à une faveur exceptionnelle des évêques suzerains, faveur dont on a l'explication.

Ces faits devaient être longtemps après invoqués abusivement par les ducs successeurs de Thiébaut, pour appuyer, au xvi° siècle, des prétentions dénuées de fondement sur le comté de Metz, simple office qui ne subsistait plus alors depuis longtemps. Une croyance existait au xvi° siècle qu'à la fin du xii° ou au commencement du xiii°, le Comté de Metz avait été changé en vouerie. Vassebourg, qui écrivait en 1549 (*Antiquitez de la Gaule B.*, f. 349, v°), semble faire allusion à cette transformation quand il dit : *pro advocatiâ non pro comitatu cœpit origo discordiæ inter Metenses et Lotharingos, anno 1182*; et Rosières, en 1580 (*Stemmat. Lothar.*, f. 265, r°), rappelait aussi ce changement du comté en vouerie dont il déplaçait quelque peu la date, reportée

---

1. 1225. Traité entre l'évêque de Metz et le duc de Brabant (Butkens, *Troph. du Brabant*, pr. p. 71). — 1225. Déclaration de l'évêque de Metz, Jean d'Apremont (*Inventaire des titres de la ch. royale de Metz*, dressé en 1698, t. I, p. 201, n° 510, Arch. depart. de Metz).

par lui au commencement du xiii° siècle, après Gertrude, la dernière des Dagsbourg.

Cette extinction de la famille de Dagsbourg fut, pour ce qu'on appelait alors le comté de Metz, le signal d'une véritable dissolution. Le comté proprement dit n'était qu'un office sans territoire en quelque sorte ; mais des domaines importants s'y trouvaient annexés à différents titres, venant les uns, comme alleus, des Dagsbourg eux-mêmes, les autres, comme fiefs, des évêques de Metz ou de suzerains divers, soit ecclésiastiques, soit laïques, auxquels ils retournent alors et qui en disposent chacun de son côté. Le duc de Brabant notamment revendiquait les alleus, et l'évêque de Metz les fiefs, tenus par la comtesse Gertrude entre le Rhin et la Moselle, suivant le traité de 1225 entre l'évêque et le duc à ce sujet (p. 191). Obligé ici de nous restreindre, nous ne pouvons nous arrêter à ces particularités malgré leur intérêt. Nous nous proposons d'y revenir ailleurs.

Les attributions du comte de Metz, dans cette condition de comte d'abord, dans celle ensuite de grand voué, sont relatées par deux records (C, D) où elles se présentent naturellement avec de notables analogies, des ressemblances même, sur plus d'un point, notamment en ce qui concerne le rôle judiciaire de ces officiers et diverses particularités qui s'y rattachent. Le comte, suivant le premier de ces records, avait la garde et la police des hauts chemins ; il donnait paix, trêve et assurement aux étrangers venant assister, à Metz, aux fêtes et aux foires où il lui appartenait de réprimer les violences ; il jugeait les actes de félonie, les roberies et larcins ; il accordait le champ de bataille quand il y avait lieu, et avait part aux profits judiciaires qui en résultaient ; il avait le tiers des amendes et confiscations ; il donnait la mairie aux maires nouvellement élus (C). Quant au grand voué, il était, suivant l'autre record, le voué des francs-hommes du palais ; il avait la police des chemins, celle de l'intérieur de la ville ; il y exerçait la justice criminelle (§ 40, p. 118) ; il avait part aussi aux profits judiciaires du champ de bataille ; et prenait le tiers des amendes et confiscations (D). Sans parler d'autres similitudes, l'attribution, dans l'un et l'autre record, du tiers des amendes au comte ou au grand voué — les deux autres tiers appartenant à l'évêque, — suffirait pour établir l'identité en principe des deux offices.

Après trois textes du x° siècle (957, 958, 973), que nous citons plus loin (p. 205), trois chartes épiscopales du xi° siècle nous font connaître la part prise à cette époque par le comte à la procédure du palais, pour solenniser des donations effectuées, dit l'une, par ses mains, *per manus comitis Godefridi in senatu metensi* (1033) ; suivant l'autre, moyennant son acquiescement, ce qui est probablement sous une autre forme de rédaction à peu près la même chose, *favente Folmaro comite omnique nostri palatii senatu* (1056); et, dit l'évêque dans la troisième, *per donationem nostræ manus atque Folmari comitis nostræ urbis et Gervoldi advocati Numeniaci villæ* (1075). La charte d'institution des amans par Bertram (1197), dans le texte inédit donné par le Grand cartulaire de la Cité (§ 45, note 1), mentionne un acte d'exécution remis au voué, qui pourrait être attribué au comte grand voué. Cependant cette attribution n'est pas certaine et il serait possible qu'il fût question, dans cette circonstance, n'on pas du grand voué mais du voué de Metz dont nous allons parler.

V.

LE VOUÉ. — Le voué de Metz, que nous venons de nommer, est tout autre chose que le grand voué, comte voué, *comes advocatus*. Il pourrait être qualifié pour l'en distinguer *judex advocatus*. C'est en effet un officier qui avait porté antérieurement le titre de *judex* comme le prouve un passage d'une charte de l'évêque Bertram où il est dit, en 1193, *judices civitatis qui nunc advocati dicuntur*. Le fait est confirmé par les notions rapprochées les unes des autres sur la liste qu'on peut, d'après les titres et les chartes, dresser de ces officiers.

On trouve ainsi du xe au xiiie siècle les indications suivantes : Folcradus *judex* (945); Anselmus *judex* (967); Vuidelo *judex* (987); Wazelinus *judex* (1026, 1033, 1056); Meinzo *judex* (1058, 1063) ou bien *advocatus* (1073); Burchardus *judex* (1075, 1088, 1090, 1094, 1095, 1111) ou bien *advocatus* (v. 1080, 1090), *advocatus civitatis* (1090); Albertus *judex* (1121, 1126, 1127, 1130, 1133, 1137, 1138, 1139, 1140, 1141, 1143, 1144, 1147) ou bien *advocatus* (1127, 1130, 1132, 1137, 1147, 1149, 1151, 1158, 1161, 1163, av. 1164); Petrus *advocatus* (v. 1170, 1170, 1171, av. 1179, 1180, 1181), Petrus *advocatus* et Demudis *advocatissa*, uxor ejus (s. d., peut-être v. 1180 ou v. 1234 ?); Symo *judex* nunc *advocatus* dictus (1193), Symo *advocatus*, ou « le voué de Metz » (1197, 1199, 1208, 1214, 1225); Petrus *advocatus* et sa mère Havidis (1234); Symon clericus dictus Chalmelz *advocatus metensis* (1272); Jacobus de S° Juliano *advocatus metensis* (1297) [notes Aug. P., *S, a*].

On voit dans cette liste le passage graduel de la qualification de *judex* à celle d'*advocatus*, dont il serait intéressant de rechercher les causes et les circonstances que nous ne connaissons pas. Tout ce qu'on en sait c'est que ce changement se produit insensiblement, à ce qu'il semble, entre 1063 et 1147 sous les magistratures de Meinzo, de Burchardus et d'Albertus qui portent également les deux qualifications chronologiquement entremêlées. Albertus, en 1147, les prend même toutes deux également dans un titre unique (archiv. départ. de Metz, f. Villers) [notes Aug. P., *XX, IV, 260*], où il est dit successivement *Albertus advocatus et frater ejus Balduinus*, puis *Albertus judex et frater ejus Balduinus ;* la double mention de son frère fixant, ce semble, son identité sous les deux qualifications. Le même Albertus est nommé encore avec son fils, *Albertus advocatus et Petrus filius ejus* (1158, 1161, 1163), qu'on peut supposer être le *Petrus advocatus* figurant après lui sur la liste (1170-1181), ce qui pourrait indiquer de l'un à l'autre une succession héréditaire ; particularité à remarquer. La qualification *Burchardus advocatus civitatis* (1090) est une variante qui mérite également de fixer l'attention.

Le parallélisme des deux listes que nous avons données des titulaires des deux offices de comte, *comes advocatus*, et de voué, *judex advocatus*, démontre la simultanéité avec la distinction de ces officiers, que prouve péremptoirement en outre la double mention dans un même titre de *Folmar comes metensis advocatus* et d'*Albertus metensis advocatus* (1130) (Meurisse, *Hist. des évêques de Metz*, p. 404).

Pour ce qui est des attributions de ce voué de Metz qualifié successivement et même simultanément à un certain moment *judex* et *advocatus*, on peut conclure du sens de ces deux expressions que c'étaient des attributions de police et d'ordre judiciaire. A la fin du xi° siècle, l'évêque Hériman donnant à l'abbaye de Saint-Arnould une foire annuelle, *forum*, en attribue la police à l'*advocatus civitatis* avec assignation de 10 sols pour son paiement : *accipit decem solidos.... in mercedem sui officii* (v. 1080). Vers le même temps, l'abbé de Saint-Clément, recevant d'Hériman un bénéfice, donne au même officier Burchardus, *advocatus civitatis*, un pré, *pratum de Prunoet*, en fief, pour la garde de ce bénéfice et celle en général de l'abbaye, *tàm pro defensione hujus beneficii... quàm pro totius ecclesiæ tuitione..., eo tenore ut nullus heredum ipsius, nisi advocatiam civitatis tenuerit, hoc feodum sibi vendicet* (1090). A la même époque, une donation de l'évêque Poppo à l'abbaye de Saint-Vincent est faite avec le concours du *judex*, comme il est dit à la signature du diplôme, *presente et cooperante Burchardo judice* (1094). Une donation encore est faite un peu plus tard, *per manum metensis advocati* (xii° siècle). La solennisation des actes de donation est une fonction que nous avons relevée aussi parmi celles du comte (p. 192). Cette solennisation des donations ainsi que la garde des domaines relatée également dans les actes que nous venons de citer, pourraient regarder ce comte, *comes advocatus*, aussi bien que le voué, *judex advocatus*. Mais ce qui décide leur attribution à ce dernier dans ces exemples, pour ce qui est de quelques-uns au moins, c'est qu'on y trouve en même temps le nom de Burchardus qui appartient à la série des *judices advocati* et non à celle des *comites advocati*, comme on peut le voir par les listes qui précèdent.

Pour compléter ce que nous pouvons dire ici des attributions ainsi que des droits du voué de Metz, nous ajouterons encore ce qui se trouve à cet égard dans les records. Le voué de Metz, suivant ces documents, a la garde des chemins de la banlieue et fait rendre ce qui s'y perd ; il fait la remise de la mairie aux maires nouvellement élus ; il a une part dans les profits judiciaires du champ de bataille, sept des 28 socs de charrue dus par les solchiers, un chapel de marderin dû annuellement par le maître parmentier, une certaine mesure (rest et demi) d'aulx à la foire de Saint-Arnould, et une taverne à celle de Notre-Dame (A, D). Il est à remarquer que quelques-unes de ces attributions sont dites ailleurs appartenir au comte *comes advocatus* (B, C), lequel disparaît au commencement du xiiie siècle. Ces particularités pourraient bien se rapporter aux changements imparfaitement connus qui, d'après plus d'un indice, paraissent s'être effectués vers cette époque dans le régime administratif et judiciaire de la Cité et dans la distribution des fonctions et prérogatives qui le concernent.

Disons maintenant, pour ce qui regarde encore les droits du voué de Metz, que des fiefs plus ou moins importants étaient attachés à son office ; comme nous l'avons vu pour le comté, comme nous le verrons encore pour le maître échevinat : condition ordinaire, à ce qu'il semble, des divers offices de la Cité à ce moment. Quant aux fiefs de la vouerie, citons celui, par exemple, tenu de l'abbé de Saint-Clément, *pratum de Prunoet*, dont il est question dans le diplôme de 1090 mentionné tout à l'heure ; une redevance des bouchers rappelée dans une charte de Bertram (1193) ; un cens sur le tonneu de Metz, tenu en fief de l'évêque au xiiie siècle ; de menus profits enfin qui peuvent avoir ce caractère, parmi ceux énumérés dans des documents du xive siècle relatifs à l'acquisition de la vouerie par la Cité, à cette époque. C'était tout ce qui restait alors des anciens droits de cet antique office.

Vers le milieu du xiiie siècle, l'évêque Jacques de Lorraine avait acheté du voué lui-même la vouerie de Metz et en avait fait un fief de son évêché[1] ; ce qui montre qu'elle n'avait pas auparavant, comme le comté, ce caractère. A la fin du xie siècle, d'après la charte de 1090 de l'abbaye de Saint-Clément, citée plus haut et rappelée tout à l'heure, la vouerie était, ce semble, nous ne saurions dire à quel titre, héréditaire ; mais dans les termes d'une hérédité imparfaite en quelque sorte, comme cette charte le donne à penser. Plus tard la situation avait pu se modifier par l'usage probablement, et changer ultérieurement assez pour permettre, au xiiie siècle, l'aliénation de l'office par le titulaire, et sa vente à l'évêque Jacques de Lorraine qui en avait fait alors un fief dépendant de son église, ainsi qu'on

---

1. *Gesta episcoporum Metensium*. Pertz, *Monum.*, S., t. X, p. 550. — Charles d'Adhémar, évêque de Metz. (*H. de Metz*, t. IV, p. 106 et 111.)

nous le dit. Par la suite, le fief épiscopal, assez mal administré et plus ou moins compromis par des engagements et par des aliénations pratiquées sans scrupule, était arrivé fort amoindri et comme une simple possession domaniale entre les mains d'un bourgeois, Richard Poujoise, qui n'en portait pas même le titre. C'est de lui et de sa femme Agnel qu'en 1345 les citains de Metz, « pour augmenter, disent-ils, la franchise et la noblesse de la Citeit », achètent la vouerie de Metz au prix de 1,000 livres de petits tournois. En même temps l'évêque Adhémar, seigneur du fief, donne à la vente, ainsi faite, son acquiescement et renonce à tout droit d'opérer jamais le rachat de l'office « comme sire ou en autre manière », ainsi est-il dit. Les documents relatifs à cette affaire sont venus jusqu'à nous (*H. de Metz*, t. IV). Telle est la fin de la vouerie de Metz.

VI.

LES TROIS MAIRES. — Les trois maires, *tres villici*, paraissent avoir remplacé vers 1130 le *villicus civitatis* unique, dont ils semblent s'être partagé alors les attributions, chacun dans l'une des trois sections de la ville, dites de Porte-Moselle, de Portsaillis et d'Outre-Moselle (§ 39). Auparavant Gerardus, qu'on trouve investi de l'office unique de *villicus civitatis*, figure sous ce titre dans deux chartes du xii° siècle (1121, 1126), puis sous celui de *minister* qui paraît en être l'équivalent dans une autre de 1127. Après cela on trouve dans les chartes la mention de *tres ministri* (1130), puis celle de *tres villici* (1144, 1147, 1190, 1194, 1196, 1197, 1200, etc.). Cette succession de dénominations correspondrait, croit-on, au remplacement du *villicus civitatis* unique par les *tres villici*, plus tard les *trois maires*. Ce thème, très vraisemblable, est fondé sur les données fournies par des chartes suivant lesquelles il pourrait y avoir lieu de distinguer, dans certains cas, du *villicus episcopi* (1065, 1133) — ce qui n'a rien assurément d'inadmissible — le *villicus civitatis*, comme les *villici* qu'on trouve en même temps dans tous les domaines tant laïques qu'ecclésiastiques, aux xi° et xii° siècles. L'objection qui pourrait naître de la nécessité de cette distinction a peu d'importance. D'autres objections que nous ne dissimulerons pas peuvent résulter encore de considérations que nous aurons à présenter tout à l'heure, à propos des doyens, *decani*. Elles ne sont pas sans réplique. Il y a, en définitive, de fortes présomptions que les trois maires après les *tres villici* représentent l'ancien *villicus civitatis*. Comme lui, armés du ban, ils ont l'exercice de la contrainte dans le régime de la police sociale et des choses judiciaires. Ce qui concerne leur création et leurs diverses attributions est exposé dans nos records (A, E), dans des titres et diplômes des xie, xiie, xiiie siècles, et dans quelques atours (1233, 1250, 1256, 1274, 1284, 1301).

Les trois maires étaient élus par « la fauté des hommes de Saint-Étienne ou de ses membres », autrement dit par les prud'hommes de l'église de Metz (A). Ils recevaient la mairie des mains du comte (C), ultérieurement de celles du voué (A), et devaient de ce fait 20 sols (*alias* 5 sols) à cet officier, plus à sa femme un anneau d'or de 5 sols (A, C). Ils devaient à l'évêque 40 sols de service et 60 sols de créance à recouvrer sur les produits de l'office (A). Ils lui devaient, en outre, le rachat des gages livrés par le prélat pour ses frais de voyage à la cour de l'Empereur (A); de plus, à sa volonté, « le mangier en sa chambre » (A). A l'Empereur les maires devaient les dépens des messagers qui apportaient ses lettres à l'évêque (A). L'Empereur arrivant lui-même à Metz, un des maires (le postimaire ou maire de Porte-Moselle) allait à 3 lieues au-devant de lui pour lui présenter les clefs de la ville (A). Assisté d'un échevin, un maire opérait la saisie des vins vendus à fausse mesure. Les maires avaient part aux produits judiciaires du champ de bataille; ils recevaient un chapel de chat du maître parmentier et une mesure (rest et demi) d'aulx à la foire de Saint-Arnould (A). Sous le régime de la Commune paix ils devaient, avec le maître échevin et les wardours de la paix, se porter armés aux mêlées tumultueuses pour les défaire (E). Les maires exerçaient, avons-nous dit, la contrainte; ils gardaient les prisonniers, opéraient les confiscations, levaient les amendes en retenant à leur profit 3 sols sur celles de 10 sols, qui appartenaient à la ville (E). Ils formaient de plus le plaid banni avec les échevins, avec un seul au besoin (§ 7), pour faire avec lui les « semonces en leu de ban » et les adjournements, ainsi que les estaults et certains actes d'ordre judiciaire ou administratif (§§ 27, 39, 46, 55). Donnant le ban aux échevins, ils mettaient en droit devant eux quiconque avait à présenter clamour à la justice. Les maires donnaient le ban aux plaids du maître échevin comme à ceux des échevins, notamment aux plaids annaux où ils publiaient les bans pris pour les mutations de propriété (§§ 7, 8, 9, 21, 22, 23). Les vestures, vest et devest, pour le même objet, étaient aussi dans leurs attributions (1203, 1204): *manum suam devestiens per villicum et scabinum, de prato fecit (eum) investire* (1203); « vesture faite dou maior et de l'eschevin dont la vesteure muet » (1245); « de cest aquast est vestis... par les maiors et par les eschaving ke les vestures en font » (1252).

Le concours d'un maire et d'un échevin suffisait, avons-nous dit, pour constituer le plaid banni (§ 7): *O... villico et S... scabino per quos bannus in placito positus est* (1206); *O... qui in illo placito villicus fuit,* (et) *R... qui scabinus fuit* (1207); délivrance d'un cens vendu, *in placito bannali et legali per scabinos scilicet H... et A... coràm Ottone villico* (v. 1241). Ces textes peuvent être cités comme des exemples de la solennisation, mentionnée tout à l'heure, de certains actes en plaid devant maire et échevin, c'est-à-dire en plaid banni. Nous aurons occasion de dire que dans la relation de divers actes, dans celle des jugements par exemple, où la mention du plaid banni est souvent omise, cette omission apparente ne résulte vraisemblablement que d'un sous-entendu. Nous reviendrons un peu plus loin sur cette question, en traitant spécialement des échevins (p. 204), puis du plaid banni (p. 224).

Cependant l'action des maires n'était pas toujours, on peut le croire, liée à l'intervention d'un échevin. Dans certains cas ils agissent seuls en vertu de leur autorité propre, semble-t-il, pour exercer la contrainte : *villici requirebant hos solidos* (1193). Les maires frappaient du ban quiconque refusait de se soumettre aux clauses d'un titre mis en arche d'aman, ainsi qu'à leur admonestation à ce sujet (1197). Le rôle personnel et indépendant du maire, *villicus*, au xi° siècle est nettement indiqué par le texte suivant, dans un domaine de l'abbaye de Gorze : *Villicus bannalis... rebellem... in cippum tradat... sine advocato..... Si causa... usque ad duellum pervenerit, in curte abbatis... finietur et abbatis villicus faciat districtionem... Si meta aliqua fuerit exterminata... villicus abbatis faciat districtionem* (1095).

Nous n'avons plus que deux mots à ajouter pour dire que la signature du maire ou *villicus* figure quelquefois parmi celles des témoins à la fin des chartes, mais que leur nom ou leur simple titre, de même que ceux des échevins, manquent absolument dans le protocole initial des atours au xiii° siècle et ultérieurement.

VII.

LES TROIS DOYENS. — Les trois doyens, *tres decani*, sont vers 1200 les lieutenants des trois maires ou *villici*. On a de nombreux exemples du *decanus* mentionné avec le *villicus*, en divers lieux, aux xi° et xii° siècles. A Metz on voit, dès le xi° siècle, trois officiers d'ordre secondaire cités avec l'*advocatus civitatis* sous les titres de *castaldi* et de *decani*, dans deux chartes notamment de l'évêque Hériman pour les abbayes de Saint-Clément et de Saint-Arnould (1090 et s. d.). A cette époque, le *villicus civitatis*, qu'on trouve jusqu'en 1121, 1126 et 1127, existait encore. On se demande si les *castaldi* ou *decani* du xi° siècle, dont les attributions semblent du même ordre que celles du *villicus civitatis*, n'auraient pas été dès cette époque des espèces de lieutenants ou suppléants de cet officier, destinés à le remplacer bientôt absolument, sous le titre de *tres villici*. La rareté des documents et l'insuffisance des renseignements fournis par eux ne permettent pas de saisir nettement ces rapports et cette filiation qu'on ne peut que soupçonner. Ce qui est certain, en tout cas, c'est que les *tres decani*, signalés, comme le *villicus* unique, au xie siècle, sont plus anciens que les *tres villici* qui ne datent que du xiie.

Il n'y aurait, ce semble, d'ailleurs, que de faibles relations entre ces *decani* du xie siècle et les doyens du xiiie, séparés d'eux par un long intervalle, pendant lequel on ne trouve nulle part une indication qui les relie expressément entre eux. Tout au plus pourrait-on prendre pour telle à cet égard la similitude des dénominations, en admettant que le *villicus* unique ayant eu au xie siècle trois suppléants qualifiés *decani*, les *tres villici* qui remplacent le *villicus* au xiie en eussent entre eux pris trois aussi, nommés de même, que l'on retrouverait au xiiie siècle dans les trois doyens. Quant à ces derniers, nous nous bornerons à dire qu'à cette époque et peut-être auparavant déjà, chacun des trois maires à Metz avait son doyen pouvant le suppléer; qu'il devait le choisir dans la première semaine de son entrée en charge; faute de quoi il ne pouvait plus en prendre pendant le reste de l'année (A).

Les droits et devoirs des doyens, outre ce qu'en disent nos records, sont exposés dans des atours (1233, 1260, 1284, 1301, 1303, 1340, 1370, 1397, 1498) dont nous avons présenté ailleurs un résumé (l'*Ordonnance des maiours*, § 69, p. 74), qu'il n'est pas de notre sujet de reproduire ici.

VIII.

LE MAITRE ÉCHEVIN. — Le maître échevin destiné à prendre ultérieurement la première place dans la hiérarchie gouvernementale de la Cité n'y figure encore, vers le commencement du xiiie siècle, qu'à un rang secondaire, après l'évêque, le comte et le voué, mais très voisin de ce dernier suivant nos records. C'est au moins ce qui semble ressortir, d'après ces documents, du partage entre ces officiers de certains droits et avantages, comme des profits judiciaires du champ de bataille par exemple, où la part du maître échevin est la même que celle du voué de Metz (A). Elle est un peu moindre pour d'autres objets. Le maître échevin n'a qu'un seul des 28 socs de charrue des solchiers, au lieu des sept assignés au voué; mais, comme lui, il a une des onze tavernes de la foire de Notre-Dame et un chapel de marderin chaque année, etc. (A). Bientôt, sous le régime de la Commune paix, le rôle du maître échevin, simple officier de justice, parait s'élargir dans le sens de la police sociale. Il doit, avec les trois maires et les wardours de la paix, s'armer pour aller défaire, ainsi est-il dit, la mêlée, en cas d'émotion populaire. Il semont les échevins pour la paix, et il siège le vendredi avec les wardours de la paix (E); plus tard il siège de même avec les Treizes (§ 31). Jusque-là son rôle était essentiellement judiciaire — le nom seul de son office suffirait à justifier cette appréciation — et il conserve ce caractère en le développant, avec l'acquisition en plus de nouvelles attributions, comme on le voit par les chartes qui le concernent du x° au xiii° siècle.

La plus ancienne de ces chartes, où il est nommé *primus scabineus sedis episcopi*, le signale comme siégeant à ce titre au tribunal de la cour épiscopale, *in plenariâ corte fidelium episcopi*, participant comme président, ce semble, aux jugements qui y sont rendus, *generali cortis episcopi judicio* (1000). A cette situation correspond la dénomination de *scabinio palatii* (1133). Le maître échevin prononce sur les questions qui lui sont présentées, *ore scabini majoris judicata et statuta* (1216); en cas de difficulté il juge avec le concours de ses conseillers attitrés, *si ei hæsitatio occurrerit consulet eos quorum in tali casu regi... debet consilio* (1180), savoir suivant l'avis de ses pairs et de la communauté, *consilio parium et universitatis* (1216). Ses pairs sont les autres échevins (1215, 1221). Il décide ainsi de questions de droit et de procédure, *de hereditate, de judicio placiti scabinorum, de testamentis, de debitis, de duello, de querelis* (1216), des débiteurs et plèges (1225), de l'héritage et succession de père et de mère (1246). Ces décisions de droit expliquent peut-être les dénominations de *legislator* (1058) et de *juridicus* (v. 1160) qui lui sont appliquées quelquefois. Le maître échevin met pardezour (1227); il affirme et notifie (1204, 1205, 1206, 1212); il donne le caractère de l'authenticité aux déclarations et actes accomplis devant lui en plaid banni, *coràm nobis in placito bannali et legali, N..... cognovit quod.....* (1222); *coràm nobis vendidit et acquitavit* (1226); son nom figure souvent parmi les signatures qui accompagnent nombre de diplômes (1026, v. 1150, etc.), et dans le protocole initial des atours, aussi bien qu'en tête de nombreux titres de toute sorte. La part qui lui est faite dans les institutions de la Commune paix touche, en outre, au régime de la justice criminelle, à l'administration de laquelle il se rattache ultérieurement par plus d'un trait.

Parmi les chartes où il est question du maître échevin, il en est une qui, par son importance, prime toutes les autres pour ce qui le concerne ; c'est celle par laquelle l'évêque Bertram réforme l'office en 1179 (1180 n. s.). Cette réforme est dite alors sollicitée par d'instantes prières, *fidelium nostrorum precibus devicti — præcipuè ecclesiarum et pauperum multis supplicationibus*; et accomplie de l'avis de tous, *consilio et deliberatione cleri ac aliorum prudentium ac religiosorum, simulque militum et civium*. Elle porte sur deux points principalement : 1° l'élection du titulaire transportée du peuple entier, *clerus et populus*, à six dignitaires ecclésiastiques, le princier et les abbés ; 2° son renouvellement annuel, pour corriger l'habitude d'une possession abusivement prolongée, *diuturnitatis consuetudo;* le choix devant être fait parmi les laïcs de toute condition non servile, *cujuslibet statûs homo tàm miles quàm civis, solâ conditione servili exceptâ.* Bien des indications intéressantes ressortent des termes de la charte de 1180. L'origine de l'office y est reportée à une haute antiquité, *antiquitate multâ,* sans aucune allusion à une institution première par un pouvoir quelconque. En même temps, une bulle du pape Urbain III, adressée à cette occasion au peuple de Metz, semble impliquer la reconnaissance de ses droits à cet égard, dans les termes d'une jouissance immémoriale indiscutable, *sicut possidetis.*

Après l'élection, le nouveau maître échevin était présenté à l'évêque pour lui faire hommage et recevoir son investiture, *ei facturus hominium, et investituram ab ipso recepturus;* puis, en présence du clergé et du peuple, il jurait de rendre l'office, son année écoulée, et de ne plus le reprendre, de juger équitablement comme il devait le faire et sans délais, et de ne pas aliéner enfin les fiefs appartenant à l'échevinat. Celui-ci était en effet, comme le comté et la vouerie, doté de fiefs pour lesquels avant d'en recevoir l'investiture le nouvel élu devait l'hommage à ceux de qui il les tenait, princier, abbé, abbesse, ou autres s'il s'en trouvait, *si qui sunt alii.* Si l'évêque était absent au moment de l'élection, l'hommage et l'investiture en ce qui le concernait étaient différés jusqu'à son retour, mais en attendant l'élu n'en exerçait pas moins son office, *plenariè administrabit usque ad ejus præsentiam. Tunc præfato ei hominio donum recipiet.* Ce qui est nommé ainsi *hominium* et *donum* ne peut guère, à ce qu'il semble, être ici autre chose que l'*hominium et investituram* mentionnés quelques lignes plus haut.

Comme pour les comtes et les voués, les chartes nous permettent de dresser pour les maîtres échevins une liste chronologique des titulaires de l'office avec l'indication des dénominations qui leur sont appliquées dans ces documents. Établie ainsi, cette liste peut être utile, malgré des lacunes inévitables, pour compléter et redresser celles peu concordantes données en grand nombre par les historiens, à en prendre ce qui est antérieur à 1250 au moins.

Nous trouvons d'après les chartes jusqu'à cette date, où nous jugeons à propos de nous arrêter : Theodoricus, *primus scabineus sedis episcopi* (1000) ; — Amolbertus, *primus scabineus* (1026, 1033), *primus scabio* (1055), *scabio* (1056), *legislator* (1058) ; — Gerramnus, *scabinio* (v. 1060) ; — Johannes, *scabinio* (1070, apr. 1072), *primus scabinius* (1075) ; — Wipaldus, *scabinio* (1090), *mettensis primus scabinio* (1095) ; — Theodoricus, *scabinio* (1111) ; — Thiezolinus miles, *primus scabinio* (1112) ; — Theodericus, *scabino* (1121), *primus scabinio* (1126), *scabinus* (1127), *scabio* (1127) ; — Bertrannus, *magister scabinorum* (1130), *scabinio palatii* (1133), *scabinio* (1137) ; — Albertus, *magister scabinorum* (1140), *scabinio* (1141, 1143,

1144, 1147), Albertus de Sÿe, *scabinio* (1147); — Hugo, *scabinio* (1149, v. 1150, 1151, 1158), *juridicus* (v. 1160), *scabinio* (1163, 1169), *summus scabinio* (1169), *primus scabinio* (v. 1170), *scabinus* (1171), *scabinio* (1172); — Haymo, *scabinus* (1181); — Garsilius de S°-Juliano, *scabinus* (1185); — Theodorich Ingrant, *scab.* (1187); — Henricus, *magister scabinus* (1190), *magister scabinio* (1190); — Stephanus, *scabinus* (1191), *major scabinus* (v. 1191), *scabio* (v. 1191); — Ugo, *major scabinus* (1192); — Nicholaus, *scabinus palatii metensis* (1192); — Peregrinus, *major scabinus* (1193); — Symon, *major scabinus* (1194); — Rodulphus, *major scabinus* (1196); — Johannes, *methensis magister* (1197); — Remigius, *major scabinus* (1198), Reneyrus(?), *major scabinus* (1198); — Nicolaus de Ultra Saliam, *scabinus* (1200); — Pontius, *major scabinus* (1201); — Garcirius Frangens panem, *major scabinus* (s. d.) [dans les listes, Guercire Brisepain, maître éch., 1204, Garsirius, maître éch., 1204 ?]; — Rodulphus, *scabinus* de Portâ Moselle (1205), *major scabinus* (s. d.); — Albero, *major scabinus* (1206), Albertus de Vico Judeorum, *magister scabinus* (1206), A..., *major scabinus* (s. d.); — Hugo, *major scabinus* (s. d.) [dans les listes, Hugues de Lacour, maître éch., 1208 ou 1209]; — G..., *major scabinus* (1211) [dans les listes, Gobert de la poterne, maître éch., 1211, Gobertus, maître éch., 1211]; — Garsirius, *major scabinus* (1212), G..., *major scabinus* (s. d.) [dans les listes, Garsirius, maître éch., 1212]; — Pontius, *major scabinus* (1213); — Simo Falco, *magister scabinorum* (1214), S..., *major scabinus* (s. d.); — Hugo Gos, *major scabinus* (1215 et 1216, n. s.), H..., *major scabinus* (s. d.); — Renierus Tigniane, *major scabinus* (1216); — Simon Belegreie, *major scabinus* (1218), Simuns, *maistre eschaving* (1219); — Nicholaus, *major scabinus* (1219); — Trecasinus, *major et mag*[tre]*scabinus* (1220), Troisin de porte Mosèle, m[tre] *escheving* (1220), Troisinus, *major scabinus* (1221, aureo n° v¹); — Gerars Engebers ou Angeboure, *maistre eschevin et civium metensium magister* (1221); — Nicoles Celairiers ou Sclairiez, *maistre eschevin* (1222); — Ugo Lietalt, *major scabinus* (1223); — Thiebaz de Porsailiz, *maistre eschevin* (1224); — Ances, *maistre eschevin* (1226); — Matheus, *major scabinus* (1226); — Math. Cailars ou Gallart, *maistre eschevin* (1227); — Li sires Bonvallaz, *mastres eschavinz* (1228); — Ysambair (Malquerel), *maistres eschavins* (1235, 1236, n. s.); — Pierros (de Chastel) ou Perron, *maistre eschaving* (1236); — Willames (Tilbous ou le voué de Magny), *maistre eschevin* (1239); — Thieris Lowis, *maistre eschevin* (1241); — Jehans Belebarbe, *li maistres eschavinz* (1242); — Phelippes Tigniayne, *li maistres eschevins* (1244); — Richars de sor le mur, *li maistres eschevins* (1245, 1246, n. s.);

1. Le nombre d'or 5 correspond à l'an 1220. Il est ici rapporté à l'an 1221 d'après un titre original des archiv. départ. de Metz, f. Collège.

— Nicole Fawel, fils Hongnon Ferry, *maistre eschevin* (1247) ; — Pierres Tignienez, *maistres eschevins* (1250) [notes Aug. P., *JE*, X, a, 50].

Une des remarques auxquelles donne lieu ce tableau est que le long échevinat de Hugo, qui dure plus de vingt ans et paraît avoir précédé presque immédiatement la charte de réforme de l'évêque Bertram (1180), pourrait bien avoir été un des motifs déterminants de cette réforme, dirigée notamment contre la retenue abusive de la charge dans les mêmes mains.

Il nous reste encore à faire une dernière observation sur le maître échevinat ; c'est que jusqu'au xiv° siècle, on ne trouve dans les documents que nous étudions maintenant, aucune trace d'une délégation d'autorité du souverain au maître échevin pour justifier la qualité de vicaire, lieutenant, ou représentant de l'Empereur, ultérieurement prise à Metz en diverses circonstances par cet officier (§§ 5, 9, 16). C'est sur ce titre, notamment, qu'il fondait aux xv° et xvi° siècles la juridiction d'appel exercée par lui sur les jugements des Treizes.

La justice échevinale ne comportait pas l'appel ; celle des Treizes l'admettait ainsi exceptionnellement (§ 16). Quant à l'origine de cet usage, peut-être la trouverait-on en réalité dans le régime des eswardours supprimés en 1405 et qui au xiv° siècle recevaient et jugeaient les plaintes de ceux qui, était-il dit, se sentaient foulés par les Treizes (§ 41). C'est dans ces termes mêmes qu'étaient formulés aussi les jugements prononcés par le maître échevin en appel de la justice des Treizes au xv° siècle (§ 13, note). N'y aurait-il pas là un indice de l'origine de ces jugements d'appel, introduits peut-être pour combler une lacune laissée par la disparition des eswardours qui n'existaient plus alors ? Qu'on eût ensuite jugé à propos d'augmenter l'autorité du fait par une fiction propre à donner en même temps un surcroît de prestige au maître échevinat, il n'y aurait là rien que de très naturel et de conforme à des faits analogues signalés dans mainte circonstance.

IX.

LES ÉCHEVINS. — Les échevins, *scabini*, étaient et restent jusqu'à la fin par excellence et à peu près exclusivement des officiers de justice. Ils étaient nommés à vie[1], élus alors par les justiciables, ainsi que l'étaient à Metz les maires par la « fauté », est-il dit, des hommes de Saint-Étienne

---

1. Une inadvertance nous a fait dire, dans un travail antérieur, qu'au xiii° siècle les échevins étaient nommés pour 12 ans seulement; trompé en cela par les déclarations apparentes d'un atour de 1256 (*H. de Metz*, t. III, p. 211), où la forme *ses* employée pour la forme *ces* doit être lue dans le sens de celle-ci (cf. p. 40, l. 36), et s'applique, non aux échevins mentionnés dans l'atour, mais à une période de 12 années dont il est aussi question dans ce texte.

(A), comme à Montigny par la « fauté » des hommes de Montigny au commencement du xiii° siècle (B). Plus tard les échevins sont nommés par le maître échevin, ainsi que nous l'avons dit (§ 19). On les trouve dès les temps carolingiens au *mallum* (958, 973) et au *palatium* (987). Leur principale fonction est de juger ; mais on les voit aussi accomplir certains actes d'exécution, et faire comme témoins en quelque sorte des déclarations d'authenticité, déclarations qui prennent parfois le caractère d'une espèce de confirmation.

Pour le fait de juger, citons les textes suivants : *interrogavit judex quæ indè esset lex et judicaverunt scabinii* (886); *scabinorum judicio* (946) ; *comes et scabinii ejus* (973). Plus tard un des échevins introduit la cause, *verbum dicit* (1216) (*H. de Metz*, t. III, p. 179), — ce qui est de l'office du maître échevin pour les intérêts des églises, des veuves et des orphelins — et les autres échevins jugent la question ; c'est à peu près la procédure du plaid d'échevins au xv° siècle (§ 23), *scabinorum est judicare* (1218). Les échevins jugent le monnayeur de l'évêque quand le prélat trouve à propos de le plaidoyer, ainsi est-il dit, devant eux (A). Sous le régime de la Commune paix, vers 1214, les échevins sont « semonus » pour la paix par le maître échevin (E). Les échevins sont dits, ultérieurement surtout, juger en plaid banni, *in placito bannali et legali,* dans un plaid tenu sous le ban d'un maire (§ 7). On s'est demandé s'il en avait été toujours ainsi. Cela est probable, avons-nous déjà dit à propos des maires ; nous nous expliquerons plus loin sur ce sujet, en parlant du plaid banni. On s'est aussi demandé si les échevins exerçaient la juridiction criminelle comme la juridiction civile. On a plus d'une raison de croire qu'ils ont dû le faire, d'après certains textes : *de fure, ...de latrone et de aliis omnibus deffiniet villicus... secundum judicium scabiniorum* (1095) ; ainsi est-il dit de la justice, au xi° siècle, à propos de la cour d'Amelle, domaine de l'abbaye de Gorze. La lettre de Commune paix, qui concerne à Metz la juridiction criminelle des wardours de la paix (v. 1214), conserve expressément et par exception, ce semble, aux échevins cette juridiction sur les chevaliers, dont c'est dès lors un des privilèges ; ce qui paraît indiquer que précédemment les échevins l'exerçaient sur tous (E).

Pour ce qui est des actes d'exécution et des déclarations d'authenticité ce sont des procédures sommaires généralement accomplies aux xii° et xiii° siècles avec le concours et sous le ban d'un des maires, c'est-à-dire en plaid banni, mentionnées et expliquées précédemment (§§ 27, 39, 46, 55), comme nous avons eu occasion de le rappeler tout à l'heure, à propos de ces derniers officiers. Ces actes d'exécution, nous nous bornerons ici à les énumérer, sont la saisie (A, B, C, D, E), la semonce en leu de ban (§ 20), l'adjournement en l'enclostre (§ 39), le plaid banni, la requête en plaid, l'estault, le vendage à la staiche, la vesture, la vérification des muids, opérations dont on peut rapprocher la participation aux proclamations de bannissement accomplies au chœur par le prêtre pendant l'office religieux : *redeat (sacerdos) ad ostium chori et, si aliqui inbanniendi sunt, mediante scabino aliquo de palatio inbanniat eos* (xii° s.) (*La Cathédrale de Metz*, 1885, preuv. n° 36). Quant aux déclarations d'authenticité, nous les rencontrons plutôt dans la prise de ban, la layée en plaid, le crant en plaid, le témoignage en plaid, la porofferte, les conventions et reconnaissances.

Les déclarations de ce genre ont souvent, avons-nous dit, le caractère d'une confirmation, pour laquelle les échevins sont associés à d'autres officiers : *à comite* (et) *scabinis firmatum* (957) ; *scriptum* (donationis) *in pleno mallo legatur et à comite* (et) *scabinis firmetur* (958) ; (commutatio) *manu comitis et scabiniorum ejus in pleno mallo* (973) ; ou bien *majoris et scabiniorum auctoritate firmatum* (977). La confirmation est faite quelquefois par les échevins seulement : *scabiniorum confirmatum testimoniis* (986) ; *donatio... scabini judicio confirmata* (1214).

Ces déclarations sont parfois une simple notification : *jurati, villici, scabini, totaque civium metensium universitas notum faciunt* (1208) ; *G..., major scabinus, ceterique minores scabini et villici, et jurati, totaque civium metensium universitas* (testificantur) (1211).

Ces actes divers dénotent chez les échevins une certaine autorité. A ce titre également ils apposent leur nom à la fin des chartes et diplômes. Ce dont on a de très nombreux exemples. C'est notamment dans cette condition qu'ils nous apparaissent pour la première fois en 910, au nombre de 4, dans un document messin (§ 3, note 1). Ici se place une observation qui peut avoir son importance mais que nous ne saurions expliquer, c'est qu'à aucune époque, du xiii° siècle au xvi°, la mention des échevins ne figure dans le protocole initial des atours, où sont nommés les autres magistrats et officiers de la Cité, depuis le maître échevin jusqu'aux comtes jurés. Nous avons constaté déjà que les maires non plus n'y figurent pas davantage.

Dès le xiii° siècle (1215, 1216, 1221, 1246) et plus tôt peut-être, jusqu'au xvi°, les échevins sont dits les « pairs du maître échevin ». C'est à quoi répondent les conditions et les termes mêmes des jugements du maître échevin, « par lui et par ses pairs », et l'obligation où il était lui-même d'entrer, s'il le pouvait durant son année de maitre-échevinat, dans le corps permanent des échevins, quand il ne lui appartenait pas encore (§§ 5, 9). On peut rapprocher de ces indications les textes suivants qui sont d'accord avec elles : *major scabinus ceterique minores scabini* (1196, 1211, 1212, 1214, 1215) ; *major scabinus et conscabinei* (v. 1204) ; *major scabinus et alii scabini* (1214) et les formes *scabinio* ou *scabinus palatii* (le maître échevin) (1133,

1192) en correspondance avec celles de *scabiones* ou *scabini palatii* (les échevins) (xii⁰ s., v. 1200, 1214).

Les locutions *ceteri minores scabini, conscabinei, alii scabini, scabiones et scabini palatii* après la mention du maître échevin désignent évidemment dans ces textes les échevins ordinaires, dits ailleurs les pairs du maître échevin. L'une d'elles explique en même temps et justifie la qualification d'échevins mineurs, *scabini minores*, appliquée quelquefois aux échevins ordinaires par opposition à celle de maître échevin, *major scabinus*, qui distingue le personnage accidentellement revêtu de la dignité ainsi désignée. Cette appréciation ne saurait être infirmée par l'emploi que fait de la même expression d'échevins mineurs, *minores scabini*, un écrivain du xvi⁰ siècle, pour qualifier spécialement les assesseurs du comte voué dans l'exercice de la justice criminelle, comme nous allons le dire.

X.

LES COMTES JURÉS. — Les comtes jurés, dont nous avons précédemment esquissé le rôle pour les temps ultérieurs (§ 40), étaient originairement les assesseurs du comte voué dans l'exercice de la justice criminelle. De là, probablement, leur nom de comtes jurés. Ils sont signalés par un écrivain du xvi⁰ siècle dans un mémoire[1] où il est dit que le comte de Dagsbourg, grand voué de Metz, en possession d'y exercer vers la fin du xii⁰ siècle la justice criminelle, faisait élire les comtes qui étaient pour cet objet ses échevins mineurs (ci-dessus, p. 118, note 3). Dans cette déclaration, la locution échevins mineurs n'est pas, croyons-nous, une dénomination proprement dite de ces comtes, mais une assimilation de leur rôle d'assesseurs à celui des échevins ordinaires dits quelquefois ainsi échevins mineurs, nous l'avons montré, par rapport au maître échevin, et assesseurs eux-mêmes de celui-ci à l'époque où vivait l'écrivain du xvi⁰ siècle.

Ces conclusions sur le caractère originaire des comtes jurés comme officiers de justice criminelle sont, dans une certaine mesure, confirmées par ce fait plus assuré, que ces officiers sont ultérieurement nommés *l'ancienne justice*, en un temps où les Treizes, qu'on nommait *la justice*, exercent eux-mêmes la justice criminelle à Metz. Ajoutons que les Treizes ne pouvaient le faire qu'avec l'assistance de ces comtes jurés (§ 3), comme si cette juridiction eût appartenu en principe à ceux-ci, et que leur présence pût seule en autoriser, par une sorte de fiction, le transport aux autres. Nous ne connaissons du reste ni les circonstances, ni le moment précis où se serait

---

1. *Mémoires d'aucunes antiquitez de Metz.* Travail inédit dans un recueil manuscrit du xvi⁰ siècle intitulé : *Comtes de Metz.* Brit. museum, mss. Harleian n⁰ 4400, fᵒˢ 17-23.

accomplie cette évolution. Elle pourrait s'être produite vraisemblablement dans la première partie du xiii° siècle.

Vers ce temps paraissent s'être effectués, à Metz, de grands changements dans le régime politique et judiciaire de la Cité. La ville serait entrée alors, prétendait-on, en possession de droits que lui aurait abandonnés le dernier comte (§ 40). On la voit en effet saisie, à ce moment, du tiers des amendes (E), que cet officier avait possédé auparavant (A, C, D). En même temps avaient pu s'être introduites à Metz, d'accord avec ces innovations, les modifications que nous venons d'indiquer dans la condition des comtes jurés, officiers de justice qu'on voit ultérieurement conserver ce caractère avec un rôle très amoindri cependant. On ne saurait dire d'où provenaient leur recrutement au sein de la classe populaire et leur élection dans les paroisses, régime singulier, eu égard à l'esprit généralement aristocratique des institutions de la Cité, et d'où résulte, pour les comtes jurés, une condition toute spéciale, restée telle sur ce point jusqu'à leur disparition en 1552.

Les comtes jurés, chose digne de remarque, ne sont pas même nommés dans la lettre de Commune paix (E) qui, vers 1214, consacre de graves innovations à Metz dans le régime judiciaire, au point de vue criminel surtout, et où il serait naturel que figurât la mention de ces officiers. Il ne faudrait pourtant pas conclure de là qu'ils n'existassent pas alors ; une observation analogue pouvant être faite à propos des Treizes qui existaient certainement en 1214 et même auparavant, quoique d'assez récente création à cette date, et qui ne sont pas nommés non plus dans la lettre de Commune paix. Il est bon d'ajouter cependant que les Treizes ne semblent pas avoir eu dès cette époque les attributions judiciaires qu'on leur connaît ultérieurement. Rien n'obligerait donc de croire qu'en 1214 les comtes jurés ne possédassent plus rien du rôle judiciaire qui avait pu leur appartenir précédemment. Plus tard en tout cas ces attributions leur paraissent à peu près complètement enlevées, et il ne reste plus des prérogatives qu'ils avaient dû posséder à cet égard que l'obligation imposée aux Treizes d'être assistés de leur présence dans l'exercice, dont ils se trouvent alors investis, de la justice criminelle. Ce rôle secondaire paraît avoir constitué depuis lors la fonction caractéristique des comtes jurés à laquelle ils en joignent quelques autres encore de minime importance.

Dans cette situation amoindrie et subordonnée, les comtes jurés conservent cependant, comme nous l'avons dit (§ 40), jusqu'à leur disparition totale au milieu du xvi° siècle, une vie propre et une organisation indépendante analogue à celle même des Treizes, il est bon de le rappeler, avec une chambre spéciale au palais, un maître chargé de leur police intérieure, un changeur ou trésorier, deux enquesteurs, et le droit de participer avec les Treizes à la constitution de l'*accord* (§ 32). Les comtes jurés sont mentionnés, avec les autres officiers de la Cité, dans un titre de 1232 (1233, n. s.). Ils figurent aussi avec eux à la suite du maitre échevin et des Treizes, au protocole initial des atours, en 1235 (1236, n. s.) pour la première fois, puis accidentellement en 1239, 1244, 1245, 1250, 1263, 1274; constamment ensuite et régulièrement à partir de 1282 jusqu'à la fin, au milieu du xvie siècle.

XI.

LES WARDOURS DE LA PAIX. — Les wardours de la paix datent des premières années du xiiie siècle et relèvent expressément du régime de la Commune paix dont les institutions sont consignées dans un record authentique de cette époque (E). Ce record non daté est conservé en original aux archives municipales de Metz et porte encore avec le grand sceau de la Cité, ceux de l'évêque Conrad (1213-1224) et du roi des Romains Frédéric II. Ce prince, suivant son *diarium* fixé par Huillard Bréholles, n'est venu qu'une seule fois à Metz, où il a passé les derniers jours de 1214 et les premiers de 1215. C'est dans le voisinage de cette date de 1214-1215 que se place celle du record. Quant aux institutions qu'il concerne, il pourrait se faire qu'elles remontassent, en réalité, un peu plus haut que le titre écrit qui leur est consacré, comme il arrive le plus souvent des faits relatés dans les records.

Aux termes de celui-ci, les wardours de la paix étaient nommés annuellement à la Chandeleur par l'évêque; il n'est pas dit en quel nombre. En cas d'émeute ils avaient charge avec le maitre échevin et les trois maires de se porter armés sur le lieu du tumulte pour défaire la mêlée. Dans d'autres circonstances ils faisaient enquête touchant la correcte exécution des pannies. Sur la plainte d'un voisin lésé auquel ils n'avaient pas pu procurer réparation d'un dommage, ils l'invitaient à faire lui-même sa pannie. De concert avec le Commun, quand il y avait lieu, ils aidaient les parents et amis qui le réclamaient à faire la force, ainsi disait-on, comme ceux-ci y étaient obligés contre un criminel récalcitrant. A eux il incombait de rétablir, avec le concours des abbés, la paix entre le banni rentrant et ceux qu'il avait précédemment offensés. Ils exerçaient comme jugeurs une sorte de juridiction dont le principal objet était l'application des lois de la paix, concernant pour la plupart les actes de violence contre les personnes, les tumultes et les guerres privées. Ils siégeaient pour cela le vendredi avec le maitre échevin et jugeaient, non pas à l'unanimité comme les échevins, mais à la majorité des voix; la décision revenant en cas de partage égal à l'évêque, ou au Chantre à son défaut. Aux wardours de la paix il appartenait encore d'apprécier l'excuse légale « l'asoine » ou exoine du maitre échevin empêché de siéger, et celle d'un maire qui aurait omis de faire semonce dans les huit jours obligatoires ; et ils prononçaient de même sur les allégations de châtiment mérité, présentées comme excuse de violences exercées sur un parent subordonné ; ils désignaient enfin, sous la garantie de leur loyauté et de leur serment, l'exécuteur chargé de justicier le criminel que ne couvrait pas le privilège des chevaliers de se justicier entre eux. En somme, au commencement du xiii° siècle, les wardours de la paix avaient pour mission d'assurer et d'activer l'administration de la justice (E).

On ne trouve ultérieurement dans les documents que de rares mentions des wardours de la paix. Elles font même souvent défaut là où il serait le plus naturel qu'on les rencontrât, dans deux titres, par exemple, relatifs à la paix publique qui, sous les dates de 1250 et 1254, ont beaucoup d'analogie avec le record de la Commune paix (*H. de Metz*, t. III, p. 199, 208). Dans ces deux titres il n'est nullement question des wardours de la paix institués cependant longtemps déjà auparavant et qui n'avaient pas encore cessé d'exister ; car on les voit ultérieurement cités jusqu'en 1293.

De 1214 à 1293, pendant une période qui embrasse le xiii° siècle presque tout entier, nous trouvons en effet mention des wardours de la paix, mais dans huit documents seulement, sous les dates de 1214-1215, 1221, 1226, 1226*, 1227, 1232 (1233, n. s.), 1244, 1293, savoir : — 1214-1215, record de la Commune paix (E) dont nous venons de parler, où les wardours de la paix sont signalés avec les attributions variées d'agents d'action et d'officiers de justice indiquées tout à l'heure ; — 1221, jugement du maître échevin prescrivant que certaines enquêtes seront faites par les *wardours de la paix*, ou à leur défaut, s'il n'y avait pas de wardours de la paix en Metz, ainsi est-il dit, par le maître échevin et les échevins ; — 1226, notification du maître échevin, de tous les échevins, des *Treizes juriet de la paix* et du Commun de Metz, qu'ils ont fait la paix pour la Cité avec l'Abbaye de Saint-Vincent ; — 1226*, déclaration des maître échevin et Treizes jurés de la paix, *tredecim jurati pacis*, touchant une vente effectuée devant eux ; — 1227, attestation des maître échevin, *Treizes jurés de la paix* et Commun de Metz, qu'ils ont comme justice de la Cité donné pardezour à deux arbitres en désaccord ; — 1232 (1233, n. s.), ordonnance que nul, ni Treize, ni autre officier ne sera exempt des constanges de la ville, et que nul, ni la justice de Metz, ni les *wardours de la paix* n'aura charge des deniers en provenant, sinon celui que la ville y mettra ; — 1244, statut des maître échevin et *Trezes jurcis de la paix*, des comtes et des prud'hommes de Metz, que les *Treze* qui dorénavant seront *Trezes por wardeir la paix de la ville* auront le tiers des amendes ; — 1293, rapport fait (en justice) pardevant Bouchard, évêque de Metz, et lez *eswardours de la paix de Mes*. [Notes Aug. P., *JE*, X, a, 62.]

Ces indications fournissent matière à plus d'une remarque. Nous signalerons d'abord la multiplicité et la variété des attributions dévolues d'après elles aux wardours de la paix : trait de ressemblance, on pourra le constater, entre eux et les Treizes jurés dont nous parlerons un peu plus loin. Nous ajouterons ensuite que les dénominations mêmes que nous venons d'énumérer donnent, à un autre point de vue, par leurs variations l'idée d'un certain manque de fixité dans la condition des wardours de la paix. Une autre notion résultant des mêmes observations et qu'il convient de rapprocher de celle-là, c'est que l'existence des wardours de la paix aurait été alors soumise à des intermittences expressément indiquées par le titre de 1221 et pendant lesquelles il aurait été parfois suppléé à leur action par celle d'autres officiers ; ce qui pourrait expliquer, soit dit en passant, que les wardours de la paix ne fussent pas, comme nous venons de le dire, mentionnés dans les deux titres de 1250 et 1254 signalés tout à l'heure. Le titre de 1221 leur donne pour suppléants, dans le cas qu'il concerne, le maître échevin et les échevins (*H. de Metz*, t. III, p. 182). Ne pouvaient-ils pas en recevoir d'autres dans des cas différents ?

On a quelques raisons de penser que les Treizes jurés ont pu être introduits parfois ainsi dans le rôle propre des wardours de la paix qu'ils auraient à la longue fini par remplacer tout à fait. Dans les alternatives qui ont dû se produire en conséquence d'une semblable situation, il ne serait pas étonnant de trouver rapprochés les uns des autres des documents d'où l'on pût conclure soit à la distinction, soit à l'identité des wardours de la paix et des Treizes jurés. Leur distinction semble notamment ressortir des termes du titre de 1232 ; leur identité, de ceux du titre de 1244. Ce dernier, nous avons eu déjà occasion de le dire, partage les amendes entre la Cité pour les deux tiers et les Treizes pour le troisième tiers (§ 48). Un trait non moins significatif sur la question c'est que, suivant le record de la Commune paix (v. 1214), le maître échevin devait siéger avec les wardours de la paix le vendredi (E), et que, dans certains titres du xiiie siècle, il est dit siéger ce même jour avec les Treizes (1295), comme si dans le long intervalle de 1214 à 1295 s'était accomplie l'évolution où, pour ce fait au moins, les Treizes auraient remplacé les wardours de la paix. Nous avons déjà parlé précédemment (§ 30, note 1) des considérations contradictoires favorables ou contraires à l'opinion que les wardours de la paix n'étaient pas autre chose que les Treizes. Nous croyons que des uns aux autres il s'agirait de substitution de ces derniers aux premiers et de remplacement des wardours par les Treizes, plutôt que d'identité proprement dite entre eux, comme on a pu le supposer : opinion vers laquelle nous avons incliné nous-même, sans nous rendre cependant absolument à cette conclusion.

XII.

LES TREIZES. — Les Treizes, dont l'origine ne nous est révélée avec précision et autorité nulle part, datent certainement des premières années du xiii⁰ siècle, sinon de la fin même du xii⁰ (§§ 3, 30). L'écrivain du xvi⁰ siècle que nous avons déjà cité précédemment (p. 206) attribue leur institution à l'évêque Conrad (1213-1224) : « L'an 1220 il (Conrad) fist ordre, dit-il, de eslire les trese » (Brit. museum, mss. Harleian n° 4400, f. 21 r°). Mais les Treizes sont mentionnés déjà dans des titres antérieurs à cette date, en 1207, peut-être même dès 1205 ou plus tôt encore ; et Conrad n'a pris d'ailleurs l'épiscopat qu'en 1213. D'autres, avec Philippe de Vigneulles, rapportent l'institution des Treizes, mais sans justifier le fait, à l'évêque Bertram (1180-1212).

Les attributions de ces officiers sont nombreuses et variées, d'ordre politique et gouvernemental, administratif et judiciaire tout à la fois, dès le xiii⁰ siècle. Ce sont alors entre tous et par excellence les officiers de la Communauté urbaine. Un des premiers titres qui les mentionne et qui, sans pouvoir descendre plus bas que 1208, pourrait remonter jusqu'aux dernières années du xii⁰ siècle, est une lettre adressée par Philippe, roi des Romains (1198-1208), à la cité de Metz dans ces termes, bien faits pour donner une haute idée de l'importance des Treizes jurés dès cette époque : *Fidelibus nostris juratis et universis civibus metensibus.*

Le plus ancien et le plus ordinaire emploi des Treizes jurés pendant la première moitié du xiii⁰ siècle paraît avoir consisté, d'après les documents qui nous sont parvenus, à assurer, d'accord le plus souvent avec le maître échevin les autres magistrats et la Communauté urbaine, l'authenticité des actes de toute sorte, ventes, engagements, promesses, etc., accomplis devant eux. Pour cet objet ils notifient et attestent : *notum facimus, testamur, asscrimus, significamus* (1205? 1206? 1207, 1208? 1211, 1215, 1220, 1222, 1226, 1236, 1242, 1245, 1252). Ils affirment; ainsi, par exemple, se produit une déclaration faite devant eux et le maître échevin, en plaid banni : *N... recognovit coràm nobis in placito bannali et legali quod,* etc. (1222) ; ils disent une fois avoir reçu un acte dans l'arche des jurés, *in arcâ juratorum* (1208), une autre fois y avoir apposé le sceau de la Cité (1236). Ils portent témoignage (1265, 1279). Ils administrent en outre les intérêts et les biens de la Communauté, d'accord avec le maître échevin généralement ; ils en disposent par concession, donation, vente ou échange (1222, 1223, 1235, 1264, 1267, 1280, 1282, 1290, 1292). On les voit aussi statuer seuls ainsi sans les autres magistrats, mais par le conseil, est-il dit, de toute la ville (1222).

Par des déclarations analogues se manifeste la part qu'ils prennent à l'administration de la justice: dans un accord, par exemple, sur un différend, *pacificatio controversiæ* (v. 1221); dans des nominations de pardezours, ce qui implique débat et rapport devant eux (1227, 1270, 1291); en diverses circonstances, dans des rapports de ce genre, savoir devant les Treizes (1275, 1277, 1282), devant le maître échevin et les Treizes (1245), devant l'évêque Jacques de Lorraine et les Treizes (1250), devant l'évêque Bouchard et les Treizes (1285). Mentionnons aussi un jugement des Treizes en matière d'intérêt civil (1283), et des atours de bannissement à la promulgation desquels ils participent (1287, 1295). Nous rappellerons encore que dans un document de 1295 il est parlé du siège de justice tenu au cloître le vendredi par le maître échevin et les Treizes, notion importante que nous avons rapprochée tout à l'heure d'une procédure analogue où figurent le maître échevin et les wardours de la paix en 1214 (E). Ces indications sont d'accord avec ce que nous avons dit précédemment du rôle judiciaire des Treizes (§§ 4, 31, 39). Telles sont les notions fournies sur leur compte, touchant le régime de la justice, par les documents du xiiie siècle [notes Aug. P., *JE*, X, *a*, 62].

Les Treizes sont en outre les principaux agents de la vie politique dans la Cité. Au dedans ils participent à la promulgation des atours et figurent dans leur protocole initial (1220, 1235, 1239, 1241, 1244, 1247, 1250, 1254, 1256, 1260, 1268, 1274, 1279, 1282, 1284, 1287, 1288, 1291, 1294, 1295, 1297, 1298, 1299, 1300, etc.); au dehors ils prennent part aux négociations et à la conclusion des traités de paix et d'alliance (1226, 1263, 1281, 1283, 1290, 1292, 1294, 1297, 1300, etc.).

Nous avons mentionné incidemment, dans notre précédent travail, les principales dénominations appliquées aux Treizes (§ 30, note 1). Il peut être utile d'en fournir un tableau plus complet, plus détaillé et plus précis, avec les dates sous lesquelles se présentent ces dénominations: *Jurati* (1205? 1208, 1211, 1215, 1220); *Tredecim jurati* (1206? 1207, 1221, 1222, 1223); *Treizes jurés* (1220, 1222, 1228, 1235, 1236, 1239, 1241, 1242, 1244, 1245, 1247, 1250, 1254, 1256, 1260, 1263, 1264, 1267, 1268, 1274, 1280, 1281, 1282, 1284, 1290, 1292, 1294, 1297, 1325, 1326); *Tredecim jurati pacis* (1226); *Treizes jurés de la paix* (1226, 1227, 1244); *Treizes* (1233, 1250, 1252, 1254, 1256, 1260, 1264, 1270, 1275, 1277, 1279, 1282, 1283, 1284, 1285, 1287, 1288, 1290, 1291, 1292, 1294, 1295, 1297, 1298, 1299, 1300, et ultérieurement jusqu'à la fin); les *Treizes pour warder la paix de la ville* (1244). Quelques-unes de ces dénominations conviendraient aussi bien aux wardours de la paix qu'aux Treizes. C'est là une des considérations qui ont pu inviter à identifier les uns avec les autres; conclusion à laquelle nous préférons, avons-nous dit, celle d'une substitution de ces derniers aux premiers, dans leur rôle de justiciers, accidentellement d'abord — nous avons [dit comment (p. 210), — d'une manière permanente ensuite. Le rôle des Treizes dans ce cas vis-à-vis des wardours de la paix est à peu près celui qu'ils semblent avoir joué vis-à-vis des comtes jurés, à l'occasion également de la justice criminelle. Il est permis de rappeler à ce sujet ce que les Treizes encore paraissent avoir pris aussi aux échevins d'une partie de leur juridiction civile, à une date et dans des circonstances qu'on ne saurait d'ailleurs préciser (§ 38, p. 86). Ces faits sont d'accord avec l'esprit d'empiétement et d'envahissement que nous avons, au début de notre travail (§ 3), signalé comme caractéristique chez les Treizes.

XIII.

LA CITÉ. — La Cité nous apparaît maintenant comme un être moral que l'on peut considérer à plus d'un point de vue. Nous la prenons ici dans son peuple, dont il convient aussi d'apprécier le caractère et le rôle après ceux des agents de l'autorité mis chez elle en action, ainsi que nous l'avons vu, pour l'exercice notamment de la juridiction. On distingue dans ce peuple de Metz avec une importance presque égale, à l'époque où nous sommes, deux éléments, le clergé et la population laïque, *tàm clericorum quàm civium metensis universitas* (1180), auxquels se rapportent diverses notions dues à la double source d'informations que nous avons interrogée jusqu'ici, les chartes ou titres détachés et les records.

Le *clergé* groupé autour de l'évêque qui tient encore à Metz la première place, y jouit comme partout alors d'exemptions et de privilèges ; les uns d'un caractère général s'étendant à tous ses membres, concernant le tonneu, *teloneum*, par exemple (A) ; les autres particuliers, spécialement attribués à quelques-uns. Ces derniers, sans parler des droits de l'évêque lui-même sur lesquels nous nous sommes suffisamment expliqué, sont ceux notamment des abbés de Bénédictins et des dignitaires du chapitre de la Cathédrale, princier, grand archidiacre, chantre et coutre du grand moutier, concernant par exemple l'élection du maître échevin (1180), ou certains privilèges et avantages fiscaux, et l'exercice de diverses fonctions dans les usages anciens (A) ainsi que dans les institutions de Commune paix (E).

La *population laïque* forme un corps signalé dans les chartes (fin xii° et com. xiii° s.) et contenant plusieurs classes, *milites, cives, serviles* (1180). Suivant les records (com. xiii° s.), elle comprend les chevaliers, les hommes de Saint-Étienne ou de ses membres, les hommes de Metz, « cilz de Metz » ou hommes du Commun, les francs-hommes du palais, les banniers et les hommes propres ou de poestei. Les dénominations *milites, cives, serviles* dans les chartes, ne sont accompagnées d'aucune explication. Suivant les records, les chevaliers habitant soit dans la ville, soit au dehors, ont pour caractère spécial le port des armes et des « reconissances » (les armoiries?), sans que mention soit faite à leur sujet de droits fondés sur la filiation ou droits d'hérédité (A). Ils sont exempts de certaines charges, touchant le tonneu par exemple (A). Dans le régime de la Commune paix, ils restent par privilège sous l'ancienne juridiction des échevins, échappant ainsi à celle, de création nouvelle et vraisemblablement plus rigoureuse, des wardours de la paix ; de plus ils sont dits avoir le droit de se justicier entre eux (E). Les hommes de Saint-Étienne et de ses membres pourraient être, d'après cette dénomination complexe, les hommes de l'évêché tout entier (A). « *Cilz de Metz* » seraient peut-être plutôt les habitants de la ville même, à ce qu'il semble (A); l'expression le Commun pourrait avoir aussi cette dernière signification (E). Les francs-hommes du palais, mis sous la garde du comte grand voué ne diffèrent peut-être pas beaucoup des précédents. Ils doivent être présents aux plaids annaux pour y faire droit, s'il y a lieu (A) ; ils jouissent de plus du privilège de ne pouvoir être aliénés ni par inféodation ni par donation, le souverain ne les devant, est-il dit, « ne féeir ne doneir » (A). Les banniers, « homes bainiers », vivent sous la dépendance d'un supérieur ; les hommes propres ou « de poestei » sont la propriété d'un maitre et peuvent, dans cette condition abaissée, subir « pannie » sans recours ni protection, de la part de ceux de qui ils dépendent. Ils doivent en outre, dans certains cas, la supporter également pour le compte de ceux-ci (E).

Les deux éléments constitutifs du peuple messin, clercs et laïcs, sont en principe expressément unis dans une commune subordination à l'égard de l'évêque. Le prélat, de son côté, déclare ne décider et n'agir, en toute circonstance le comportant, que d'accord avec eux, *consilio et assensu cleri et populi.* Ainsi est-il dit dans des textes nombreux où l'on peut bien ne consentir à reconnaître, dans une certaine mesure, que des formules de style, mais qui en principe répondent nécessairement à une situation où un droit reconnu domine évidemment le fait ; ce dont on ne saurait ne pas tenir compte. On trouve ainsi : « *consilio et assensu ecclesiæ metensis, tàm cleri quàm populi* (1090) ; *episcopus habito super hoc cum civibus suis consilio, de communi consensu universæ civitatis* (mil. xii° s.) ; *tàm cleri quàm populi pari assensu* (mil. xii° s.) ; *cleri simulque militum et civium communicato consilio* (1180) ; *consilio civium presentium* (1193).

Au commencement du xiii° siècle, l'union des deux éléments du peuple de Metz, *clericorum et civium universitas*, est bien près de se rompre. La diversité des intérêts y conduit naturellement. L'effacement graduel de l'autorité épiscopale qui maintenait leur rapprochement concourt au même résultat. On ne saurait méconnaître qu'en même temps une vitalité propre anime de plus en plus le corps laïque de la Cité, et tend à le séparer, en se développant, de l'évêque lui-même. Le relâchement des liens qui les attachaient l'un à l'autre se prononce d'une manière sensible ; il arrive parfois jusqu'au dissentiment. Un jour l'opposition peut aller jusqu'à réclamer un arbitrage (1227); un autre jour c'est la guerre elle-même qui se déchaîne entre eux (1231). Avant cette séparation cependant, où l'on n'arrive de part et d'autre que par degrés, on voit jusqu'au commencement du xiii° siècle l'évêque concourir en mainte circonstance à la conduite des affaires qui intéressent tout spécialement la Cité ; la réforme, par exemple, de l'échevinat (1180) ; les donations du poids de la laine et du dixième des legs pieux à la maison de Saint-Thiébaut (1161, 1181, 1190, 1196); les règlements pour les changeurs (1190), pour les bouchers (1193) ; la création des amans (1197) ; le jugement du tonneu (1214) ; la contribution du meilleur habit laissé par les morts, appliquée aux frais de construction des ponts (1222), etc. Nous avons précédemment déjà signalé ces particularités. Cependant la situation antérieure se modifie profondément, à cet égard, au cours du xiii° siècle. Il n'en reste presque plus rien aux siècles suivants.

XIV.

LA COMMUNAUTÉ URBAINE. — La Communauté urbaine, dont on ne saurait déterminer avec précision l'origine, manifeste son existence dans le développement de ces faits. Elle est signalée dans les documents sous des noms divers qui apparaissent successivement aux xii° et xiii° siècles et dont l'usage débordant chronologiquement de l'un sur l'autre se prolonge ensuite plus ou moins, savoir : *universitas* (1180-1223), *communitas* (1192-1220), *commune* (lat.) (1199-1221), l'*université* (1202-1235), le *commun* (1214-1300), la *communauté* (1233-1300). Nous nous arrêtons à cette dernière date. Quant au moment précis où commence, et quant aux conditions expresses où se formule à Metz cette Communauté urbaine, rien ne nous les révèle. Nous ajouterons maintenant que dans le peuple de Metz composé vers la fin du xii° siècle, nous l'avons vu, d'éléments divers jouissant de droits différents, on ne peut que soupçonner, sans le reconnaître clairement, comment se forme, vers ce temps semble-t-il, dans ses premiers linéaments au moins, une classe aristocratique dont la destinée sera de supplanter bientôt la Communauté urbaine dans son rôle politique et gouvernemental, pour substituer à ce régime qu'elle caractérise celui des paraiges.

XV.

LES PARAIGES. — Les paraiges sont des associations formées dans un esprit de solidarité et de protection mutuelle qui régnait généralement alors et auquel on doit un des ressorts qui ont le plus efficacement contribué à l'affranchissement des villes aux xii° et xiii° siècles. De là, au sein des populations urbaines, les *serments*, les *frairies*, les *commans*, toutes choses expressément condamnées par le roi des Romains Frédéric II, dans les articles ajoutés par lui en 1214 au record authentique de la Commune paix de Metz (E). Il n'est pas sans intérêt de constater que ce record est le plus ancien document où il soit fait à Metz mention des paraiges, des « parages », y est-il dit. Il y a lieu toutefois de remarquer que le roi des Romains ne nomme pas ces « parages » avec les ligues et associations qu'il condamne dans son addition à ce document même. On se demande d'après cela si le mot parages doit s'entendre là dans le sens d'association, caractère propre du paraige. Il est permis d'hésiter à se prononcer sur ce point. Il est cependant difficile de ne pas reconnaître quelque rapport entre les « parages » de 1214 et l'institution qui, sous le nom de paraiges, joue dès le xiii° siècle un rôle devenu bientôt si considérable dans la ville de Metz. Nous n'en dirons pas davantage ici des paraiges, sur lesquels nous nous sommes amplement expliqué ailleurs (*Le Patriciat dans la cité de Metz*, 1873).

XVI.

LES MŒURS. — Nous venons d'étudier les principaux organes du régime judiciaire à Metz pendant la période épiscopale de son histoire, du x° siècle au xiv°. Il nous reste, pour remplir notre programme, à parler du mécanisme où s'effectue alors leur action. C'est ce que nous allons faire après avoir exposé préalablement, comme nous l'avons annoncé, quelques considérations sur les mœurs de l'époque. Ces mœurs se reflètent naturellement soit comme cause, soit comme effet, dans les lois et usages touchant lesquels nous aurons à présenter aussi quelques observations.

Les mœurs publiques et privées sont caractérisées à ce moment par la brutalité et la violence, qu'on retrouve jusque dans les lois. Un heureux correctif cependant aux excès et abus de la force, engendrés ainsi, réside dans un esprit, généralement répandu alors, de solidarité que nous venons de signaler : garantie dans une certaine mesure d'ordre social, qui tout à à la fois assure protection à l'individu et impose responsabilité à ceux qui la lui procurent. Cet esprit de solidarité, dont on trouve des traces nombreuses dans les institutions des villes aussi bien que des campagnes, vient évidemment de loin. Il procède de principes dont les lois anglo-saxonnes notamment présentent une remarquable application. Il engendre particulièrement à Metz, entre les individus, des rapports indiqués par les qualifications d'*amis* et de *parents :* termes équivalents ici, on le voit par la lettre de Commune paix (E)[1], et qui ont dans ce cas une signification tout autre que celle habituelle des mêmes mots, ordinairement consacrés à l'expression des sentiments de bienveillance réciproque ou à celle de la consanguinité. Cet esprit de solidarité est l'âme également, nous l'avons remarqué, du régime des paraiges dont nous venons de dire deux mots. Obtenir ou fournir protection, réprimer ou régler dans ce but l'usage de la force en s'appuyant les uns sur les autres ; tels sont à ce moment les plus urgents besoins pour l'ordre et la paix, dans le déchaînement des passions violentes qui dominent généralement alors. Les tumultes populaires et la guerre privée sévissent dans la ville et dans toute la contrée. Dans la cité même, comme partout, s'élèvent des « fortes maisons défendables » que mentionnent nos records et dont l'érection est, comme ils nous l'apprennent, soumise, pour la ville au moins, à l'autorisation de l'évêque et du comte voué, en possession d'exercer la police sociale (A, D). Dans les conflits, ces demeures fortifiées sont en effet des moyens d'action qui peuvent servir à toutes fins. Il en est à peu près de même des associations, qui demandent à être gouvernées et réglementées, et qui entrent ainsi dans le cadre des institutions de paix publique, formulées de diverses manières par les usages et par les lois.

XVII.

LES LOIS ET USAGES. — Les lois et usages de la cité pour ces temps reculés ne nous sont parvenus que partiellement, dans les records de date postérieure. Le principal de ces records (A) nous a conservé ainsi des fragments de statuts anciens qui ont pour objet surtout d'assurer le maintien de l'ordre et de la paix publique. Tels sont les articles concernant la police des fêtes, des foires et marchés dans la ville. Le même record contient également un autre morceau du même genre, mais d'une application peut-être plus générale et remontant vraisemblablement plus haut encore. Il commence ainsi : « Mes (Metz) si est ung sacremens, si est saellée du benoit corps sainct, monsignour sainct Martin. » Suivent des dispositions de justice criminelle (A). La forme « sacremens », c'est-à-dire serment de Saint-Martin, paraît indiquer un accord solennellement juré sur les reliques.

1. Voir un texte cité plus loin, p. 230.

On sait de quel crédit ont joui dans les Gaules celles de saint Martin sous les Carolingiens et dès les temps mérovingiens. Le serment de Metz dans sa condition originaire remonterait-il jusque-là ? Tel qu'il nous est présenté il donne en tout cas l'idée d'autre chose, à une date très reculée, qu'un diplôme de concession ou de jussion royale, impériale ou épiscopale, et permet d'assigner en conséquence à la Cité, au corps de ses citoyens, dès une époque très ancienne, un rôle propre dans le régime de la police sociale, à côté de celui plus en vue du souverain et des officiers qui exercent pour lui l'autorité : l'évêque, le comte, les voués.

Une autre observation à faire à propos du même record (A) touchant la personnalité et les droits propres de la Cité, c'est qu'il contient la plus ancienne expression que nous connaissions du droit de revendication de la ville contre tout abus d'autorité de la part de l'évêque à son égard. « Nous de Mes si avons teil droit, y est-il dit, ke se mes sires li aveckes ou autres por luj nous demandet niant por nulles querelles keile kelle soit, nous en avons nostre loy an contre luj. » C'est-à-dire à toute prétention abusive du prélat ou de ses officiers, nous pouvons opposer une déclaration contraire sous le sceau du serment. Le serment, tel est en effet dans ce cas le sens du mot *loy* (§ 26, p. 66). Pour ce qui est de ce remarquable passage du record A, nous devons faire observer qu'il a dans ce document le caractère d'une interpolation, laquelle ne saurait d'ailleurs descendre plus bas que le XIII° siècle [1].

Nous avons dit que les plus anciens morceaux que nous possédions des lois propres de la cité sont des fragments de statuts pour la police sociale, reproduits dans les records ultérieurs. Ils se rapprochent pour leur teneur des institutions de paix publique. Un autre document du même genre qui a par excellence ce dernier caractère, la lettre de Commune paix, notre record E, est un véritable code de justice criminelle auquel s'attache la date de 1214-1215, et dont l'original est venu jusqu'à nous, revêtu, avons-nous dit, des trois sceaux du roi des Romains Frédéric II, de l'évêque Conrad et de la Cité [2].

On trouve dans ce record et dans d'autres documents analogues des dis-

---

1. C'est ce qui résulte des faits. Nous possédons, en effet, deux textes du record A : le premier et le plus ancien, dans un *vidimus* de 1486 reproduit par les Bénédictins (*Hist. de Metz*, preuves, t. VI, p. 306); le second, plus récent, dans un manuscrit du XIII° siècle, de M. le baron de Cressac, avec des interpolations qui ne peuvent par conséquent pas descendre plus bas que cette époque. L'un et l'autre sont reproduits dans divers manuscrits moins anciens. L'interpolation en question appartient à ce second texte.

2. On a quelque raison de penser que ce record authentique (E) n'est autre chose que le *Parchemin scellé* ou *Escrit de la paix*, ainsi désigné aux XIII° et XIV° siècles, dans la procédure des forjugements; où il est dit que le coupable sera *mené* ou *démené par le Parchemin scellé* jusqu'à forjugement (1302 ou 1303, n. s., 1320 ou 1370), ou bien que le forjugé sera mené ainsi com li Escris de la paix lou dist (1295). Cette

positions visant les actes de violence individuels ainsi que les faits de tumulte et de guerre privée. Il en est encore ainsi notamment de deux titres de 1250 et 1254 dont nous avons parlé précédemment (p. 209). Ce sont de véritables instruments de paix publique.

Pour justifier cette appréciation, citons quelques exemples empruntés à ces divers documents : — Qui sort de la ville, y est-il dit, pour se porter à l'aide de parents ayant guerre au dehors, n'y doit rentrer que la guerre finie ou suspendue par une trêve, sous peine de cent sols (E). — En cas de tumulte dans la ville, nul ne doit sortir armé de sa maison sauf le maître échevin, les maires et les wardours de la paix, obligés de se rendre sur les lieux pour défaire la mêlée (E). — Bonne paix, trêve et assurement sont donnés à qui vient pacifiquement dans la ville, pour les fêtes, les foires et les marchés, mais non à qui serait en état de mortelle guerre (A, C). — Force est faite, s'il le faut, par le voué (B). — Contre un criminel en révolte faire la force est aussi du devoir de ses amis pour avoir paix eux-mêmes ; et en cas de nécessité ils doivent sur leur requête y être aidés par les wardours de la paix et par le Commun tout entier (E). Ces traits épars suffisent pour donner une idée du caractère des lois, statuts et usages en vigueur à Metz pour y assurer l'ordre public, pendant la période épiscopale. C'est tout ce que nous en dirons ici, ne pouvant qu'indiquer le sujet sans nous y arrêter beaucoup.

Nous ne saurions non plus faire davantage touchant la mise en action du mécanisme judiciaire dans la cité, à la même époque. Faute de tout savoir et obligé d'ailleurs de nous restreindre, nous montrerons cette action dans certaines manifestations d'un régime général qu'elles caractérisent sans en fournir le tableau complet. Nous nous contenterons d'indiquer ce qu'on peut entrevoir ainsi de ce régime sur quelques points particuliers suffisamment significatifs.

XVIII.

LE CHAMP DE BATAILLE. — Le champ de bataille ou duel judiciaire est usité au civil comme au criminel, sur une question de droit « de moible avoir ou de terre », comme sur une question de fait entre un

---

dernière locution, synonyme de l'autre, désigne très clairement la lettre de Commune paix qui, par sa forme, s'accorde parfaitement de son côté avec l'expression *le Parchemin scellé*. Le document original qui est aux archives municipales de Metz ne contient en effet aucun protocole initial mentionnant une autorité quelconque de laquelle il émanât, et ne possède, comme garantie d'origine et d'authenticité, que les trois sceaux qui y sont encore appendus. Ainsi s'expliquerait la qualification de *Parchemin scellé*. L'hypothèse est nouvelle ; nous nous bornerons à recommander pour la justifier l'examen des titres que nous ne pouvons faire ici qu'indiquer. Ils se trouvent, à leur date, dans les preuves de l'*Histoire de Metz*.

accusé et son accusateur (A). Le champ de bataille est donné par le comte (C). Au civil la bataille est décidée par un jugement (A) et peut être soutenue par un champion. — Qui prend champ de bataille doit nommer, c'est-à-dire consigner 7 sols et demi au ban et à la justice (A) : « *Qui duellum ponere voluerit... per se vel per testem suum debet mandare VII solidos et dimidium ad bannum et districtum* » (1215 ou 1216, n. s.) (*H. de Metz*, t. III, p. 179). Intervient alors le jugement pour accorder le combat. Les parties jurent ensuite de part et d'autre qu'elles ont bon droit; serment analogue à celui qu'elles font ultérieurement dans le plaid ordinaire, avant le débat judiciaire (§ 23). Suit la bataille. Celui qui succombe et dit le mot — le mot sans doute par lequel il s'avoue vaincu — perd un membre à la volonté de l'évêque et du comte. Quant à sa partie, si c'est un champion qui a combattu, elle perd sa cause. Le vaincu recouvre son honneur, il « ait sa latte (lettre) d'honnour », est-il dit (C), moyennant 32 sols et demi, et peut le lendemain reprendre s'il le veut bataille, après jugement rendu pour l'accorder. En même temps, suivant une interpolation au record originaire, défense est faite à quiconque de lui adresser reproche à ce sujet, sous peine de 10 sols. Ici se place dans la même interpolation, comme adoucissement à la procédure antérieure, la suppression de la clause rigoureuse de la perte d'un membre par le combattant vaincu. Des voies d'arrangement sont ouvertes aux parties à toutes les phases de la procédure. Au début de l'affaire, avant la consignation des 7 sols et demi, elles peuvent faire paix en payant à la justice 9 livres et maille[1], sur lesquelles les deux tiers vont à l'évêque et le tiers au comte de Dagsbourg grand voué; la maille est « por lui bourse à aicheteir » (A). Après le paiement des 7 sols et demi et le jugement, tant que les parties n'ont pas juré de leur bon droit, elles peuvent s'accorder moyennant l'abandon des 7 sols et demi, que se partagent l'évêque, le grand voué, le voué, le maître échevin et les trois maires. Après avoir juré, elles peuvent encore s'arranger moyennant 32 sols et demi, acquis également à l'évêque et aux mêmes officiers.

Au criminel, accusation de félonie, roberie ou larcin est une cause suffisante de bataille sans possibilité d'arrangement et sans engagement de deniers; l'évêque et le comte de Dagsbourg ayant seuls le droit d'en faire la paix. Les deux adversaires ne peuvent en ce cas mettre pour eux autre « test » (champion) que leur propre corps, dit le vieux texte, à moins d'« asoine », excuse légale reconnue suffisante; et celui qui succombe est à la merci des seigneurs; mais sa femme, ses enfants et ses biens ont bonne paix, est-il ajouté.

---

1. « Et cil ne nommet les vij s. et demey autor (au jor?) de la bataille, il ne puelt faire paix cil ne paient ix l. et maille à la justice. » Il s'agit, ce semble, en cela d'une sorte d'amende, pour l'abandon de la querelle après la demande du champ de bataille, mais avant que n'ait été faite la consignation des 7 sols et demi.

Il n'en avait pas été toujours ainsi. Le record des droits du comte, qui est plus ancien que ce texte (A), dit « si aucung appelloit l'aultre de félonie ou de roberie ou de lairaucin, il ne peut faire paix que par messir li quiens ; celluy qui est jugié de félonie ses enfants et ses biens sont eschus à monsignour li quiens » (C). L'issue de la bataille était réputée un jugement. Sous le régime décrit par le record A, en cas de bataille pour une accusation de félonie, de roberie ou de larcin, les biens, la femme et les enfants du vaincu sont saufs et, bien plus, ceux-ci et avec eux ses amis peuvent racheter son corps ; mais on ne juge pas pour lui et il ne recouvre pas, est-il dit, son honneur (A).

Telle est la loi du champ de bataille, au commencement du xiii° siècle; nous n'avons pas besoin d'insister sur le caractère barbare d'une semblable procédure. Elle est à ce moment adoucie déjà sur quelques points et en voie de disparaître. Ce qui tend à en abroger graduellement l'usage c'est, au civil, la preuve par le titre écrit que recommandent à cette intention les dispositions introduites par l'évêque Bertram dans l'institution des amans (1197); au criminel, c'est le régime de la Commune paix qui au combat substitue pour l'accusation le témoignage légal, et pour la défense, quand le témoignage légal qui entrainerait condamnation fait défaut, le serment de l'accusé et celui des ses cojurateurs. Il n'est pas sans intérêt de constater, vers l'an 1200, le rappel à peu près simultané des deux procédures contradictoires dans des documents contemporains. La substitution de l'une à l'autre n'a dans ces conditions rien de brusque, mais s'opère graduellement. Pendant longtemps encore après la date que nous venons de rappeler, on voit à intervalles de plus en plus longs des duels judiciaires, et depuis longtemps aussi d'un autre côté on accepte avant cette date l'autorité le l'instrument écrit et celle du témoignage et du serment, avec l'intervention des cojurateurs. La lettre de Commune paix, qui est toute à cette double procédure, admet aussi que dans certains cas douteux une des parties puisse proposer encore de « monstrer par bataille » (E), et dans une charte de 1215 (1216, n. s.), que nous avons citée tout à l'heure, l'évêque Conrad dont le sceau est appendu à la lettre même de la Commune paix, parle aussi du champ de bataille comme étant encore en usage (*H. de Metz*, t. III, p. 179). Cette procédure est alors, d'après le même titre, l'objet de dispositions édictées par le maître échevin, « *ore Hugonis Gos scabini majoris..., parium suorum et universitatis civium consilio* ».

XIX.

LA PANNIE. — La pannie est, comme le champ de bataille, une procédure qui appartient à la catégorie des coutumes et usages plus ou moins radoucis, où se reflètent encore cependant les mœurs violentes et l'abus de la force individuelle des temps anciens. La pannie est une saisie exécutée par l'offensé lui-même sur celui à qui il réclame réparation d'une injure ou d'un tort. La saisie existe encore aujourd'hui dans nos lois ; mais elle ne peut être opérée que par un officier public, en vertu d'un jugement qui a préalablement apprécié les faits avant de l'autoriser. Au commencement du xiii° siècle, la pannie est de droit commun, à la seule condition que l'objet saisi soit remis dans les 24 heures à la justice qui prononce sur la validité de la prise — ce sous peine d'une amende de 30 sols, — à moins que l'auteur ne l'ait exécutée sur des hommes qui dépendent de lui, sur ses hommes propres ou ses banniers, est-il dit dans la lettre de Commune paix (E). Il y a là un commencement de réglementation. Plus tard de nouveaux progrès feront de la pannie du xiii° siècle la saisie de gages par sergent, des xv° et xvi° siècles (§ 44). La lettre de Commune paix ne s'arrête guère à la pannie que pour ce qui regarde les droits du maître sur ses hommes, et ce qui touche les forains du voisinage.

Un forain ayant à exercer une revendication doit, aux termes du record, s'adresser aux wardours de la paix. Ceux-ci lui procurent satisfaction s'ils le peuvent ; sinon, ils l'invitent à faire à bref délai sa pannie sur l'offenseur ou sur ses hommes et à remettre sa prise à la justice qui en jugera. Qu'il ait d'ailleurs oui ou non préalablement eu ainsi recours aux wardours de la paix, le forain peut toujours faire pannie sans « mesprendre », est-il dit, pourvu qu'il n'y ait jour pris ni assurement, c'est-à-dire négociation commencée ni garantie donnée; ce qui suspendrait dans son application le droit de pannie (E).

XX.

LE BAN ET DESTROIT. — Ban et destroit, en bas latin *bannum et districtum*, sont les fondements du régime judiciaire : *bannum*, pouvoir de contraindre et de punir ; *districtum* ou *districtio*, exercice de la juridiction. « Nulz n'a ban ne destroit en Mes se messire l'évesque non ou de luj nez thient. Messire li évesques le thient de l'empereour » (A). Voici quelques textes qui se rapportent à cet objet : *bannum curtis* (765); *bannum ad civitatem emendare* (1056); *nundinæ bannales* (1090); *abbatis villicus faciet districtionem* (duelli) (1090); *districtio à propriis ministris* (abbati concessa) (1094); (judicium scabinionis) *banno palatii superposito perpetualiter solidatum* (1133) ; *placitum bannale et legale* (1133, xiii°, xiv°, xv° s.); *bannum et centena* (abbati Sᵗ-Vincentii concessum) (1181); *bannum et districtum* (1216); « ban et justice » (A. art. du ch. de bataille).

Le ban, principe d'autorité, prête son nom pour qualifier les actes, les temps et les lieux où il s'exerce; de là le « leu de ban », lieu mis sous le ban, lieu où se rend la justice sous le ban ; la « semonce en leu de ban », sommation d'y comparaître (E) ; le « plaid banni » qui s'y tient sous le ban (xiii⁰-xvi⁰ s.) ; le « ban », la « banlieue », territoire soumis à cette juridiction (A, B) ; « marché bannal » tenu sous la police et la protection du ban (A) ; échevin ou solchier « bannal et léal », c'est-à-dire consacré sous l'autorité du ban (B) ; « ban vin », temps réservé à la vente exclusive du vin d'un privilégié (A, C) ; « bannissement, embannement, rembannement », mise sous le ban (xiii⁰-xvi⁰ s.).

XXI.

LE PALAIS. — Le palais, *palatium*, est le siège de la juridiction souveraine et des officiers qui l'exercent. Cette assemblée est dite quelquefois *senatus* ; ainsi : *in senatu metensi, suffragio fidelium totius militaris et ecclesiastici ordinis* (1033) ; *comes in senatu metensi* (1033) ; *comes et senatus palatii nostri* ou *episcopi* (1056) ; (judicium) *in palatio metensi, à scabinis et aliis quorum erat judicare* (1056, 1200) ; *bannum palatii* (1133) ; *palatii scabinio* (1133) ; *palatii scabinus* (1192) ; *scabini palatii* (xii⁰ s., v. 1200, 1214). Les termes de ces diverses propositions rapprochés de l'expression *senatus*, appliquée à la cour du palais, donnent lieu de penser que cette cour comprenait l'ensemble de tout ce qui avait autorité, notamment le comte, le maire exerçant le ban, le maître échevin et les échevins, autour de l'évêque. De même que le ban et que le destroit, le palais à Metz était considéré par l'évêque comme sien, à titre sans doute de délégué de l'Empereur (A). C'est au palais que siégeait la cour de l'évêque et que s'exerçait sa juridiction : *in generali judicio cortis episcopi* (1000) ; *judicium cortis fidelium episcopi* (1000).

Sur l'exercice, à Metz, de la juridiction par l'évêque, nous avons précédemment fourni des témoignages et présenté quelques considérations que nous nous contenterons maintenant de rappeler, sans les reproduire. Nous avons montré l'évêque recevant la demande de justice, et donnant jour aux parties ; nous avons signalé les débats et les jugements ; ceux-ci rendus *in jure* (1204, 1207), en présence du prélat, par les échevins ou par les Treizes, ou par les wardours de la paix, jusque vers la fin du xiii⁰ siècle. Le rôle de l'évêque dans la procédure paraît consister surtout à recevoir plainte ou requête, à donner jour pour le plaid et à y présider. Les expressions *in presentiâ episcopi* et *coràm episcopo* correspondraient à cette situation.

Le nom du palais de Metz et le souvenir de sa juridiction se retrouvent dans la dénomination appliquée aux francs-hommes du palais qui, participant à cette juridiction et vivants sous la garde du comte, grand voué de Metz, devaient, comme sujets de la seigneurie, assister aux plaids annaux (A, D).

XXII.

LE PLAID BANNI. — Le plaid banni, *placitum bannale et legale*, est le plaid tenu sous le ban donné par un maire (§ 7). Telle était ultérieurement, nous l'avons dit, la condition nécessaire de tout plaid d'échevins ou du maître échevin (§§ 7, 8, 9, 21). Cependant la mention du plaid banni fait à peu près complètement défaut dans les documents où il est question de jugements en plaid, jusqu'à la fin du xiii° siècle. Nous avons eu déjà occasion de faire cette observation, en parlant des maires et des échevins (p. 198 et 204), et proposé à ce sujet l'opinion probable que l'omission signalée pourrait bien ne pas impliquer, comme conséquence, que le plaid banni ne fût pas usité alors pour les jugements.

Revenant sur cette question, nous citerons d'abord touchant la matière un texte inédit du xii° siècle emprunté à une charte de l'évêque Étienne de Bar. On y lit : *Ego Stephanus... (notum facimus quod)... Humbertus querebatur, etc... Unde orto litigio diem utrisque statuimus, in quo compertum est, etc... Quæ relatio judicio scabinionis palatii publicè firmata est et banno palatii superposito perpetualiter solidata* (1133) (arch. départ. de Metz, f. Saint-Arnould). On voit se succéder dans les indications de cette procédure, après l'assignation des parties au plaid par l'évêque et le rapport de la cause, le jugement d'abord par l'échevin du palais, jugement présenté comme confirmant les conclusions de ce rapport, et ensuite le ban pour consolider ce jugement dont il assure à toujours la perpétuité. Ces deux derniers traits sont précisément les éléments constitutifs du plaid banni. Ils se produisent ici dans les conditions d'une formule qui pouvait n'être pas encore fixée, mais au fond, avec le rôle propre à chacun d'eux, quoique dans un ordre inverse de celui où ils se rangent dans la formule définitive usitée plus tard (§ 7), et dès le xiii° siècle déjà, en certains cas (p. 225).

A cette époque, le plaid banni dont la mention est encore omise dans la relation des jugements est signalé comme accompagnant souvent divers actes qui en reçoivent une sorte de consécration toute spéciale, ainsi que nous l'avons dit précédemment pour des temps ultérieurs (§ 27). Cette singularité ne viendrait-elle pas peut-être de ce que ces actes auraient pu être accomplis aussi sans cette formalité, dans des circonstances moins solennelles et autrement qu'en plaid ; tandis que les jugements n'auraient jamais admis cette simplification, ce qui rendait superflue la mention du fait ? Cette mention, là où elle manque dans la relation des jugements, aurait été dès lors sous-entendue comme nous avons eu déjà occasion de le faire observer. La mise sous le ban aurait ainsi pour caractère, en quelque sorte, d'être comme l'élément essentiel du jugement en plaid ; ce dont le nom seul de plaid banni, *placitum bannale et legale,* pourrait déjà être au moins un indice, s'il ne suffisait pas à le prouver. Quoi qu'il en soit, voici ce que fournit à ce sujet l'observation.

Depuis l'an 1000 jusqu'à la fin du XIII° siècle, nous trouvons de nombreuses déclarations de jugements sans la mention du plaid banni (1000, v. 1150, v. 1190, 1200, v. 1200, 1209, 1212, 1218, 1226, 1227, 1250, 1253, 1285, 1293), sauf les indications encore imparfaites rapportées tout à l'heure sous la date de 1133. Pendant la même période, à côté de déclarations du même genre d'actes divers, sans la mention non plus du plaid banni, savoir : *constitutio censûs* (1026), *donatio* (1033, 1056), *attestatio* (1205), *venditio* (1226), etc., nous voyons en grand nombre, au XIII° siècle notamment, des actes analogues accomplis, est-il dit, en plaid banni, *in placito bannali et legali*, ou *per villicum et scabinum,* savoir : *traditio et vestitura* (1203), *verpitio* (1204), *acquisitio domûs sub censu* (1206), *donationis quittatio* (1206), *pax de controversiâ* (1206, 1207), *allodii recognitio* (1208), *vineæ acquittatio* (v. 1210), *constitutio censûs* (1214), *testamentum* (1216), *acquisitio allodii* (1218), *obligatio* (1220), *recognitio proprietatis* (1222). Dans ces actes, le plaid banni est dit constitué par maire et échevin. En voici la formule d'après l'un d'entre eux : (acquisitio domûs sub censu) *in placito bannali et legali... ordinatum à domino Ottone villico et domino Simone Maleboche schabino per quos bannus in placito positus est* (1206) (arch. dép. de Metz, f. Villers).

XXIII.

LES PLAIDS ANNAUX. — Les plaids annaux que nous avons nommés tout à l'heure à propos des francs-hommes du palais, sont les assises de la seigneurie (§ 8). On y lit les droits du seigneur (B), qui est l'Empereur, et de son délégué qui est l'évêque (A). Les hommes de la seigneurie, les francs-hommes du palais avons-nous dit, doivent y assister pour rapporter ces droits et les « adras » s'il y en a ; c'est-à-dire pour faire la déclaration des droits en question et appliquer les pénalités encourues par leur violation, quand il y a lieu. Cette déclaration consiste dans la lecture publique d'une pièce que reproduit, on a quelque raison de le croire, notre record A, dans quelques-unes des parties au moins qui le constituent. Ce record comprend en effet dans son texte le plus ancien (ci-dessus, p. 218, n. 1), quatre parties, dont la première commence par la rubrique « Ce sont ly droit monsignour l'empercour » ; la seconde, par celle-ci, « Cy sont ly drois monségnour l'évesque » ; la troisième, par « Ly citey de Mes ait tel droit... etc. » ; la quatrième, par « Messire le comte de Dauborc... etc. ». D'après un autre record du XV° siècle à peu près, où sont décrits les plaids annaux de Metz à cette époque (Bibl. Nat. mss. f. fr. n° 18905, f. 51 v°), on ne lisait plus alors dans cette circonstance que la première de ces quatre parties; la seconde, qu'on avait dû lire jusqu'au xiii° siècle au moins, était omise avec tout ce qui suit. Ces particularités sont significatives. Nous nous bornerons ici à les indiquer sans nous y arrêter davantage. Ce que nous avons dit précédemment des plaids annaux (§ 8) montre quels autres changements avaient pu s'introduire jusqu'alors dans leur tenue. La proclamation des bans qu'on y prenait pour les mutations de propriété datait, ce semble, de la première partie du xiii° siècle (*Régime anc. de la propriété*. 1881).

XXIV.

LE PLAID ORDINAIRE. — Le plaid ordinaire est, de toute ancienneté, tenu à Metz par les échevins. Au xiii° siècle, il l'est aussi, on en a des exemples, par les wardours de la paix (1214, 1293) et par les Treizes (1221, 1295). Le plaid échevinal en particulier fournit le type du plaid qui subsiste ultérieurement à Metz jusqu'au xvi° siècle, pendant la période municipale, tel que nous l'avons décrit précédemment (§§ 7, 9, 21, 22, 23). Il est qualifié alors et jusque dans les derniers temps « plaid monseigneur » (§§ 7, 8, 9, 21); ce qui indique suffisamment, nous l'avons fait observer, son caractère antérieurement épiscopal. Nous ne reviendrons pas sur ce que nous avons déjà dit du rôle judiciaire de l'évêque à Metz ; rôle dans lequel rentre ce qui concerne à ce point de vue le plaid ordinaire, *in presentiâ episcopi* ou *coràm episcopo*, pendant la période épiscopale. La procédure du plaid comprend l'appel ou clamour à la justice avec la « semonce en leu de ban » et l'adjournement, le rapport ou *relatio*, le témoignage avec l'affirmation sous le sceau du serment, confirmé par les cojurateurs, et le jugement enfin.

XXV.

LA CLAMOUR ET LA SEMONCE. — La clamour à la justice est le début de l'action judiciaire avec lequel se confondent la « semonce en leu de ban » soit à vue, soit « au moix et à la maison », et l'adjournement. Cette partie initiale de la procédure du plaid apparait, dès la période épiscopale, telle à peu près que nous la trouvons encore au commencement de la période municipale de nos institutions judiciaires (§ 20). Elle est peu modifiée par l'introduction des institutions de paix publique qui en font vers l'an 1214 « la clamour à la paix », sans rien changer, ce semble, aux termes de la semonce en leu de ban par maire et échevin (E).

XXVI.

LE RAPPORT. — Le rapport en plaid, *relatio* (1133), est la préparation ordinaire du jugement ; c'est le résultat d'un examen et d'une appréciation souvent renvoyés à des arbitres, et à un pardezour quand ceux-ci ne s'accordent pas. Arbitres et pardezour sont parfois donnés par la justice, parfois pris par les parties ; et celles-ci peuvent être obligées par un crant ou engagement préalable de se soumettre à leur jugement. Sur cette matière complexe du rapport, avec ou sans l'intervention des arbitres et des pardezours, nous citerons les textes suivants : *litigii... dies... in quo compertum est, etc... Quæ relatio judicio scabinionis palatii publicè firmata est* (1133); *in controversiâ... compromiserunt partes in N... cujus judicium... etc.* (1210) ; pour un battant (querelle), mise faite sur deux arbitres, puis sur un pardezour (1227) ; devant le maître échevin et les Treizes, mise sur deux prud'hommes et, faute d'accord entre eux, sur un pardessus (sic) (1227) ; par-devant l'évêque et les Treizes, rapport de N... mis par le crant des parties (1250) ; devant les Treizes, rapport d'un pardezour pris par eux pour savoir les tenours (1285) ; par-devant l'évêque et les Treizes, rapport de N... pris par les parties pour avoir la raison (1285) ; par-devant l'évêque et les eswardours de la paix, mise sur W... dont le rapport est déposé en l'arche Saint-Victor (1293).

La procédure du rapport convenait tout particulièrement au jugement d'une question de droit, dans les affaires analogues à celles qui donnent lieu ultérieurement au démonement (§ 14) et appartiennent à la juridiction civile. Les titres écrits faisaient naturellement partie des preuves dont il était tenu compte dans le rapport en plaid de ces affaires, comme plus tard dans le démonement ; et c'est à cet objet que paraîtrait s'être spécialement appliquée la création, due à l'évêque Bertram, des arches et des amans institués pour garantir l'autorité et assurer la conservation de ces titres (1197). De pareils soins intéressant la solution des questions de droit civil surtout, on peut justement s'étonner de voir le prélat déclarer dans cette circonstance qu'il entend réprimer par là l'usage des duels judiciaires (p. 138). C'est que ceux-ci étaient en effet usités alors dans les procédures d'ordre civil, ainsi que nous l'avons dit tout à l'heure, quoiqu'ils y parussent peu appropriés. Leur usage, dans ce cas, remplaçait en quelque sorte le rapport, procédure qui pouvait présenter des difficultés, mais convenait assurément mieux qu'eux au jugement d'une question de droit.

XXVII.

LE TÉMOIGNAGE. — Le témoignage, de son côté, devait s'appliquer plutôt — sans y être pourtant exclusivement réservé (ci-dessus p. 10, note 2) — aux questions de fait relevant généralement de la justice criminelle, que concernent tout spécialement les institutions de paix publique (E). Aussi est-ce à ces institutions que nous devons nos principales informations touchant le témoignage. Le régime de la Commune paix distingue pour cet objet le fait témoigné, c'est-à-dire affirmé par témoins légaux, du fait non témoigné. Témoignage légal peut être rendu, suivant la lettre de Commune paix, par « deux hommes convenables », et en cas de témoignages contradictoires, est-il ajouté, « à la plus sayne partie se tanroit-on » (E). Nous ignorons si des principes déterminés devaient décider de cette appréciation. Ailleurs est déclaré légal, comme le témoignage de « deux prod'hommes convenables », celui des treizes et des comtes jurés (1280) ; ces derniers sont rappelés encore à ce titre dans un atour de 1295. Le témoignage légal est sans réplique et commande la condamnation, c'est-à-dire l'application de la peine édictée (E). Témoin mandé peut être contraint par la justice de porter témoignage (E). Fait non témoigné admet la justification par l'affirmation contraire du prévenu sous le sceau du serment, corroboré par celui de cojurateurs en nombre déterminé, plus ou moins grand suivant le caractère et l'importance du fait dont il s'agit (A, C, D, E). Dans les cas peu graves où témoignage fait défaut, le prévenu peut se défendre « par sa seule loy » (E), c'est-à-dire par son simple serment (§ 26, p. 66).

XXVIII.

LE JUGEMENT. — Le jugement est la conclusion naturelle du plaid. Il doit être rendu sans retard ; sa rapide expédition étant une des conditions d'une bonne justice. Cette rapidité est notamment assurée par un des articles du serment prêté par le maître échevin, à son entrée en charge (1180). La même prescription est rappelée, et cette fois avec plus de précision, par le roi des Romains Frédéric II, dans l'addition qu'il fait un peu plus tard à la lettre de Commune paix (v. 1214), où il dit : « Tuit li jugement de la vile soient fait dedenz xl jors, et radraciet » (E). La forme « radraciet » s'explique, croyons-nous, par la signification du mot « adras » dont elle est très voisine [1]. L'adras, nommé aussi advis, était la décision renvoyée

---

[1]. *Les Jugements à Metz au commencement du XIII° siècle.* 1876.

au maître échevin sur une question où les échevins n'avaient pas pu se mettre unanimement d'accord (§ 15). Nous ajouterons à ce qui précède quelques mots encore touchant les jugements criminels, pour ce qui est de la pénalité appliquée par eux et de leur mode d'exécution. Certaines particularités qu'on peut signaler à ce propos sont des traits de mœurs qui méritent d'être relevés.

XXIX.

LA PÉNALITÉ. — La pénalité est exposée, avec la nature des actes, crimes et délits qu'elle frappe et le mode d'exécution qu'elle implique, dans les records surtout du commencement du xiii° siècle (A, C, E). Les faits énoncés comme en faisant l'objet sont notamment le meurtre, le rapt, les actes de violence estimés d'après leurs conséquences graduées, perte d'un membre, plaie ouverte ou contusion ; de plus, pour les cas non définis, la paix brisée (E); et enfin les crimes et délits qualifiés félonie, roberie ou larcin (A, C). Les peines édictées sont la mort, la destruction de la maison (E), les arsons, feux boutés par justice aux héritages des forains, les mutilations (A, C), le forjurement, abjuration et reniement par les parents et amis (A, E), l'amende et la confiscation (A, B, C, D, E). Le mode d'exécution met en action le bourreau (A, C), l'individu désigné par les wardours de la paix (E), ou ceux qu'obligeaient les principes de la solidarité (E). La plupart de ces indications ne nécessitent aucune explication; quelques-unes seulement réclament des éclaircissements et comporteraient même des développements que nous nous contenterons de signaler, ne pouvant pas nous y arrêter ici.

Le talion, vie pour vie, membre pour membre, est le principe de la pénalité criminelle dans nos monuments les plus anciens, dans le serment de Saint-Martin (A), dans les statuts pour les fêtes, les foires et les marchés (A). L'amende s'y mêle et finit par prévaloir dans les lois de Commune paix (E), où elle frappe seule les actes de violence sauf le meurtre et le rapt, punis de la mort jointe à l'amende (E). La maison du meurtrier qui s'est échappé est rasée et son héritage détruit (E). Le forjurement, éloignement forcé du territoire est un bannissement; c'est aussi une sorte d'abjuration, un reniement de la parenté et de la solidarité à l'égard du criminel[1].

L'*amende* devient au xiii° siècle le ressort principal de la pénalité dans les lois de la Commune paix (E). Auparavant elle comprend deux parties d'égale

---

1. Telle est la double signification du mot *forjurer* dans les articles 5, 6, 9, 10 du record E, où l'on trouve aux articles 22, 46, 51, dans le sens de condamner, le mot *forjuger* qu'il ne faut pas confondre avec forjurer. Cf. *forisjurare* et *forisjudicare* dans Du Cange, *Glossar.*, in-4°, t. III, p. 361.

importance, dites l'une pour le ban et l'autre pour la loy (A). Il est permis de se demander s'il n'y aurait pas quelque rapport entre cette décomposition de l'amende en deux parts *pour le ban* et *pour la loy* avant le xiiie siècle, et la distinction de ses deux parties, la *somme* et l'*esward*, dans les temps ultérieurs (§ 33, p. 83, 84). Dans les institutions de Commune paix (v. 1214) il n'est mentionné aucun partage ni distinction de ce genre, et l'amende est dite simplement paiement à la justice ou prise opérée par la justice (E). En principe, le produit des amendes comme des confiscations allait au souverain. En conséquence de la délégation faite par l'empereur de ses droits à l'évêque, ce produit est partagé entre le prélat, pour les deux tiers (A, B, C, D), et le comte (C) ou le comte de Dagsbourg, grand voué (A, D), pour le troisième tiers. Ce tiers est la part du voué dans les seigneuries particulières (B). Dans le droit de la Commune paix, postérieur à l'autre, les deux tiers sont attribués à l'évêque et au comte de Dagsbourg en commun, et le tiers restant est assigné à la ville (E) — nous nous sommes expliqué à cet égard (§ 48) — et la ville ayant seule alors les amendes de 10 sols, en abandonne une partie, 3 sols, aux maires (E).

XXX.

L'EXÉCUTION. — Les exécutions criminelles sont le fait d'un homme qu'on prend au ban de Thury pour « copper les chiefs, crever les oilz, copper les piedz et faire, est-il dit, touttes les justices ». On ne peut refuser à cet homme, s'il le demande, un larron condamné, qui est chargé tant qu'il vivra de faire à sa place ces exécutions (A, C). Sous le régime de la Commune paix, ces dispositions sont changées. L'exécuteur chargé de faire les justices, sauf sur les chevaliers, paraît désigné par les wardours de la paix : « cil... cui li wardour de la paix eswarderoient sour lour leialteit et sour lour sarment » (E). D'autres prescriptions mettent en même temps dans un singulier relief la solidarité entre parents et amis : « Qui homme ocira dedenz la pais, est-il dit, et tesmogniez en sera, sei parent ocirunt lui.., et si li ami[1] n'avoient la force... li wardour et li communs lor aideroient ». L'ami ou parent qui se dérobait à cette obligation devait être traité, est-il ajouté, comme l'homicide lui-même (E). En vertu des mêmes principes, ce semble, les chevaliers « tuit cil qui unt porteit iuskeci unes armes et unes reconissances » doivent se justicier entre eux. La plus étrange de toutes ces dispositions est assurément celle qui concerne les parents et amis du meurtrier, malgré le sens élargi qu'il est permis de

---

1. Ce texte, soit dit en passant, établit la synonymie, dans le document, des deux expressions *ami* et *parent*; ce qu'il n'est pas sans intérêt de constater.

donner ici à ces expressions (ci-dessus p. 217). L'obligation leur est imposée de mettre eux-mêmes à mort le coupable. On pourrait douter de la réalité d'une pareille disposition, si l'on n'avait la preuve que les choses se passaient encore à peu près ainsi, cent ans et plus après la mention, qui se présente vers 1214, de cette loi étrange [1].

Nous arrêtons ici l'enquête supplémentaire qui a motivé le présent appendice. Nous y avons brièvement passé en revue les points essentiels du régime judiciaire à Metz pendant la période épiscopale de son histoire, du x° siècle au xiv°. Nous avons reconnu le rôle prépondérant que l'évêque y tient alors, et que nous avons vu ensuite, au cours du xiii° siècle, s'affaiblir graduellement au profit du corps même de la Cité, près alors de s'en saisir. Rappelons à ce sujet la jouissance du produit des amendes qui passe à cette époque de l'un à l'autre : indice significatif de l'évolution dans laquelle l'évêque perd à Metz, dans l'ordre des faits judiciaires, la première place prise à ce moment par la Cité elle-même, en voie d'établir chez elle son indépendance et son autonomie. Ces derniers caractères sont ceux de la période municipale où entre en même temps son histoire et dont les institutions judiciaires ont fait spécialement l'objet de notre premier travail. Pendant la période épiscopale, dont nous venons de nous occuper, on a vu se préparer graduellement au rôle définitif qu'ils doivent jouer ultérieurement dans la cité affranchie, les organes, ou modifiés dans ce sens, ou nouveaux, que nous y avions montrés en jeu, le maître échevin, les échevins et les Treizes. On a pu reconnaître, dans les explications supplémentaires qui précèdent, les origines de quelques-uns des traits qui caractérisent leur situation et leur action. C'était là, comme nous l'avons annoncé, un des objets que nous avions en vue dans cet appendice.

1. 1324. — « Le lundy après la Toussainct... fut accordé par le maistre eschevin, les Trèse et les prudhommes que les amys Collin Grognat doient panre ledit Collin Grognat et le doient en nuit noier; et y doient estre deux Trèse à le noier; et si ses amis ne le volloient ainsy faire et la justice en puelt estre saisie, elle le doit le lendemain faire noier. Ce sont les amys, le sire Estienne Ruffault, Bertaldons, son frère, Johan Maire et Wichart, son frère, les deux enffans Howart Grognat; et les deux Trèse furent Maitheu Symon et Collard le Gronnais. » — Chron. de Praillon dans Huguenin, *Les Chroniques de Metz*, p. 48.

INDEX[1]

A

Abbés, abbesses, p. 17, 18, 19, 151, 161, 175, 200, 201, 208.
Accord des amans, p. 144, 145. — des parties pour nommer pardezours, p. 39, 125, 127, 128. — des Treizes, p. 2, 4, 70, 74, 75, 79 à 86, 88, 91, 92, 94 à 102, 105, 106, 110, 121, 122, 138, 147, 155, 181, 183, 207. — rompu, p. 102, 103. — (Par), généralement à l'unanimité, p. 18, 39, 63, 103, 125, 127, 128, 141.
Accordours des Treizes, p. 70, 74, 75, 76, 81, 103, 138.
Actes accomplis en plaid banni, p. 48, 66, 116, 147, 170, 198, 204, 205, 224, 225; *Voy.* Plaid banni.
Adjournement, p. 2, 51, 52, 62, 87, 89, 98, 99, 135, 137, 172, 204, 226. — devant le maître échevin, p. 28. — devant les échevins, p. 2, 48, 51, 52, 56, 87, 89. — devant les Treizes, p. 10, 53, 87, 89, 98, 116, 117, 197, 204.
Adjournés (Les), audiences spéciales des Treizes, p. 3, 4, 53, 70, 79, 82, 85, 88, 89, 90, 91, 92, 93, 94, 96, 99, 100, 101, 103, 105, 106, 107, 108, 116, 124, 137, 167; *Voy.* Clerc, Commis, Eswards.
Adras ou advis, procédure, p. 42, 228;

Voy. Advis. — amendes usitées aux plaids annaux, p. 225.
Adrassier, adressier, donner advis (ou adras), p. 75; *Voy.* Adras, Radracier.
Advis, procédure, p. 2, 15, 26, 27, 28, 29, 31, 41, 42, 47, 48, 61, 65, 66, 69, 103, 106, 180, 183, 228; *Voy.* Adras.
Advocatus, voué, p. 16, 189, 190, 193; *Voy. Manus* (Per). — olim Judex, p. 193, 194; *Voy. Judex.* — metendis, p. 193, 194, 195; *Voy.* Voué de Metz, Grand voué, Comte voué, *Comes, Major advocatus.*
Alleuf, alleu, *allodium*, mode de tenure de la propriété, p. 25, 192, 225.
Amans, *amanuenses*, p. 1, 2, 34, 35, 74, 75, 76, 80, 86, 97, 102, 103, 109, 137 à 146, 147, 149, 150, 151, 159, 161, 169, 173, 174, 177, 188, 198, 221, 227; *Voy.* Origine, Dénominations, Qualifications, Gardiens, Wardours, Élection, Robe, Serments, Maîtres, Arche, Accord, Style, Amandellerie, Notaires.
Amandellerie, office d'aman, p. 142, 143, 144, 149.
Amanuensis, aman, p. 139, 140; *Voy.* Amans.
Amendes, p. 3, 28, 29, 42, 44, 53, 77, 80, 84, 88, 93, 94, 95, 98, 102, 103, 104, 107, 111, 116, 122, 123, 124,

---

1. Voir, au sujet de cet Index, l'Avertissement qui est en tête de la publication.

129, 133, 142, 150, 151, 152, 153, 154, 156, 157, 158, 187, 192, 197, 209, 219, 221, 229, 230, 231 ; *Voy*. Adras, *Emendatio*, Cloître, Doublement, Ban, Loi, Somme, Esward.
Amis et parents, p. 30, 31, 43, 63, 208, 217, 219, 221, 229, 230, 231 ; *Voy.* Parents.
An et jour, p. 10, 35, 51, 69, 83, 86, 89, 90, 96, 108 ; *Voy.* Saisine.
Ancienne justice (L'), p. 9, 71, 78, 118, 121, 147, 170, 180, 206 ; *Voy*. Comtes jurés.
Appel d'un jugement, p. 2, 3, 13, 29, 30, 36, 42, 43, 44, 45, 47, 70, 87, 105, 108, 123, 126, 163, 166, 180, 181, 203 ; *Voy.* Eswardours, Maître échevin, Treizes, Tenour à rappeler. — (Sans), p. 21, 32, 35, 42, 43, 87, 180, 203 ; *Voy.* Définei.
Arbitrage, arbitre, p. 63, 103, 125, 127, 146, 148, 209, 215, 227 ; *Voy*. Tiers arbitre.
Arche, p. 102, 211, 227 ; *Voy.* Archives, Voltes. — d'Aman, p. 86, 102, 138, 139, 149, 174, 227 ; *Voy.* Amans.
Archives de la ville, p. 219 ; *Voy*. Arche, Voltes.
Argent de tenour, taxe d'une tenour, p. 96, 129, 134 ; *Voy*. Taxe.
Arramir, affirmer par l'*adramitio*, p. 56, 57, 58, 59, 66.
Arrêt du Conseil du roi, p. 172, 173, 174. — du parlement, p 173.
Arson, feu bouté par justice, p. 77, 84, 229 ; *Voy.* Destruction, Feu.
Assensus populi, p. 188, 189, 200, 214.
Asoine ou assoine, exoine, excuse légale, p. 208, 209, 220 ; *Voy.* Soine, Solne.
Assevir un jugement, l'exécuter, p. 20.
Assurement, assurance, garantie, p. 30, 77, 98, 99, 192, 219, 222 ; *Voy.* Exurement, Sûreté, Sauveté.
Atour, loi, p. 3, 4, 17, 18, 21, 26, 29,

30, 31, 32, 35, 37, 38, 39, 45, 51, 53, 62, 63, 66, 68, 71, 72, 73, 76, 77, 79, 81, 84, 86, 87, 89, 90, 92, 93, 94, 95, 98, 100, 103, 105, 109, 112, 115, 117, 118, 119, 121, 123, 124, 125, 126, 128, 129, 130, 132, 133, 134, 135, 139 à 144, 149, 150, 151, 152, 153, 154, 155, 156, 157, 158, 189, 198, 205, 208, 212 ; *Voy.* Lois, Statuts, Quatre nuits, Rébellion, Bataille.
Attributions et fonctions des échevins, p. 179 ; *Voy.* Droit. — des Treizes, p. 2, 70, 82, 85, 101, 106, 113, 118, 167, 168, 179. — du maître échevin, p. 16, 46, 162, 163, 179, 200.
Au meix et à la maison, au domicile, formule de procédure, p. 52, 53, 226 ; *Voy.* Semonce.
Avairer, vérifier, justifier, p. 96 ; *Voy.* Vérité, Savoir, Tenour.
Award ou Awair, p. 10, 84, 91, 107 ; *Voy.* Esward.
Awarderie ; Eswarderie.

B

Bailliage, p. 3, 33, 159, 161, 168, 170, 172, 173, 176, 177, 178.
Ban, pouvoir de contraindre et ses applications, p. 11, 12, 22, 23, 47, 50, 51, 54, 66, 68, 69, 78, 90, 115, 116, 147, 149, 166, 170, 180, 186, 187, 196, 197, 219, 220, 222, 223, 230 ; *Voy. Bannum*, Bans, Banlieue, Banvin, Bannissement, Rembannement. — (Ordonnance sous l'autorité du), p. 17, 197, 205. — (Amende pour le), p. 230.
Bancquet (Le) en la chambre des Treizes, p. 97, 99, 100.
Banlieue, banlue, dépendances du ban de la ville, formant son territoire, p. 195, 223 ; *Voy* Pays.

Bannalia sextaria vini, taxe en nature, p. 156 ; *Voy.* Taxes.

Bannerets, Bannerots, officiers d'ordre inférieur, p. 171.

Banniers, hommes soumis à la supériorité d'un autre, p. 213, 214, 222.

Bannissement, acte ou fait consacré par le ban, p. 205, 222 ; *Voy.* Ban. — du plaid, p. 22, 23, 24, 26, 27, 52, 55, 56, 57, 59, 223 ; *Voy.* Plaid banni. — d'un officier nouvellement institué, p. 223 ; *Voy. Villicus bannalis.* — d'un coupable, exil, p. 102, 104, 142, 205, 208, 212 ; *Voy.* Forjurement.

Bannum palatii, p. 16, 222, 223 ; *Voy.* Ban. — *judicio scabini superpositum,* p. 222, 224 ; *Voy.* Plaid banni.

Bans, dits de tréfond, pour les mutations de propriété, p. 24, 25, 46, 116, 146, 155, 156, 168, 170, 197, 226 ; *Voy.* Prise, Rôle, Tréfond, Loge.

Banvin, privilège de vendre seul son vin, sans concurrence, p. 187, 223.

Bataille (Atour de Thiébault), p. 53, 92, 126.

Battant, bataille, différend, p. 93, 99, 116 ; *Voy.* Querelle.

Besongnes, affaires besongnables, dans l'intérêt et pour l'utilité de la ville ou d'autres, p. 10, 74, 75, 77, 85, 89, 93, 103, 107, 142, 157.

Blanche verge des sergents ; *Voy.* Verge d'argent.

Bouche (Droit, jugement, rapport mis ou venu en la), p. 36, 41, 46, 55, 56, 57, 59, 60, 61, 62, 65, 69, 70, 97, 182, 221 ; *Voy.* Échevin de la cause, Mise, Ore.

Bourgeoisie messine après 1552, p. 160, 164, 165, 167, 172, 175 ; *Voy.* Tiers-État.

Bouter en droit, p. 60 ; *Voy.* Coucher, Mettre, Mise, Droit.

Bullette, impôt, p. 168.

Buste, boîte (Mettre en), mode de tirage au sort, p. 18 ; *Voy.* Dés, Sort.

Butin, profits de justice, p. 29 ; *Voy.* Émoluments.

C

Caractère des Treizes, p. 8, 10, 11, 80, 87, 213.

Castaldi (Tres), officiers, p. 198 ; *Voy.* Decani, Doyens.

Cauteilles ou escheus, terme de procédure, p. 65.

Celle ou selle (La), la salle du palais, p. 26, 39, 49, 126, 133 ; *Voy.* Salle, Selle.

Cens, censal, censaux, mode de tenure de la propriété, p. 25, 225.

Ce se n'est, pour si ce n'est, p. 40, 203.

Cession au roi des droits de l'évêque en 1556 (1557, n. s), p. 165, 175. — des droits des électeurs du maître échevin en 1557, p. 161.

Chaise-Dieu, église, p. 25 ; *Voy.* Églises.

Chambre (La), siège de la justice au palais, p. 20, 31, 74, 79, 82, 88. — des comtes jurés, p 121, 207. — des sauvetés, p. 33. — des Treizes ou du Conseil, p. 17, 46, 48, 79, 82, 91 à 94, 97, 100, 108, 111, 114, 167.

Chambres de l'empereur (Villes dites les), p. 187.

Champ de bataille, duel judiciaire, p. 155, 156, 187, 192, 195, 197, 199, 219 à 221 ; *Voy.* Duel, Test, Honneur.

Changeur, trésorier. — de la cité, p. 151, 168. — des comtes jurés, p. 121, 122, 207. — des Treizes, p. 70, 74.

Chantre, grand chantre, p. 187, 208.

Chaptel, chateis, *capitale,* produit, revenu, valeur mobilière, p. 57, 58, 89, 90, 95, 146.

Chasse, poursuite en justice, p. 38.

Chef d'hôtel, chef de famille, principal habitant d'une maison, p. 141.

Chemins, p. 115, 192, 195.
Chevalerie lorraine (Assises de la), p. 55, 61, 183; *Voy.* Style, Débat, Lorraine.
Chevaliers, *milites*, p. 12, 19, 50, 68, 188, 200, 201, 204, 209, 213, 214, 223, 230; *Voy.* Qualifications.
Chiélairon (Dit pour droit de Ferry), p. 64.
Cité (La), la ville de Metz, p. 3, 19, 44, 45, 46, 150, 152, 153, 154, 155, 158, 186, 189, 213, 217, 218, 225, 230, 231; *Voy.* Droits, Transport.
Civil (Justice au), p. 9, 10, 11, 21, 30, 36, 43, 45, 47, 51, 69, 70, 77, 86, 87, 89, 90, 91, 95, 96, 105, 107, 109, 112, 113, 138, 145, 147, 155, 166, 167, 171, 181, 219, 220, 221, 227. — (Justice des Treizes au), p. 30, 45, 51, 212.
Civis metensis, aux xii° et xiii° s., p. 118, 200, 213, 214.
Clamour en justice, p. 2, 15, 26, 29 à 31, 43, 47, 57, 59, 93, 95, 97, 98, 99, 197, 226; *Voy.* Plainte. — des amis et parents, p. 30.
Clef d'aman, d'arche et d'archives, p. 102, 140, 142.
Clerc, membre du Clergé, p. 99, 213; *Voy.* Clergé. — écrivain, p. 94, 132. — secrétaire particulier, p. 94, 100. — des adjournés, p. 93. — des échevins, p. 25, 39, 41, 157. — des Treizes, p. 97, 99, 100, 157.
Clergé, *Clerus*, p. 18, 19, 137, 138, 160, 175, 188, 189, 200, 205, 213, 214, 223; *Voy.* Clerc, *Clerus*.
Clerus et populus, le peuple de Metz, p. 18, 19, 138, 188, 200, 213, 214.
Cloche sonnant (A), p. 151.
Cloître (Amendes du) pour paix brisée, p. 155; *Voy.* Justice, Clostre, Paix brisée.
Clostre, cloître de la cathédrale, justice de la clostre ou des Treizes, p. 13, 53, 79, 92, 116, 117, 212. — (Tenir la) p. 13, 79, 117; *Voy.* Enclostre, Maire, Treizes.
Cojurateurs, p. 221, 226, 228; *Voy.* Procédure des institutions de paix.
Comes, p. 189, 205; *Voy. Manus* (*Per*). — *in regno Lotharii*, au x° siècle, p. 16. — *prefecturam urbis agens*, au xii° s., p. 190; *Voy.* Comte de Metz, Comte voué.
Commandant de la Citadelle, p. 176. — de la Ville, après 1552, p. 176.
Commandement, mandement, injonction, p. 31, 78, 98, 104, 134, 137. — (Le) de l'évêque, son délégué, p. 187.
Commans, sorte de patronage, p. 216.
Commis, commissaire, p. 19, 30, 136, 137, 142, 148, 171, 175. — des adjournés, p. 167. — enquesteur ou instructeur, p. 171.
Commun (Le), corps de la cité, p. 208, 209, 213, 214, 215, 219, 230; *Voy.* Communauté. — (Paraige du), p. 6, 72, 74, 92, 102, 110, 115, 142, 151, 182.
Communauté urbaine, p. 6, 18, 71, 109, 175, 215; *Voy.* Commun, *Communitas*, Université.
Commune paix de Metz, p. 12, 42, 71, 78, 107, 116, 152, 153, 156, 180, 187, 197, 199, 200, 204, 207, 208, 209, 214, 216, 217, 218, 219, 221, 222, 228, 229, 230; *Voy.* Escrit.
Communitas, p. 11, 71, 85, 215; *Voy.* Commun, Communauté.
Compagnons, membres d'un même corps; Comtes, Échevins, Treizes, etc., p. 57, 58, 60.
Compétence des échevins, p. 2, 10, 31, 32, 35, 42, 43, 47, 48, 50, 69, 83, 86, 87, 88, 147, 165, 179, 189, 200, 226. — des Treizes, p. 2, 11, 13, 43, 44, 45, 51, 69, 70, 78, 80, 82, 83, 84, 85, 86, 88, 90, 91, 94, 95, 96, 101, 106, 107, 116, 118, 167, 180, 181, 207, 212. — du maître échevin,

p. 2, 12, 21, 22, 26, 29, 30, 31, 32, 46, 69, 83, 147, 162, 163. — commune aux échevins et aux Treizes, en certains cas, au civil, p. 83, 86, 87, 88, 89, 91, 94, 96, 105, 107, 108.

Comté de Metz, p. 191, 192; *Voy.* Condition, *Prefectura.*

Comte de Metz, *comes*, p. 12, 13, 118, 120, 154, 186, 187, 189,[1] 190, 191, 192, 194, 195, 207, 218, 219, 220, 221, 223, 230; *Voy.* Quiens, *Comes, Prefectura*, Transport. — du palais, *comes palatii*, p. 189. — voué, *comes advocatus*, p. 118, 153, 154, 158, 187, 190, 191, 194, 195, 206, 214, 217; *Voy.* Dagsbourg, Grand voué. Voué de Metz.

Comtes jurés, p. 3, 4, 6, 8, 9, 13, 14, 43, 71, 72, 77, 78, 80, 81, 83, 85, 88, 98, 105, 106, 107, 109, 118 à 122, 124, 136, 147, 149, 159, 161, 167, 169, 170, 180, 206 à 209, 213, 228; *Voy.* Ancienne justice, Dénominations, Origine, Élection, Serment, Règlement, Chambre, Officiers, Maître, Maîtres, Changeur, Enquesteurs.

Condition du comté de Metz au com{t} du xiiie siècle, p. 191, 192, 207.

Conduit, procédure d'exécution, p. 137.

Confiscation, p. 3, 104, 116, 133, 135, 150, 152, 153, 158, 187, 192, 197, 229, 230.

Conflit de juridiction, p. 14, 19.

Connue chose soit à tous que...., formule des actes d'amans, p. 138, 145.

Conseil de la cité, p. 7, 13, 14, 20, 31, 45, 71, 105, 109, 110 à 114, 124, 135, 142, 147, 151, 178; *Voy.* Grand Conseil, Serment, Secret, Présidence. — (Décisions du), réformables par l'unanimité des Treizes, p. 113. — des Treizes, p. 11, 36, 45, 78, 109, 112, 147. — du maître échevin (les échevins et autres), p. 2, 9, 20, 21, 26, 27, 28, 30, 33, 36, 39, 40, 42, 43, 47, 50, 61, 69, 158, 163, 165, 176, 180, 182, 200, 221; *Voy.* Conseillers, Unanimité, Serment, Secret; — du roi, p. 172, 173, 174, 175.

Conseiller une cause, en décider au Conseil, p. 26, 30, 31, 47, 60, 138; *Voy.* Reconseiller. — (Se), prendre avis ou conseil, p. 75, 138.

Conseillers échevins, après 1552, p. 162, 163, 164, 165, 166, 167, 168, 169, 170, 173, 176, 177, 178; *Voy.* Échevins.

Cons ont bien à savoir tous les démonements et l'ont ce droit, formule de jugement, p. 37, 38 note 3, 61, 62, 64.

Corps d'homme (Affaire pour), p. 9, 26. — (Exécution de), p. 95, 104.

Cortis fidelium episcopi, fin x{e} et xie, xiie, xiiie siècles, p. 16, 200, 223.

Coucher en droit, p. 60; *Voy.* Bouter, Mettre, Mise, Droit.

Coure droit (Plaid pour), procédure, p. 2, 48, 54, 56, 69, 137.

Coustanges, charges fiscales, p. 150, 209; *Voy.* Levée de deniers, Taille.

Grant, engagement, promesse, p. 34, 48, 67, 68, 87, 95, 97, 116, 127, 138. — des parties pour nommer pardezour, p. 97. — en plaid, p. 67, 170, 205.

Créance, avance payée à l'évêque par les maires, à recouvrer par eux, p. 197; *Voy.* Service.

Création de la justice à Metz, de 1557 à 1618, p. 165; *Voy.* Magistrats. — des échevins, p. 2, 48, 49, 179, 203. — des magistrats et officiers, p. 179; *Voy.* Élection. — des Wardours de la paix, p. 208.

Crimes, p. 10, 84, 93, 95, 97, 99, 104, 105, 118, 181, 229; *Voy.* Pusfais.

Criminel (Juridiction des Treizes au), p. 30, 45.

Criminelle (Exécution), p. 77, 120, 137.

Criminelle (Justice), p. 8, 9, 10, 11, 12,

13, 21, 36, 43, 44, 45, 46, 47, 48, 70, 71, 77, 84, 85, 95, 100, 104, 105, 107, 109, 112, 113, 114, 118, 120, 147, 149, 151, 152, 167, 171, 176, 181, 192, 204, 206, 207, 213, 217, 218, 219, 220, 221, 228.
Curtis; Voy. Cortis.

D

Dagsbourg (Comte de), p. 13, 118, 153, 186, 190, 191, 192, 206, 219, 220, 225, 230; *Voy.* Comte de Metz, Grand voué.
Débat (Le) faute d'unanimité aux assises de Lorraine, p. 61.
Decani (Tres), officiers, p. 196, 198. — *Voy. Castaldi,* Doyens.
Définei, diffinei (Juge), p. 44. — (Jugement) du maître Échevin et des Échevins, p. 32, 35, 42, 44, 45, 47, 50, 87; *Voy.* Appel (Sans), Vicaire.
Deffinire, décider, juger, p. 204.
Délais, p. 52, 53, 54, 95, 100, 123, 129; *Voy.* Jours, Nuits, Quatre nuits.
Délivrer un discord, le juger au profit de l'une des parties, p. 95.
Demande (La), procédure, p. 73, 74, 85. — (La), par celui qui dirige une délibération, p. 27, 34, 40, 41, 46, 47, 48, 55, 60, 74, 93, 101, 102, 112, 182.
Demeurer ou rester en sa tenour, procédure, p. 96, 99; *Voy.* Tenour.
Démonement, procédure, p. 2, 15, 24, 25, 26, 27, 28, 29, 31, 32, 36, 37, 42, 47, 48, 56, 61, 62, 63, 64, 69, 81, 125, 126, 128, 129, 132, 133, 148, 180, 227; *Voy.* Entrée, Jugement, Rôle, Mise. — débattu, p. 40.
Démoner, démener, procéder, p. 57, 58, 218.
Dénominations de la communauté urbaine, p. 215. — des amans; *Voy.* Wardours des arches. — des comtes jurés, p. 71, 78. — des échevins; *Voy.* Échevins du palais, Échevins mineurs, Pairs. — des maires; *Voy. Villicus.* — des Treizes, p. 71, 78, 212. — des wardours de la paix, p. 209, 210. — du maître échevin, p. 16, 20, 201, 203.
Députés en cour, après 1552, p. 175.
Dés (Le jeu aux), procédure, p. 3, 70, 84, 101, 102, 103, 106, 122, 141, 182; *Voy.* Buste.
Destroit, *districtus, districtio,* justice, juridiction, p. 23, 186, 187, 220, 222.
Destruction d'héritage et de maison, pénalité, p. 142, 229; *Voy.* Feu, Arson.
Déterminer une cause, décider, juger, p. 26, 31, 42, 43, 44, 47, 63, 83, 84, 85, 97, 100.
Devise, testament, *testamentum,* p. 145, 146, 200, 225.
Diem statuere placito, p. 224; *Voy.* Plaid.
Dit pour droit, jugement des échevins et du maître échevin, p. 2, 15, 27, 28, 31, 32, 34, 38, 45, 48, 62, 64, 180.
Dixière (Le), rapporteur, p. 126.
Doléances après 1552, p. 175.
Donation, *donatio,* p. 133, 146, 192, 194, 205.
Doublement progressif de l'amende, p. 98, 104; *Voy.* Amendes.
Doyen (Hôtel du), prison, p. 30, 44, 104; *Voy.* Prison.
Doyens *decani,* lieutenants des maires, p. 52, 104, 115, 134, 198, 199; *Voy. Castaldi, Decani,* Lieutenant.
Droit (Le), compétence des échevins et du maître échevin, p. 10, 25, 27, 29, 47, 55, 57, 59, 87, 99, 155, 200, 227; *Voy.* Perte. — (Demander), p. 133. — (Demander et dire le plus), p. 40, 41, 47, 126. — (Par), p. 87. — (Rendre), p. 59. — requis, p. 55,

57. — (Mettre en); *Voy.* Bouter, Coucher, Mise. — (Faire), réparer ou punir un tort, p. 176, 214.
Droits de l'empereur à Metz, p. 24, 25, 46, 49, 186, 223, 225. — de l'empereur, de l'évêque et de la cité (Record des), p. 23, 115, 153, 155, 156, 186, 218, 222, 223, 225; *Voy.* Empereur, Évêques, Cité, Comte, Voué, Transport, Politiques.
Duel judiciaire, *duellum*, p. 138, 187, 200, 219, 221, 227; *Voy.* Champ de bataille.
Dux in regno Lotharii, au x° siècle, p. 16.

E

Échevin de la cause ou premier échevin, p. 55, 57, 60, 61, 62, 63, 69, 125, 179, 182; *Voy.* Bouche, Premier.
Échevins, p. 2, 4, 6, 7, 8, 9, 10, 11, 12, 13, 15, 16, 17, 20, 21, 22, 23, 26, 28, 29, 31, 32, 33, 34, 37, 38, 39, 40, 41, 42, 47, 48 à 70, 72, 77, 78, 83, 84, 85, 86, 87, 88, 90, 99, 103, 106, 107, 115, 116, 117, 118, 122, 125, 126, 132, 136, 147, 148, 149, 152, 155, 156, 157, 158, 159, 161, 163, 164, 165, 166, 167, 168, 169, 170, 177, 179, 180, 181, 199, 203 à 206, 209, 210, 213, 214, 222, 223, 224, 231; *Voy.* Dénominations, Qualifications, Pairs du maître échevin, Nombre, Création, Serment, Sachet, Présidence, Maître des échevins, Clerc des échevins, Attributions, Conseil du maître échevin, Compétence, Droit, Palais, Plaid, Procédure, Ouïr droit, Coure droit, Jugement, Unanimité, Conseillers après 1552. — du palais, *scabini palatii*, p. 4, 16, 49, 62, 67, 118, 181, 205, 206. — mineurs, *scabini minores*, p. 13, 118, 206. — royaux de 1640, p. 163, 166, 169, 170.

Échevinage (Record de l'), p. 38, 67, 181.
Ecrit, *scriptum*, titre écrit, p. 134, 138, 139, 205, 221, 227.
Édits royaux, après 1552, p. 163, 166, 172, 173.
Église de Metz, ses droits, p. 73, 115.
Églises, p. 19, 24, 50, 52; *Voy.* Chaise-Dieu, Paroisses.
Élection des amans, p. 140, 141, 142, 143, 179. — des comtes jurés, p. 119, 120, 122. — des eswardours, p. 124, 125. — des maires, p. 115, 197. — des Treizes, p. 2, 72, 106, 175. — du maître échevin, p. 17, 18, 72, 135, 161, 200, 201.
Élections populaires après 1552, p. 162.
Emendatio forefactorum, p. 11, 71, 85; *Voy.* Amendes.
Émeute, p. 77, 116, 197, 199, 208, 219; *Voy.* Hahay, Tumulte.
Émoluments, p. 2, 48, 67, 68, 151, 152, 155, 156, 157, 159, 172; *Voy.* Butin, Produits, Part, Partage.
Empereur, p. 16, 20, 23, 24, 25, 49, 71, 76, 115, 147, 186, 189, 197, 222, 223, 225, 230; *Voy.* Droits, Lieutenant, Vicaire, Juridiction, Salle.
Enchuit, *escheu*, p. 126; *Voy.* Escheus.
Enclostre, p. 53, 79, 116; *Voy.* Clostre, Amendes.
Enfants, p. 145, 220, 221; *Voy.* Mineurs, Orphelins.
Enquesteurs des comtes jurés, p. 121, 207. — des Treizes, p. 83, 84, 85, 88, 99, 100, 103, 107; *Voy.* Commis.
Enquête, p. 38, 84, 93, 98, 99, 100, 120, 126, 132, 171, 208, 209; *Voy.* Savoir.
Entrée ou démonement, p. 37, 38, 48, 61, 62, 63, 64; *Voy.* Démonement.
Épiscopales (Institutions), p. 71, 72; *Voy.* Juridiction.
Escevir, échevir, achever, accomplir, exécuter, p. 127.

Escheus (Les trois), procédure, p. 48, 65, 66, 70, 100, 126, 133, 134 ; *Voy.* Enchuit.
Escord, accord, p. 4, 20, 26, 84, 85, 111 ; *Voy.* Accord.
Escordeire, accordeur, p. 75 ; *Voy.* Accordours.
Escrit de la paix (L'), la lettre de commune paix, p. 218 ; *Voy.* Commune paix, Parchemin scellé, Record.
Estache ; *Voy.* Staiche.
Estault, procédure, p. 48, 50, 67, 68, 116, 137, 155, 168, 170, 205.
Esward, appréciation, jugement, procédure, p. 74, 75, 83, 84, 88, 92, 124, 152, 153 ; *Voy.* Award, Reward, Mettre (Se). — amende arbitraire, p. 70, 83, 84, 85, 92, 95, 103, 107, 133, 152, 158, 230 ; *Voy.* Amendes.
Eswarder, aviser, surveiller, juger, p. 123.
Eswarderie, awarderie, office des eswardours, p. 92, 124.
Eswardours, officiers, p. 3, 71, 77, 92, 105, 109, 122 à 125, 132, 136, 143, 147, 148, 150, 159, 161, 169, 171, 203 ; *Voy.* Appel, Élection, Treizes.
Eswards des adjournés, p. 10, 70, 74, 83, 84, 85, 86, 89, 90, 91, 92, 96, 97, 103, 107, 122, 124 ; *Voy.* Sept des eswards.
États (Les), p. 3, 174 ; *Voy.* Trois Ordres.
Évêques de Metz, p. 1, 3, 6, 12, 13, 16, 17, 18, 19, 23, 25, 72, 73, 106, 115, 147, 150, 153, 154, 158, 161, 165, 175, 185, 186, 187, 189, 197, 208, 214, 215, 217, 218, 219, 220, 222, 223, 225, 226, 230, 231 ; *Voy.* Droits, Officiers, Hommage, Juridiction. *Manus* (*Per*), Transport.
Exceptions judiciaires, p. 32, 64.
Exécution (Droit et procédure d'), p. 11, 19, 20, 53, 70, 71, 77, 89, 90, 104, 107, 123, 127, 149, 231. — (Actes d'), p. 135, 136, 193, 204. — (Agents d'), p. 134, 193, 230. — criminelle, p. 120, 137, 149, 209, 229, 230 ; *Voy.* Justice. — judiciaire, p. 19, 43, 44, 51, 74, 95, 104, 114, 123, 127, 134, 149, 172, 214.
Exploit, pièce de procédure, p. 56, 58, 66, 94, 137, 172.
Exurement, assurement, p. 101 ; *Voy.* Assurement.
Exurier, donner exurement, assurement, p. 102 ; *Voy.* Exurement.

F

Faire plaisir de…, gratifier de…, p. 67.
Fauté, féauté, *fidelitas*, corps des sujets de la seigneurie, p. 115, 197, 203, 204 ; *Voy.* Hommes de St-Étienne.
Féeir, inféoder, p. 214 ; *Voy.* Fief, Féodal (Régime).
Félonie, trahison, p. 192, 220, 221.
Femme, p. 19, 30, 50, 86, 145, 220, 221.
Féodal (Régime), p. 187, 189, 192, 194, 196, 201, 214 ; *Voy.* Fief, Féeir.
Feu (Exécution de corps par le), p. 104. — bouté par justice, p. 104 ; *Voy.* Arson, Destruction.
Fideles episcopi, p. 200, 223 ; *Voy. Cortis.*
Fief, p. 19, 192, 194, 195, 196 ; *Voy.* Féodal (Régime), Féeir.
Finances de la cité, p. 124, 150, 151, 209 ; *Voy.* Transport.
Flandres (Villes de), p. 11, 85, 88.
Fonc ou fonds (Le) et la roie ou raie, caractères d'un immeuble, p. 10, 51 ; *Voy.* Roie.
Forains, étrangers, p. 77, 93, 101, 102, 104, 192, 208, 221, 222, 229 ; *Voy.* Voisins.
Force faite, p. 10, 52, 83, 219.
Forefacta, violences, torts, p. 11, 71, 85.
Forjugement, forjuger, procédure, p. 219, 229.

Forjurement, forjurer (procédure), p. 229; *Voy.* Bannissement, Jeter fuer.
Formules de procédure, p. 4, 8, 144, 145, 181; *Voy.* Style.
Fortes-maisons défendables, p. 187, 217.
Frairies, associations, p. 216.
Franc-métier, métier exercé en franchise, p. 187; *Voy.* Solchiers.
Francs-hommes du palais, p. 118, 192, 213, 214, 223, 225.
Frères, p. 140.

G

Gage, p. 30, 77, 86, 104, 116, 122, 135, 137, 221.
Gagière, mode de tenure de la propriété, p. 86, 145, 146; *Voy.* Tenure.
Gagner la journée, procédure des Treizes, p. 74, 84, 91, 99, 101, 102, 103, 106, 182, 188; *Voy.* Dés.
Garde, *tuitio, defensio*, p. 74, 77, 136, 194, 214; *Voy.* Sauveté. — de la cité (Mise hors la), p. 104.
Gardiens des arches de paroisse, p. 139, 140; *Voy.* Amans, Wardours.
Géhenner, torturer, p. 30; *Voy.* Torture.
Gouvernement de la cité, p. 7, 8, 16, 76, 77, 78, 85, 103, 107, 112, 113, 116, 119, 124, 150, 154, 160, 179.
Gouverneur (Le) après 1552, p. 3, 159, 160, 161, 162, 164, 176, 178.
Grand cartulaire de la cité, p. 1, 3, 86, 139, 157, 193.
Grand Conseil (Le), p. 2, 3, 7, 9, 14, 20, 36, 44, 45, 46, 48, 76, 77, 78, 108, 109 à 114, 124, 147, 149, 161, 163, 168, 169, 179; *Voy.* Conseil de la cité, Présidence, Serment. — après 1552, p. 159, 161, 163, 166, 169, 176.

Grand Voué, p. 190, 191, 192, 193, 214, 218, 220, 223, 230; *Voy.* Comte de Metz, Comte voué, *Advocatus, Major advocatus*, Dagsbourg.
Greffier des sauvetés, p. 33.
Guerres privées, mortelle guerre, p. 208, 217, 219.

H

Hahay, tumulte, émeute, p. 93, 99.
Haut palais, étage supérieur du palais auquel conduisait un escalier extérieur, p. 25.
Hérédité, p. 194, 195, 200, 214.
Héritage, immeuble, p. 10, 51, 69, 83, 86, 89, 90, 93, 95, 96, 98, 99, 104, 115, 142, 146, 189.
Hommage du maître échevin à l'évêque, *hominium*, p. 201; *Voy.* Investiture.
Hommes, sujets. — de Saint-Étienne, p. 115, 197, 213, 214; *Voy.* Fauté. — du commun, p. 119, 120; *Voy.* Populaire (Classe), Commun. — propres, p. 214; *Voy.* Servile (Condition).
Honesti viri, 1214, bonshommes, p. 118; *Voy.* Prud'hommes.
Honneur (La lettre d'),—(Recouvrer son), procédure des duels judiciaires, p. 220; *Voy.* Champ de bataille.
Hôtel de ville et ses officiers et agents, p. 163, 168, 172.
Huchement, proclamation publique, mandement, p. 13, 55, 76, 77, 137. — sur la pierre, p. 53, 98, 104.
Hucher, faire huchement, appeler, mander, proclamer, p. 20, 34, 55, 59, 74, 81, 98, 110, 135. — le Conseil, p. 111, 119. — le plaid, p. 55.
Huge, coffre, p. 142, 151.
Huis-clos, procédure, p. 33, 34.
Hypothèque, p. 86.

I

Incidents du plaid, p. 51, 59, 64.
Incompatibilité de fonctions, p. 17, 76, 117, 118, 129, 130, 131.
Inédits (Textes), p. 4, 10, 32, 36, 38, 40, 54, 63, 74, 75, 80, 81, 84, 85, 93, 101, 118, 127, 139, 145, 186, 193.
Injures, p. 10, 83, 84, 122, 181, 221.
Institutions de Metz, après 1552, p. 3, 15. — judiciaires en général, p. 179, 183, 184. — judiciaires à Metz en particulier, p. 12, 174, 178, 179, 184, 185, 195, 207; *Voy.* Paix.
Instruction judiciaire, p. 125, 126, 148, 171; *Voy.* Enquête, Enquesteurs.
Investiture, p. 201; *Voy.* Hommage.

J

Jeter fuer de la ville, bannir, exiler, p. 102; *Voy.* Forjurement, Bannissement.
Jetons aux noms et armes des maîtres échevins, p. 162.
Jeu (Dettes de), p. 145. — Procédure; *Voy.* Dés.
Journées des Treizes (Les), p. 3, 70, 74, 82, 84, 88, 89, 90, 92, 93, 94, 96, 99, 100, 101, 106, 107, 108, 111, 122, 137, 182. — tenues par six Treizes au moins, p. 101, 106; *Voy.* Pleine chambre.
Jours de délai, p. 95, 100, 120; *Voy.* Délais, Nuits.
Judex, Judex advocatus, p. 188, 193, 194; *Voy.* Voué de Metz.
Juge impérial, p. 44; *Voy.* Défunci.
Jugement, p. 3, 8, 36, 42, 49, 51, 55, 57, 60, 61, 63, 64, 70, 77, 78, 87, 89, 90, 91, 123, 127, 132, 219, 224, 226, 227, 228; *Voy.* Porté-fuer. — des échevins, p. 31, 32, 57, 59, 60, 61, 65, 66, 69, 70, 89, 100, 104, 123, 204, 214, 224; *Voy.* Unanimité, *Sententia.* — des Treizes, p. 41, 44, 88, 89, 101, 104, 121, 127, 131, 132, 180. — d'un démonement, p. 64; *Voy.* Démonement. — du maître échevin, p. 19, 27, 28, 31, 32, 40, 48, 50, 77, 78, 104, 115, 123, 126, 209, 224; *Voy.* Unanimité, Appel.
Jugements des maîtres échevins (Recueil des), p. 4, 48.
Jurati (Tredecim), p. 71, 205, 211; *Voy.* Treizes.
Jurer qu'on a bon droit, p. 60, 96, 133, 219, 220.
Juridiction, p. 7, 8, 9, 16, 77, 78, 82, 109, 116, 119, 120, 122, 124, 137, 147, 150, 154, 156, 160, 161, 170, 172, 173, 176, 208, 222; *Voy.* Justice, Compétence. — épiscopale, p. 12, 73, 188, 189, 200, 209, 212, 222, 223, 224, 226, 231. — impériale, p. 16, 23, 27, 71. — municipale, p. 134. — royale, p. 178. — supérieure ou d'appel, après 1552, p. 160, 163, 166, 176, 177, 178. — inférieure ou de première instance, après 1552, p. 160, 161, 162, 166, 167, 177, 178.
Juridicus, qualification du maître échevin, p. 16, 200, 202; *Voy. Legislator.*
Jurue (Paraige de), p. 6.
Jus (Mettre), mettre bas, abandonner, p. 129. — (Remettre en), annuler, remettre en question, p. 111; *Voy.* Réformation.
Justice (Droit de), p. 151, 186; *Voy.* Juridiction. — (La), corps de magistrats, p. 1, 9, 13, 19, 20, 38, 71, 72, 77, 94, 110, 112, 120, 124, 125, 133, 134, 142, 157, 176, 206, 209, 219, 221, 227; *Voy.* Ancienne justice (L'), Treizes (Les). — du cloître, p. 79, 155, 212; *Voy.* Amendes, Cloître. — (Une), exécution criminelle, p. 230; *Voy.* Exécution.

K

Keure, constitution, statut des villes de Flandres, p. 11.
Keurmann, *choremanni*, officiers des villes de Flandres, p. 11, 71, 85, 88.

L

Larcin, p. 104, 192, 220, 221; *Voy.* Vol, Roberie.
Layée en plaid, procédure, p. 48, 67, 132, 170, 205.
Legislator, qualification du maître échevin, p. 16, 200, 201; *Voy. Juridicus.*
Leu de ban, siège de justice mis sous le ban, tribunal des échevins, p. 23, 48, 51, 55, 62, 67, 89, 116, 117, 156, 197, 222; *Voy.* Semonce.
Levée de deniers, perceptions diverses, p. 116, 121, 124, 137; *Voy.* Coustanges, Taille.
Lieutenant de l'Empereur à Metz (Le maître échevin), p. 16, 20, 26, 42, 45, 203; *Voy.* Vicaire. — de maire, ou doyen, p. 25, 52, 115; *Voy.* Doyens. — du gouverneur, après 1552, p. 164, 176.
Linaige, lignage, famille de paraige, p. 130, 143, 144.
Livre, monnoie de compte, p. 96, 98, 102, 133, 134, 135, 141, 142, 145, 151, 153, 157, 173.
Livrée (Robe de), p. 136.
Loge au Champ-à-Seille (La), un des lieux de tenue des plaids annaux, p. 24, 25; *Voy.* Bans, Plaids annaux.
Loi, affirmation par serment, p. 66, 218, 228, 230. — des exploits, p. 48, 66, 70. — (Amende pour la), p. 230.
Lois, p. 216, 217, 218, 219; *Voy.* Atours, Statuts, Ordonnances.

Lorraine (Duc et duché de), p. 115, 191; *Voy.* Chevalerie, *Lotharii regnum.*
Lotharii regnum, Lorraine au xe siècle, p. 16, 115.

M

Magister metensis ou *civium metensium*, p. 16, 202. — *scabinorum, magister scabinus*, p. 16, 201, 202; *Voy.* Maître échevin.
Magistrats de la cité, créés au nom du roi, après 1552, p. 161, 162, 164, 165, 167, 176, 177, 178; *Voy.* Création.
Mainbour, tuteur, p. 9, 29, 34.
Mainburnie, tutelle, p. 2, 15, 26, 29, 31, 33, 34, 47, 86, 138, 145, 146, 155.
Maiour, Maiours, certains cas du mot maire dans la déclinaison du xiiie s., p. 4, 52, 62; *Voy.* Maires.
Maire de la clostre ou de l'enclostre, p. 53, 116. — royal de 1640, p. 163, 166, 169, 170, 176.
Maires (Les trois), p. 1, 3, 4, 6, 11, 12, 21, 22, 23, 24, 25, 26, 27, 29, 30, 33, 47, 50, 51, 52, 54, 55, 56, 57, 58, 59, 60, 62, 69, 70, 72, 78, 87, 90, 109, 115 à 118, 122, 132, 134, 147, 149, 152, 155, 156, 157, 158, 159, 161, 166, 168, 169, 170, 177, 179, 180, 182, 192, 195, 196, 197, 198, 209, 220, 223, 230; *Voy.* Origine, Dénominations, Élection, Lieutenant, Doyens, Maiours, Mairie, *Villicus*. — dans les seigneuries, p. 146, 196, 198; *Voy. Villicus.*
Mairie, office de maire et territoire où il s'exerce, p. 24, 49, 178, 192, 195.
Mairies (Les trois), p. 24, 49; *Voy.* Outre-Moselle, Porsaillis, Porte-Moselle.
Maître de la monnaie de Metz, p. 165. — des comtes jurés, p. 121, 122, 207. — des échevins, p. 25, 49, 181. —

des mutiers et tonneliers, p. 170. — des Treizes, p. 70, 73, 74, 75, 84, 85, 91, 93, 101, 102, 103, 111, 122, 135, 181, 182. — sergent, p. 74, 111, 135, 136; *Voy.* Sergents.

Maître échevin, p. 2, 4, 6, 7, 8, 9, 10, 11, 12, 13, 14, 15 à 49, 51, 61, 63, 68, 69, 72, 76, 77, 78, 90, 105, 106, 108, 110, 111, 112, 113, 114, 115, 116, 117, 121, 122, 124, 125, 126, 128, 129, 130, 131, 133, 135, 136, 137, 138, 141, 142, 145, 146, 148, 149, 151, 152, 155, 157, 158, 159, 161, 162, 163, 164, 165, 166, 167, 168, 169, 170, 171, 173, 175, 176, 178, 179, 180, 181, 182, 183, 188, 199 à 203, 208, 209, 210, 220, 223, 224, 231; *Voy.* Origine, Dénominations, Prince, *Juridicus*, *Legislator*, *Major scabinus*, *Primus scabinus*, *Scabinus*, Vicaire, Lieutenant, Élection, Jetons, Robe, Hommage, Serment, Conseil, Conseillers, Pairs, Attributions, Compétence, Procédure, Plaid, Plaids annaux, Jugement, Jugements, Appel.

Maître échevinage (Record du), p. 29, 31, 34, 35, 44.

Maîtres de la bullette, p. 168. — de la maltôte, p. 168. — de la rivière, p. 153. — de l'hôpital (Les quatre), p. 151. — de l'hôpital Saint-Jacques, p. 168. — de l'hôpital Saint-Nicolas, p. 151, 168. — des amans (Les deux), p. 145. — des chemins et pavés, p. 168. — des comtes jurés (Les deux), p. 121. — des moulins, p. 168; *Voy.* Maître.

Major advocatus, p. 190, 191; *Voy.* Grand voué.

Major scabinus, p. 16, 202; *Voy.* Maître échevin.

Majorité des voix (A la), p. 122, 208.

Mallum, p. 16, 204, 205.

Manants, p. 28, 47, 93; *Voy.* Hommes, Peuple.

Manches blanches (Les), p. 172; *Voy.* Sergents.

Manum investire ou *devestire*, p. 197; *Voy.* Vesture.

Manus (Per) *episcopi*, p. 193. — *advocati*, p. 193, 194. — *comitis in senatu metensi*, p. 192.

Marchand, marchandise, p. 134, 165.

Marderin, martre, fourrure de prix, p. 195, 199.

Mariage, p. 86, 140, 145.

Méfait, p. 84, 98, 99, 107; *Voy.* Pusfais, Crime.

Meix, jardin, p. 52, 53, 226; *Voy.* Au meix.

Mestier en est, terme de procédure, p. 65.

Métiers, p. 155.

Mettre au, en, pour, par; *Voy.* Mettre (se), Mise. — le ban, p. 23, 25, 197.

Mettre (Se) en award ou esward, procédure, p. 91; *Voy.* Esward. — en droit, procédure, p. 60; *Voy.* Droit, Bouter, Coucher, Mettre, Mise.

Meurtre, p. 104, 229.

Midi, p. 54, 57, 93; *Voy.* None.

Mieux-value, profit, p. 50.

Mineurs (Enfants), p. 9, 26, 29, 33, 34, 47, 138, 163, 166; *Voy.* Orphelins.

Minister, ministri, p. 187, 196, 222.

Mise, commission, p. 130. — (Condamné par la), p. 97. — (Rapport de), p. 127. — au pardezour, p. 97, 125, 126, 127, 148; *Voy.* Pardezour. — de démonement, p. 132; *Voy.* Démonement. — de tenour, p. 132; *Voy.* Tenour. — du droit ou du jugement dans la bouche d'un échevin, p. 182. — en démonement, p. 37, 64; *Voy.* Démonement. — en droit, p. 2, 15, 21, 27, 29, 31, 32, 33, 38, 47, 63, 197; *Voy.* Droit. — en table, p. 91, 104, 113; *Voy.* Table. — jus, abandon, délaissement, p. 129. — en jugement, p. 25, 30, 33, 34. — en leu de ban, p. 48, 51, 52;

Voy. Semonce. — en neuve terre, p. 146. — on savoir, au savoir, pour savoir, p. 126. — par jugement, p. 126. — pour tenour, p. 126 ; *Voy.* Tenour. — hors la garde ; *Voy.* Garde.

Mobiliers (Biens meubles, ou), p. 146.

Mœurs publiques, p. 216.

Mois (Durée de un ou plusieurs), p. 94, 95, 100.

Moitié (Louage et exploitation de terres à), p. 146.

Monnaie de Metz, p. 165, 169, 187. — (Valeur de la), p. 102.

Monstrance, preuves et leur production, p. 36, 63, 95, 98, 100, 129.

Mot (Dire le), procédure des duels judiciaires, p. 220.

Muids ou meuds (Vérification des), p. 116, 156, 168, 170, 205.

Municipalité, corps municipal aux xvii⁰ et xviii⁰ siècles, p. 166, 169, 170.

Murailles, enceinte de la cité, p. 77, 136.

Mutation de propriété, p. 24, 46 ; *Voy.* Bans.

Mutier, faiseur de muids, p. 156.

Mutilation pénale, p. 104, 219, 220, 229 ; *Voy.* Oreilles.

N

Nation de Metz (La), p. 75, 120, 140, 143, 144, 149, 167, 176 ; *Voy.* Peuple.

Nobles, noblesse, p. 160, 175, 189 ; *Voy.* Paraiges.

Nombre des échevins, p. 49.

None, heure de midi, p. 54.

Notaires apostoliques, impériaux, royaux, p. 30, 146, 150, 173 ; *Voy.* Amans. — royaux de 1634, 1641, p. 173, 177 ; *Voy.* Tabellion.

Noyade, p. 104, 105, 231.

Nuits de délai (Demander, avoir, prendre, faire ses), p. 52, 62, 63, 64, 65, 95 ; *Voy.* Délais, Jours, Quatre-Nuits.

O

Obligations, p. 104, 116, 138, 139, 146.

Officiers des comtes jurés, p. 121 ; *Voy.* Changeur, Enquesteurs, Maître, Maîtres. — des Treizes, p. 74 ; *Voy.* Changeur, Enquesteurs, Clerc, Maître, Accordours, Révélours, — du roi, après 1552, p. 172, 175. — du souverain, p. 151. — épiscopaux, *ministeriales, ministri*, p. 72, 73, 115, 187 ; *Voy. Minister*, Commandement.

Ordonnance de l'échevin pour nommer pardezour, p. 39, 62, 63, 125, 128 ; *Voy.* Pardezour.

Ordonnances de justice de 1555 à 1629, p. 171, 172, 173, 176. — de la cité, p. 73, 76, 79, 84, 95, 110, 112, 126, 131, 135, 144, 152, 169, 216 ; *Voy.* Statuts, Atours.

Ore scabini majoris, p. 200 ; *Voy.* Bouche.

Oreilles (Mutilation pénale des), p. 104.

Origine des amans, p. 138, 139. — des comtes jurés, p. 206. — des maires, p. 196. — des pardezours, p. 125, 127. — des Treizes, p. 8, 70, 71, 106, 180, 211. — des wardours de la paix, p. 208. — du maître-eschevinat, p. 15, 16.

Orphelins, p. 19, 50 ; *Voy.* Mineurs.

Ouïr droit (Plaid pour), procédure devant le maître échevin et les échevins, p. 2, 30, 48, 56, 59, 60, 64, 69, 137.

Outre-Moselle (Maire et mairie d'), p. 196.

Outre-Seille (Paraige d'), p. 6.

P

Pairs du maître échevin (Les échevins), p. 19, 26, 27, 32, 38, 50, 63, 126, 158, 180, 200, 205.

Paix (Institutions de), p. 11, 12, 209,

217, 219, 226, 228; *Voy.* Commune paix, Procédure. — brisée, p. 12, 229; *Voy.* Cloître. — de teneur (Faire), p. 96, 129; *Voy.* Teneur.

Palais (Le), *palatium*, p. 16, 23, 24, 25, 26, 27, 43, 54, 79, 108, 111, 117, 118, 121, 187, 189, 192, 200, 204, 223; *Voy.* Chambre. — (Juridiction du), p. 26, 45, 223; *Voy. Bannum, Comes*, Comte, Maître échevin, Échevins, *Scabini*, Style.

Pannie, prise de gages ou reprise de biens revendiqués, p. 77, 116, 208, 214, 221, 222.

Papier des Eswardours (Le), rôle d'enregistrement tenu par les Eswardours, p. 132. — des Treizes (Le), rôle d'enregistrement tenu par les Treizes, p. 132; *Voy.* Table.

Paraiges, groupes politiques, p. 1, 5, 6, 14, 17, 18, 20, 40, 44, 45, 47, 49, 50, 68, 72, 73, 74, 75, 76, 77, 92, 102, 106, 109, 110, 115, 119, 120, 124, 127, 128, 129, 130, 131, 136, 142, 143, 144, 147, 148, 149, 151, 154, 157, 158, 160, 161, 164, 167, 168, 169, 173, 175, 177, 180, 182, 215, 216, 217; *Voy.* Porte-Moselle, Jurue, Saint-Martin, Porsaillis, Outre-Seille, Commun.

Parchemin (Titre écrit sur), p. 28, 39, 127, 131. — d'échevins, jugement ou pièce de procédure des échevins, 39. — de plaid, p. 87. — des Treizes, jugement ou pièce de procédure des Treizes, p. 131.

Parchemin scellé, p. 218, 219; *Voy.* Escrit de la paix.

Pardezour, p. 3, 24, 25, 38, 39, 41, 62, 63, 76, 97, 107, 109, 125 à 131, 147, 148, 150, 151, 159, 161, 169, 171, 200, 209, 227; *Voy.* Sept, Accord, Crant, Mise, Origine, Rapport, Ordonnance de l'échevin.

Parents, parenté, p. 128, 133, 208, 209,

217, 219, 229, 230, 231; *Voy.* Amis. — de paraige, p. 99, 208, 217.

Parlement, p. 3, 159, 160, 161, 163, 169, 172, 173, 176, 177, 178.

Paroisses (Les), p. 7, 119, 120, 124, 139, 140, 141, 143, 144, 145, 147, 149, 162, 171, 207; *Voy.* Églises.

Parson, partage, p. 76, 145.

Part des Treizes aux produits de la justice, p. 3, 68, 96, 151, 152, 153, 154, 155, 157, 158, 209.

Partage des produits de la justice, p. 3, 68, 96, 151, 152, 153, 154, 155, 156, 157, 158, 192, 209, 230; *Voy.* Part.

Past, repas, p. 145.

Pauvres, p. 50. — (Bureau des), p. 172. — (Quêtes pour les), p. 172.

Pays entour la cité, p. 132; *Voy.* Banlieue.

Peines pécuniaires, p. 151.

Pénalité, p. 3, 70, 95, 104, 136, 151, 229, 230.

Père et fils, p. 140.

Personnes amenées en justice, p. 94, 100.

Perte du droit, p. 67, 155.

Peuple de Metz (Le), p. 138, 213, 214, 215; *Voy. Clerus et populus, Populus, Civis*, Hommes de Saint-Étienne, Commun, Communauté urbaine, Nation, Manants.

Peut, peute (Patois messin), laid, laide, p. 84; *Voy.* Pusfais.

Plaies, p. 77.

Placitum bannale et legale, p. 12, 13, 22, 47, 50, 115, 118, 147, 170, 177, 188, 197, 200, 204, 211, 223, 224, 225; *Voy.* Plaid banni.

Plaid, procès, affaire judiciaire, séance de justice, p. 2, 25, 27, 30, 39, 48, 54, 87, 126, 131, 137, 156; *Voy. Diem*, Séances, *Presentid, Verbum.* — banni, p. 2, 11, 13, 22, 23, 47, 48, 50, 51, 54, 65, 66, 68, 78, 79, 115,

116, 117, 147, 155, 166, 170, 177, 179, 180, 197, 198, 200, 204, 211, 222, 223, 224, 225; *Voy*. **Placitum bannale et legale**, Bannissement, Actes.
— (Être en), p. 87. — des échevins, p. 22, 23, 48, 51, 69, 93, 116, 117, 131, 133, 137, 179, 181, 200, 226; *Voy*. Coure droit, Ouïr droit, *Verbum*.
— du maître échevin, p. 20, 22, 23, 26, 27, 29, 33, 46, 68, 69, 116, 126, 137, 158, 181, 182, 226; *Voy*. Advis, Démonement, Plaids annaux, *Verbum*.
— Monseigneur, p. 23, 25, 27, 55, 188, 226.

Plaids annaux, p. 2, 20, 23, 25, 39, 46, 49, 68, 116, 126, 137, 155, 197, 214, 223, 225, 226.

Plaidiours, avocats, p. 3, 29, 30, 60, 63, 65, 94, 100, 109, 131 à 134, 143, 147, 148, 150, 152, 159, 161, 169, 171, 175; *Voy*. Serment.

Plainte conseillée, c.-à-d. examinée par le Conseil du maître échevin, p. 44, 200.
— déterminée, c.-à-d. jugée par la Justice, p. 43, 44. — en justice, *querela*, p. 17, 26, 29, 30, 31, 36, 43, 46, 47, 55, 93, 97, 98, 120, 121, 123, 200, 223; *Voy*. Clamour. — reçue ou à recevoir, p. 31, 43, 44, 223.

Plégerie, garantie, p. 146, 200.

Pleine chambre des Treizes (En), p. 30, 100, 108, 167; *Voy*. Journées.

Poinne de l'escord (La), peine pour la violation de l'accord (des Treizes), p. 111; *Voy*. Accord rompu, Violation.

Poissons (Présents de), p. 151.

Police, p. 10, 21, 77, 88, 90, 93, 95, 100, 121, 136, 148, 149, 166, 171, 172, 217. — du corps des comtes, p. 122. — du corps des Treizes; *Voy*. Maître, Maîtres, Accordours, Révélours.

Politiques (Intérêts et droits), p. 175.

Populaire (Classe), p. 7, 18, 77, 118, 119, 124, 147, 162, 175, 207; *Voy*. Hommes du commun. *Populus*, Peuple.

Populus, p. 18, 19, 138, 200; *Voy*. Peuple, Populaire, Nation.

Porofferte en plaid, procédure, p. 48, 67, 116, 170, 205.

Porsaillis (Maire et mairie de), p. 118, 196. — (Paraige de), p. 6.

Porté-fuer, sentence, jugement, décision, p. 19, 36, 111; *Voy*. Sentence. Jugement, *Sententia*.

Porte-Moselle (Maire et mairie de), p. 25, 196. — (Paraige de), p. 6.

Porter-fuer, sentencier, juger, p. 14, 19, 26, 29, 36, 39, 45, 95, 111, 120.

Possessoire (Au), p. 90.

Postimaire, maire de Porte-Moselle, p. 197.

Prefectura urbis, p. 190; *Voy*. Comté, Comte de Metz, *Comes*.

Premier échevin, p. 55, 56, 57, 69; *Voy*. Échevin de la cause.

Prescription, p. 62.

Préséance, p. 60.

Presentiá episcopi (*Placitum in*), p. 188, 226, 227; *Voy*. Plaid.

Présidence des États ou Trois Ordres, p. 175. — des Treizes, p. 73, 74, 181, 182. — du Conseil ou Grand Conseil, p. 112, 179. — du plaid d'échevins, p. 70, 181; *Voy*. Échevin de la cause. Premier échevin.

Président royal, après 1552, p. 3, 159, 160, 161, 162, 163, 167, 169, 172, 176, 178.

Prévôté, p. 173.

Preuves, p. 63, 100; *Voy*. Monstrances.

Primus scabinus, le maître échevin, p. 8, 200, 201. *Voy*. Échevin de la cause. Premier échevin.

Prince de la Cité (Le maître échevin), p. 20, 42.

Princier, de la cathédrale, p. 17, 18, 151, 161, 164, 175, 200, 213.

Prise de ban, p. 24, 116, 146, 155, 156, 168, 170, 205; *Voy*. Ban, Bans. — de corps, p. 116. — de gage, p. 135, 137.

— des quatre-nuits, p. 48, 64, 70 ; Voy. Nuits, Quatre-Nuits.

Prison, p. 43, 104, 137 ; Voy. Doyen (Hôtel du), Prisonnier.

Prisonnier, p. 116, 137, 197 ; Voy. Prison.

Procédure, p. 70, 80, 171, 176, 181.
— (pièces de), p. 3, 4, 5 ; Voy. Parchemin, Tarifs, Taxe, Taxes, — des échevins, p. 51, 87, 100 ; Voy. Mise en droit, Dit pour droit, Semonce, Semondre, Adjournement, Coure droit, Ouïr droit, Plaid, Plaid banni, Bannissement, Rembannement, Advis, Démonement, Nuits, Escheus, Verbum. — des institutions de paix, p. 228. — des Treizes, p. 3, 80, 82, 87, 88, 89, 94 à 105 ; Voy. Accord, Dés, Adjournés, Eswarder, Esward, Eswardours, Appel. — du maître échevin ; Voy. Plaids annaux, Sauvetés, Appel, Advis, Démonement, Mise en droit, Dit pour droit, Jugement, Porté-fuer, Verbum.

Procureur, p. 94, 171. — général du président, après 1552, p. 162, 176.

Produits, revenus, p. 89, 95, 99. — de la justice, p. 2, 3, 29, 48, 50, 67, 68, 93, 136, 150 à 159, 230 ; Voy. Amendes, Confiscation, Tarifs, Taxe, Taxes, Émoluments, Argent.

Propriété (La), p. 145 ; Voy. Héritage.

Protecteur du Saint-Empire, après 1552 (Le roi), p. 174.

Prud'hommes, p. 81, 92, 103, 122, 123, 124, 128, 140, 142, 151, 209, 234 ; Voy. Honesti viri.

Pusfais, peuts faits, méfaits, p. 70, 83, 84, 85, 88, 91, 103, 107 ; Voy. Crimes, Peut.

Q

Qualifications d'aman, de chevalier, d'échevin, p. 68 ; Voy. Dénominations, Legislator, Juridicus.

Quatre-Nuits (Droit et atour des), p. 32, 64 ; Voy. Nuits, Prise, Délais.

Quatre-Temps (Jours de), p. 54, 64.

Querelle, différend, plainte en justice, p. 89, 94, 95, 99, 132, 137 ; Voy. Battant.

Quiens, cueus, comte, p. 221 ; Voy. Comte.

R

Rachat, p. 146.

Radracier ou radrassier un jugement, p. 42, 228 ; Voy. Adrassier.

Rapport, procédure. — de mise, p. 127.
— de pardezour, p. 41, 63, 126, 127, 128, 129, 130, 131, 148, 212, 227.
— de tenour, 126. — de Treize, p. 97, 98, 99. — en plaid, p. 209, 224, 226, 227 ; Voy. Relatio.

Rayer, arracher, p. 58.

Rébellion (Atour de la), p. 124, 125, 128, 144, 148 ; Voy. Sédition.

Receveur de la cité, p. 151.

Recevoir une plainte, p. 43, 44 ; Voy. Plainte.

Réclamation, p. 134. — sans escrit ni exploit, p. 65.

Reconnaissance en plaid, p. 67. — de dette, p. 48, 67, 145, 170.

Reconissances (armoiries), p. 213, 214, 230.

Reconseiller, renvoyer une affaire à un autre Conseil, p. 27, 40, 42, 47 ; Voy. Conseiller.

Record, p. 3, 4, 22, 23, 25, 26, 29, 31, 37, 38, 39, 40, 42, 44, 46, 50, 51, 60, 63, 67, 68, 74, 77, 121, 122, 152, 153, 155, 156, 170, 181, 185, 186, 192, 199, 208, 213, 217, 218, 222, 225 ; Voy. Escrit, Droits, Maître échevinage.

Réformation, par les Treizes, des décisions du Conseil, p. 113 ; Voy. Jus.

Règlement des comtes jurés, p. 121, 122.
Réglements, p. 135, 136, 172.
Relatio, rapport en plaid, p. 224, 226, 227 ; *Voy.* Rapport.
Relèvement, procédure, p. 146.
Rembannement, mise sous le ban dans certaines circonstances, p. 2, 48, 51, 52, 54, 223 ; *Voy.* Ban.
Remontrances après 1552, p. 110, 173, 175.
Remuer (changer) les clefs des arches, p. 102.
Répondre à la tenour, p. 96 ; *Voy.* Tenour.
Requête, p. 76, 121. — en plaid, p. 48, 66, 170, 204.
Résolutions des Trois Ordres, p. 175.
Respey, répit, ajournement, p. 75.
Rest, mesure de quantité, p. 195, 197.
Restitution, p. 86.
Retards dans l'administration de la justice, p. 99, 100, 123, 129.
Retenir sa tenour, p. 96 ; *Voy.* Tenour.
Révélours des Treizes, p. 70, 74, 75, 76, 81, 103, 138.
Révolution de 1552, p. 3, 5, 119, 121, 137, 149, 159, 160, 164, 167, 168, 171, 173, 174, 175, 177, 178.
Reward, appréciation, jugement, p. 84, 133. — amende arbitraire, p. 84, 133, 152 ; *Voy.* Esward.
Robe des amans, p. 145. — du maître échevin, p. 135.
Robe de livrée des sergents, p. 136.
Roberie, vol, 220.
Roi de France (Le), p. 3, 5, 159, 160, 161, 173, 174, 175, 176, 177 ; *Voy.* Protecteur, Cession. — des Romains, p. 27, 139, 187, 208, 211, 216, 228.
Roie, raie (La), un des caractères de l'immeuble quant à la surface, 10, 51 ; *Voy.* Fonc.
Rôle, p. 36, 37, 81, 148. — de bans de tréfond, p. 17, 24. — de démonement, p. 36, 37, 148.

S

Sachet d'échevinage, p. 28. — de Treizerie, p. 28.
Sacrement, serment, loi jurée, p. 217.
Saint-Empire, p. 174.
Saint-Martin (Paraige de), p. 6. — (Serment de), p. 217, 218, 229.
Saisie, p. 77, 116, 135, 137, 197, 221.
Saisine imparfaite, c'est-à-dire de moins que an et jour, p. 69, 83, 86, 90, 108, 181. — parfaite ou pleine, c'est-à-dire d'an et jour et plus, p. 10, 24, 51, 69, 83, 90, 108 ; *Voy.* Tenour.
Salle, selle ou celle de l'empereur au palais, p. 49. — du palais (La), siège de la justice, p. 26, 38, 39, 49, 126, 133 ; *Voy.* Juridiction.
Sauveté, salveté de la ville, garantie, p. 33 ; *Voy.* Souleteit, Sûreté, Assurement, Garde.
Sauvetés, procédure spéciale devant le maître échevin, p. 2, 9, 15, 26, 29, 31, 33, 35, 47, 138, 163, 166 ; *Voy.* Chambre, Greffier.
Savoir les tenours, procédure, p. 97, 126 ; *Voy.* Mise, Enquête, Avairer.
Scabini, p. 7, 11, 16, 27, 188, 203, 223, 225 ; *Voy.* Échevins. — *minores,* p. 13, 118, 205, 206 ; *Voy.* Échevins mineurs. — *palatii,* p. 16, 205, 206, 223 ; *Voy.* Échevins du palais.
Scabinus, scabinio, scabio, p. 201, 202 ; *Voy. Scabini,* Échevins, Maître échevin.
Scel, sceau, p. 138.
Séances de justice (Jours et heures des), p. 23, 54, 57, 92, 93, 94, 100, 157, 158 ; *Voy.* Plaid.
Secret des Conseils et des délibérations, p. 110, 122.
Sédition, p. 119 ; *Voy.* Rébellion.
Seigneurie, dignité, prérogatives, exercice du pouvoir, p. 28, 45. — domain

seigneurial, p. 146, 225, 230. — (La), à Metz, les membres des paraiges au xve s., p. 19; Voy. Seigneurs.

Seigneurs (Les) à Metz, l'évêque et le comte voué, vers 1200, p. 223, 225. — les membres des paraiges, vers 1400, p. 19, 20, 119, 136.

Selle, salle; Voy. Celle, Salle.

Semaine (La), p. 54. — (Durée d'une ou de plusieurs), p. 94, 95.

Semblant (Le), avis de l'échevin, opinion, p. 27, 41, 47.

Semble (Que vous en), formule de procédure, p. 27, 60.

Semonce, mandement, p. 28, 41, 48, 50, 51, 52, 53, 54, 56, 62, 66, 68, 116, 122, 156, 170, 197, 204, 209, 226; Voy. Leu de ban, Au meix, Uxe.

Semondre, mander à comparaître, ou à faire, p. 28, 41, 199.

Semonu, mandé à comparaître ou à faire, p. 28, 126; Voy. Leu de ban, Uxe.

Senatus metensis, p. 192, 223; Voy. Palais (Le).

Sentence, p. 31; Voy. Porté-fuer, jugement, *Sententia*.

Sententia scabini, banno superposito solidata, p. 222, 224; Voy. Plaid banni.

Sept (Les), commission de sept membres, p. 6; Voy. Septerie. — de la guerre, p. 134, 136. — des eswards, p. 92, 124. — des pardezours ou sept prud'hommes des pardezours, p. 128, 129, 130, 153. — du trésor ou Sept trésoriers, p. 96, 124, 131, 134, 151, 153, 168.

Septerie, commission de sept membres, p. 6, 17, 92, 124; Voy. Sept.

Séquestre (Maison mise en), p. 137.

Sergenterie, office de sergent, donné, plus tard vendu, p. 135.

Sergents, p. 3, 20, 30, 41, 44, 53, 55, 57, 59, 93, 98, 101, 109, 134 à 137, 147, 149, 150, 152, 153, 159, 161, 169, 170, 171, 172, 221; Voy. Maître,

Manches blanches, Robe, Verge, Serment. — de la cité, p. 172. — des comtes, p. 122. — des Treizes, p. 134, 138. — royaux de 1633, p. 172.

Serment, p. 129, 136, 139, 141, 216, 217, 218, 221, 226, 228; Voy. Loi, Procédure des institutions de paix. — des amans, p. 142. — des comtes jurés, p. 120, 121, 122. — des conseillers du maître échevin, p. 20. — des échevins, p. 50. — des membres du Conseil ou grand Conseil, p. 110. — des plaidiours, p. 132. — des sergents, p. 136. — des Treizes, p. 19, 70, 73, 80, 106, 110. — du maître échevin, p. 17, 18, 19, 201, 228. — association jurée, p. 216, 217.

Service, redevance due à l'évêque par les maires sur le produit de leur office, p. 197; Voy. Créance.

Servile (Condition), p. 18, 201, 213, 214, 221; Voy. Hommes propres.

Sextarium, setier. — *Bannalia sextaria vini*, taxe en nature, p. 156.

Signature, p. 138, 173, 200, 205.

Soine, soigno; Voy. Asoine, Solne.

Sol, monnaie de compte, p. 53, 67, 88, 94, 96, 98, 99, 122, 123, 133, 134, 153, 155, 156.

Solchiers, faiseurs privilégiés de socs de charrues, p. 187, 195, 199, 223; Voy. Franc-Métier.

Solidarité, p. 216, 217, 229, 230.

Solne, sonne, exoine, excuse, p. 48, 65, 70, 98, 100, 134; Voy. Soine, Asoine.

Sommaire (Justice, Jugement), p. 90, 91, 101; Voy. Adjournés.

Somme, amende fixe due à la cité ou aux Treizes, p. 44, 61, 70, 74, 83, 84, 85, 88, 91, 95, 98, 103, 104, 107, 121, 124, 133, 152, 157, 158, 230; Voy. Amendes.

Sort (Par le), mode d'arrangement, de décision, d'élection, p. 18, 103, 128,

130, 131, 141, 142 ; *Voy.* Dés, Buste, Gagner.
Souleteit, sauveté, garantie, p. 10 ; *Voy.* Sauveté, Sûreté, Assurement.
Souverain (Le), p. 19, 23, 115, 151, 152, 158, 159, 174, 175, 180, 186, 187, 189, 214, 230 ; *Voy.* Empereur, Roi, Officiers.
Staiche, estache, étal (Vente à la), p. 48, 67, 170, 205.
Statuts, lois, ordonnances, p. 187, 215, 217, 229 ; *Voy.* Atours, Lois, Ordonnances.
Style (Recueil de), p. 3, 4, 144, 171, 172. — de l'amandellerie ou des amans, p. 4, 144, 145. — des assises de la chevalerie lorraine, p. 61. — du palais de Metz, p. 4.
Sûreté, garantie, p. 44, 96, 119, 144. — *Voy.* Assurement, Sauveté.

T

Tabellion, p. 173 ; *Voy.* Notaires.
Table (Mettre en), chez les Treizes et au Conseil, enregistrer, p. 74, 84, 91, 104, 113 ; *Voy.* Mise, Papier.
Taille, taille commune, imposition, p. 101, 102, 150 ; *Voy.* Coustanges, Levée.
Tarifs de procédure, p. 172. — des taxes, p. 136, 172.
Taxe des tenours, p. 96, 123, 129, 151, 152, 153, 155, 157, 158 ; *Voy.* Argent.
Taxes judiciaires, p. 3, 96, 123, 129, 136, 150, 152, 156, 158, 173 ; *Voy.* Bannalia, Tarifs.
Témoignage, p. 10, 77, 95, 98, 100, 116, 121, 136, 138, 171, 173, 221, 226, 228 ; *Voy.* Procédure des institutions de paix. — en plaid, p. 48, 67, 170, 205, 228. — pour l'élection des amans, p. 141.
Tenour, possession, p. 96. — droit, état de possession ou titre en faisant foi, p. 35, 91, 95, 96, 97, 99, 107, 125, 126, 128, 131, 132 ; *Voy.* Argent, Taxe, Vanter de (Se), Rapport de. — d'an et jour ou plus, p. 10, 35, 90, 91, 97, 99, 108, 181 ; *Voy.* Saisine. — de moins que an et jour, p. 10, 35, 90, 91, 96, 97, 108, 181 ; *Voy.* Saisine. — vantée, p. 123 ; *Voy.* Vanter (Se). — non jugée, p. 126. — avairée, p. 96. — à rappeler ou porter en appel au maître échevin, p. 2, 15, 29, 31, 35, 36, 42, 91. — (Cause judiciaire pour), p. 35, 36, 40, 96, 131, 134, 148, 153. — (Condamné par la), p. 97. — (Écrit de), p. 35. — (Procédure et actes écrits pour une), p. 96 ; *Voy.* Avairer, Paix, Répondre, Retenir, Demeurer.
Tenure de la propriété, p. 10, 24, 35, 69, 86, 89, 90, 91, 96, 107, 116, 146 ; *Voy.* Alleuf, Tenour, Tréfond, Fief, Gagière, Cens, Trescens. — d'un droit, p. 35, 96.
Test, *testis,* champion, procédure du champ de bataille, p. 220.
Tiache, tiche, teutsche (Le), langue allemande, p. 145.
Tiers arbitre, p. 125 ; *Voy.* Arbitrage.
Tiers-État, p. 160, 175 ; *Voy.* Trois-Ordres, Bourgeoisie.
Tiers-meud (Louage et exploitation de terres à), p. 146.
Tonneu, *teloneum,* taxe sur les marchandises, p. 213, 215.
Torts, p. 10, 83, 90, 181, 221 ; *Voy.* Pusfais, *Forefacta.*
Torture, p. 30, 137 ; *Voy.* Géhenner.
Transport des droits judiciaires et fiscaux à Metz, de l'évêque et du comte à la cité, p. 154, 158, 207, 231.
Tréfond, mode de tenure de la propriété, p. 10 ; *Voy.* Bans, Tenure.
Treizerie, office de Treize, p. 17, 101, 157, 178.
Treizes (Les), dits la justice, p. 1, 2, 4,

6 à 10, 11, 13, 14, 15, 17, 19, 25, 29, 30, 31, 35, 36, 42 à 45, 47, 50, 51, 53, 68, 70 à 118, 120 à 132, 134, 136, 137, 138, 140, 141, 142, 146 à 155, 157, 158, 171, 175, 179 à 183, 200, 203, 206, 207, 209, 210 à 213, 223, 226, 227, 228, 231; *Voy.* Origine, Caractère, Vicaires, Dénominations, *Jurati*, Treizerie, Élection, Serment, Sachet, Chambre, Table, Banquet, Conseil, Présidence, Officiers, Maître, Changeur, Accordours, Révélours, Clerc, Enquesteurs, Attributions, Compétence, Civil, Criminel, Unanimité, Journées, Adjournés, Clostre, Cloître, Procédure, Accord, Rapport, Adjournement, Jugement, Appel, Réformation, Exécution, Part aux produits. — après 1552, p. 159, 161 à 170. — eswardours jurés (Les), p. 123, 124; *Voy.* Eswardours.

Trescens, mode de tenure de la propriété, p. 146.

Trésor de la ville, p. 151, 153.

Trésoriers; *Voy.* Sept du trésor.

Trèves, p. 77, 98, 99, 121, 192, 219.

Trois-Ordres ou États (Les), p. 3, 159, 160, 161, 173, 174, 175; *Voy.* Présidence, Résolutions.

Tumulte, p. 94, 100, 116, 133; *Voy.* Hahay, Émeute.

U

Unanimité dans le Conseil du maître échevin, p. 182, 208. — dans les jugements, p. 27, 28, 40, 41, 42, 47, 57, 60, 61, 65, 66, 70, 92, 103, 104, 106, 182, 183, 208. — dans un jugement des Treizes, p. 183. — dans un tribunal d'échevins, 182; *Voy.* Advis.

Université, *universitas*, corps de la cité, p. 200, 205, 213, 215, 221; *Voy.* Communauté.

Utilitas communitatis, p. 11, 71, 74, 85; *Voy.* Besongnes.

Uxe, porte (Mandé à l'), p. 53; *Voy.* Semonce, Semonu.

V

Vaillants gens, personnages considérables, p. 91, 100.

Vanter de tenour (Se), p. 35, 96, 123; *Voy.* Tenour.

Varlets, valets, p. 134, 145.

Vénalité des offices, p. 135, 140, 142, 143, 144, 149, 151.

Vendage à la staiche, p. 48; *Voy.* Staiche.

Vente, vendage, p. 87, 116, 146, 168, 170, 200, 205, 209; *Voy.* Staiche, Estault. — judiciaire, p. 137. — mobiliaire, p. 116; *Voy.* Mobiliers (Biens).

Verbum dicere in placito, procédure, p. 204; *Voy.* Plaid.

Verge d'argent ou blanche verge des sergents, p. 136.

Vérité, vérification et preuve d'un fait, p. 95, 120, 132; *Voy.* Avairer.

Vesture, vest, procédure, p. 116, 155, 156, 170, 188, 197, 205, 225; *Voy. Manum*.

Vicaire de l'Empereur à Metz (Le maître échevin), p. 16, 42, 44, 71, 203; *Voy.* Lieutenant. — Vicaires de l'empereur (Les Treizes), p. 71.

Vider, quitter la ville ou la banlieue, p. 94; *Voy.* Vuider.

Villicus, p. 115, 118, 196, 204, 205, 225; *Voy.* Maires. — *bannalis*, p. 198; *Voy.* Bannissement.

Vingt-six (Commission des), p. 6, 8, 92, 123, 124.

Violation de trêve, d'assurement, p. 98, 99; *Voy.* Trêves, Assurement. — de l'accord des Treizes, p. 104; *Voy.* Poinne, Accord rompu. — du règlement chez les Comtes, p. 122; *Voy.* Règlement.

Violences, p. 10, 77, 94, 101, 136, 192, 208, 209, 216, 218, 219, 229; *Voy.* Pusfais, *Forefacta.*

Voisins, p. 52, 208; *Voy.* Forains.

Vol, p. 105, 192, 220, 221, 229; *Voy.* Larcin, Roberie.

Voltes au grand moutier, arche voûtée à la cathédrale, archives de la cité, p. 17; *Voy.* Arche, Archives.

Voué, de Metz, p. 13, 118, 151, 153, 154, 158, 187, 191, 192, 193, 194, 195, 196, 218, 220, 230; *Voy. Advocatus, Judex advocatus, Major advocatus,* Comte voué, Grand voué, Dagsbourg.

Vouerie, p. 191, 195, 196; *Voy.* Voué.

Vouloir ouïr droit, et que tout soit su, formule de procédure, p. 37, 61.

Voyant au visage (Faire semonce), procédure, p. 52, 53, 226.

Vuider, vider, terminer, juger une affaire, p. 17, 26, 29, 31; *Voy.* Vider.

W

Warant, garant (Traire avant, produire), p. 65, 100.

Wardours de la paix, p. 13, 71, 72, 78, 116, 117, 139, 140, 197, 199, 204, 208 à 210, 212, 213, 214, 219, 223, 226, 227, 229, 230; *Voy.* Origine, Création, Dénominations. — des arches des paroisses, p. 139, 140, 149; *Voy.* Amans, Gardiens.

X

Xeure, suivre, p. 87.

Xeurtei, sûreté, p. 44, 119; *Voy.* Sûreté.

Xuppe, supplice infamant, p. 74, 104.

TABLE DES MATIÈRES

	Pages.
AVERTISSEMENT. — L'appendice et l'index. Travaux complémentaires. Les travaux antérieurs de l'auteur	v
INTRODUCTION	1
§ 1. Objet et plan du travail ; documents	1
§ 2. Les paraiges	5
§ 3. Le maître échevin, les échevins, les Treizes	7
§ 4. Variations dans le régime ancien de la justice à Metz	12
CHAPITRE I. — LE MAITRE ÉCHEVIN	15
§ 5. Le maître échevin et son Conseil	15
§ 6. Compétence, procédure	21
§ 7. Le plaid banni	22
§ 8. Les plaids annaux	23
§ 9. Les plaids ordinaires ; semonces et adjournements	26
§ 10. La plainte ou clamour	29
§ 11. La mise en droit ; le dit pour droit	31
§ 12. Les sauvetés, la mainburnie	33
§ 13. Les tenours à rappeler	35
§ 14. Les démonements	36
§ 15. L'advis	41
§ 16. La juridiction d'appel	42
§ 17. Le maître échevin au Grand Conseil	45
§ 18. Résumé du chapitre 1er	46

LES INSTITUTIONS JUDICIAIRES

Pages.

CHAPITRE II. — LES ÉCHEVINS. 48
  § 19. Les échevins, le maître échevin ; caractère, création, juridiction, compétence 48
  § 20. La semonce ou mise en leu de ban, l'adjournement, le rembannement 51
  § 21. Le plaid 54
  § 22. Le plaid pour coure droit 56
  § 23. Le plaid pour ouïr droit 59
  § 24. La demande d'advis 60
  § 25. L'entrée en démonement 61
  § 26. Incidents : la prise des quatre nuits, les trois escheus, la solne, la loi des exploits 64
  § 27. Actes accomplis en plaid banni : semonce, requête, estault, vendage à la staiche, porofferte en plaid, crant, témoignage, reconnaissance de dette, layée en plaid. 66
  § 28. Émoluments et profits des échevins. 67
  § 29. Résumé du chapitre II 68

CHAPITRE III. — LES TREIZES 70
  § 30. Les treizes : origine, création, serments ; le maître, le changeur, les accordours, les révélours des Treizes. 70
  § 31. Attributions, juridiction 76
  § 32. L'accord 79
  § 33. Compétence : juridiction exclusive sur les pusfais, les sommes, les eswards, le choix des enquestours, les eswards des adjournés ; juridiction partagée avec les échevins pour certaines causes d'ordre civil 82
  § 34. Sièges divers de justice des Treizes ; les journées, les adjournés 88
  § 35. Procédure au criminel et au civil : introduction des causes, conduite et débat des affaires 94
  § 36. Jugement : gain aux dés de la journée, exécution, pénalité, appels 101
  § 37. Résumé du chapitre III 106

CHAPITRE IV. — LES ORGANES ACCESSOIRES DE LA JUSTICE 109
  § 38. Le Grand Conseil 109
  § 39. Les trois maires 115
  § 40. Les comtes jurés 118
  § 41. Les eswardours 122
  § 42. Les pardezours 125
  § 43. Les plaidiours 131
  § 44. Les sergents 134
  § 45. Les amans 137
  § 46. Résumé du chapitre IV. 146

	Pages.
CHAPITRE. V— LES PRODUITS DE LA JUSTICE.	150
§ 47. Amendes, confiscations, taxes.	150
§ 48. Leur attribution à l'évêque, puis à la ville.	153
§ 49. Part faite aux Treizes et autres officiers.	155
§ 50. Résumé du chapitre V.	158
CHAPITRE VI. — LA JUSTICE A METZ APRÈS 1552.	159
§ 51. Situation nouvelle : organes anciens et organes nouveaux du mécanisme judiciaire.	159
§ 52. Le maître échevin.	161
§ 53. Les échevins.	164
§ 54. Les treizes.	167
§ 55. Le Grand Conseil, les trois maires, les comtes jurés, les eswardours, les pardezours, les plaidiours, les sergents, les amans.	168
§ 56. Le roi, les États ou Trois Ordres, le gouverneur, le président royal, le parlement, le bailliage.	174
§ 57. Résumé du chapitre VI	177
CONCLUSION.	178
§ 58. Considérations sur le caractère et l'importance des institutions judiciaires à Metz.	178
APPENDICE	185
I. L'empereur.	186
II. L'évêque.	187
III. Le comte du palais.	189
IV. Le comte.	190
V. Le voué	193
VI. Les trois maires	196
VII. Les trois doyens.	198
VIII. Le maître échevin	199
IX. Les échevins	203
X. Les comtes jurés.	206
XI. Les wardours de la paix.	208
XII. Les Treizes	211
XIII. La Cité	213
XIV. La communauté urbaine.	215
XV. Les paraiges.	216
XVI. Les mœurs	216
XVII. Les lois et usages.	217
XVIII. Le champ de bataille	219
XIX. La pannie.	221
XX. Le ban et destroit	222
XXI. Le palais	223

		Pages.
XXII.	Le plaid banni.	224
XXIII.	Les plaids annaux	225
XXIV.	Le plaid ordinaire	226
XXV.	La clamour et la semonce	226
XXVI.	Le rapport	227
XXVII.	Le témoignage	228
XXVIII.	Le jugement	228
XXIX.	La pénalité	229
XXX.	L'exécution	230

INDEX 233

ERRATA

Page	Ligne	Au lieu de :	Lisez :
6	19	*Portsallis*	*Porsaillis*
8	35	*Tredicim jurati*	*Tredecim jurati*
12	23	vers 1212,	en 1204 sinon même en 1212,
16	19	*scabinus* en 1179 ;	*scabinus* en 1171 ;
17	9	cependant.	cependant (Huguenin, *Chron. de Metz*, 1483, p. 465, col. 1, l. 20).
27	35	n° 141).	n° 141). Ajoutez ce qui est dit de *la salle de l'Empereur* au palais, ci-après p. 49, note 2.
44	22	juge définitif	juge diffineis
55	32	Il convient cependant	Il convient d'ailleurs
71	30	en 1232,	en 1233,
90	1	premiers	premières
93	31	à midi	à midi ou même à deux heures
106	9	l'administration de la justice,	l'administration de la justice, leur double juridiction,
111	11	remis	annulé et remis
119	18	27 juin,	27 juin 1327,
122	26	1324	1325
151	23	27 décembre 1214,	27 décembre 1244,
190	32	équivalent probable	équivalent possible
»	»	titre d'*advocatus civitatis*	titre de *Comes advocatus civitatis*
197	28	donnaient le ban	mettaient le ban
203	38	le sens de celle-ci,	le sens de celle-ci (cf. p. 40, ligne 36),

Nancy, impr. Berger-Levrault et Cie.

www.ingramcontent.com/pod-product-compliance
Lightning Source LLC
Chambersburg PA
CBHW070544160426
43199CB00014B/2365